وسائل وتقنيات التعليم

بسم اللـه الرحمن الرحيم

﴿ وَاللـهُ أَخْرَجَكُم مِّـن بُطُـونِ أُمَّهَـاتِكُمْ لاَ تَعْلَمُـونَ شَـيْئًا وَجَعَـلَ لَكُـمُ الْـسَّمْعَ
وَالأَبْصَارَ وَالأَفْئِدَةَ لَعَلَّكُمْ تَشْكُرُونَ ﴾ **صدق اللـه العظيم**

(سورة النحل: آية ٧٨)

وسائل وتقنيات التعليم

مفاهيم ـ تطبيقات

الجزء الثاني

تأليف

دكتور / مندور عبد السلام فتح الله

أستاذ تكنولوجيا التعليم المشارك

كلية العلوم والآداب

جامعة القصيم

مكتبة الرشد

ناشرون

١٤٣١هـ-٢٠١٠م

إهداء

إلى استاذى:

الذي أفخر أنني تلميذه...

الأستاذ الدكتور/ على محمد عبد المنعم على

أستاذ تكنولوجيا التعليم

بكلية التربية بجامعتي الأزهرو قطر

المُقَدِّمَة:

إن الحمد لله نحمده ونستعينه، ونستغفره، ونعوذ بالله من شرور أنفسنا وسيئات أعمالنا، من يهده الله فلا مضل له، ومن يضلل فلا هادي له، وأشهد ألا إله إلا الله وحده لا شريك، وأشهد أن محمدا عبده ورسوله، صلى الله عليه وعلى أله وأصحابه وسلم تسليما كثيرا،أما بعد......

لا يخفى على المتخصصين في مجال التربية أن إكساب التلاميذ مهارات التفكير يحتاج إلى مقومات يأتي في مقدمتها معلم مبدع قادر على توظيف وسائل وتقنيات التعليم لهذه الغاية، كما يحتاج أيضاً إلى محتوى معرفي أُعد خصيصاً، لا يستنفد جهد الطالب في جمع معلوماته وحفظها وإنما يعمل على توجيهه نحو تعلم التفكير.

وقد جاء هذا الكتاب **الجزء الثاني من وسائل وتقنيات التعليم(مفاهيم وتطبيقات)** يدعو إلى توظيف وسائل وتقنيات التعليم, وذلك من خلال توضيح المفاهيم النظرية لموضوع الوسائل وتقنيات التعليم، وفي خطوه تأكيدية على أهمية موضوعات وسائل وتقنيات التعليم تأتي المناشط الإثرائية المصاحبة لموضوعات المحتوى، وفي النهاية يقوم الطالب نفسه بصياغة مجموعة من الأسئلة الموضوعية لتحقيق التقويم الذاتي, ومن ثم جاء الكتاب في ست فصول، على النحو التالي:-

الفصل الأول: التعليم المفرد ...المفاهيم والنماذج،ويتناول هذا الفصل العناصر التالية: مفهوم التعليم المفرد، و المفاهيم ذات العلاقة بتفريد التعليم، و المقارنة بين التعليم المفرد والتعليم الجمعي، والركائز التعليم المفرد،و إجراءات التعليم المفرد، والتعريف بأدوار المعلم في ظل تطبيق التعليم المفرد، و في النهاية التعريف ببعض نظم التعليم المفرد واستراتيجياته التقليدية والمعاصرة:نظام التوجيه السمعي والحقائب التعليمية / التدريبية والوحدات النسقية والتعلم حتى التمكن (الإتقان)والتعليم

بمعاونة الحاسوب CAI.

الفصل الثاني: مستحدثات تكنولوجيا التعليم، ويتناول هذا الفصل العناصر التالية:مفهوم مستحدثات تكنولوجيا التعليم،و خصائص المستحدثات التكنولوجية،و مبررات استخدام تكنولوجيا التعليم ،وبعض النماذج لمستحدثات تكنولوجيا التعليم منها :التعلم الالكتروني في التعليم،و الانترنت في التعليم،و التعليم عن بعد ،والتعليم الافتراضي، و تحديد لأهم ادوار المعلم و المتعلم في التعليم بالمستحدثات التكنولوجية.

الفصل الثالث: الوسائط المتعددة: ويتناول هذا الفصل العناصر التالية: مفهوم الوسائط المتعددة، و التعريف بطبيعة الوسائط المتعددة،و لماذا نستخدم الوسائط المتعددة في التعليم؟ و التعريف بأهم عناصر الوسائط المتعددة،و نماذج تصميم الوسائط المتعددة ،و فنيات تصميم سيناريو تعليمي مبسط.،واهم أنواع الشاشات التعليمية،و كيفية أنتاج برنامج متعدد الوسائط باستخدام برنامج Power Point

،و كيفية تقييم برامج الوسائط المتعددة.

الفصل الرابع : الأجهزة التعليمية في بيئة التعلم :ويتناول هذا الفصل العناصر التالية: ماهية البيئة الفيزيقية التعليمية،و مكونات وخصائص البيئة التعليمية،و الإجراءات الوقائية والفنية عند استخدام الأجهزة التعليمية،و قواعد استخدام الأجهزة التعليمية.

الفصل الخامس: نماذج من الأجهزة التعليمية: ويتناول هذا الفصل العناصر التالية:مفهوم الأجهزة التعليمية،وأنواع الأجهزة التعليمية،و ثلاثة نماذج للأجهزة التعليمية للعرض وهى:أجهزة العرض الضوئية،وأجهزة العرض الالكترونية،وأجهزة العرض الرقمي.

الفصل السادس تطبيقات تكنولوجيا التعليم في وحدات المنهج التعليمية: ويتناول هـذا الفصل العناصر التالية: تطبيقات الحاسب الالى في التعليم و في مجال مصادر المعلومات و في مجال المجتمع المعلوماتى.

ولما كان هذا الكتاب موجه إلى الطلاب المعلمين في كليات التربية ومعاهد إعداد المعلمين, وكذلك إلى كل المعلمين العاملين في الخدمة في كل التخصصات؛ فمن المؤمل أن يكون دليلاً لهـم في تدريسهم الصفي.

ولما كان أي جهد علمي لا يخلو من الثغرات في بدايات تكوينه, فإنه مـن المنتظـر أن لا يتوانى الزملاء الذين اطلعوا على هـذا الكتـاب عـن إرسـال ملحوظاتهم وتعليقاتهم إلى مؤلفه مشكورين, لأجل الإسهام في جعل مادته أكثر عمقاً وإثراءً وإحاطـة, ومـن ثـم تكتمـل الفائـدة المرجوة منه, فما أردت به إلا الإصلاح, وما توفيقي إلا بالله, والحمد لله رب العالمين.

المؤلف

دكتور/مندور عبد السلام فتح اللـه

E-mail : Mandour68@hotmail.com

المحتويات

الفصل الأول

التعليم المفرد ...المفاهيم والنماذج

- مقدمة
- الأهداف التعليمية

أولاً: مفهوم التعليم المفرد

ثانياً: المفاهيم ذات العلاقة بتفريد التعليم

ثالثا: التعليم المفرد والتعليم الجمعي.

رابعاً: ركائز التعليم المفرد

خامساً: إجراءات التعليم المفرد

سادسا: أدوار المعلم في ظل تطبيق التعليم المفرد

سابعا: بعض نظم التعليم المفرد و استراتيجياته التقليدية و المعاصرة

- نظام التوجيه السمعى

- التعلم حتى التمكن (الإتقان)
- التعليم بمعاونة الحاسوب CAI.

الأنشطة التعليمية

التقويم الذاتي

المراجع

التعليم المفرد ...المفاهيم والنماذج

مقدمة: يتفاوت البشر في قدراتهم وملكاتهم وأرزاقهم... الخ وهذه التفاوتات بين البشر هي ما اصطلح عليها في الأدبيات التربوية بالفروق الفردية،حيث إن لهذه الفروق الفردية حكمه إلهيه (وَلَوْ شَاء رَبُّكَ لَجَعَلَ النَّاسَ أُمَّةً وَاحِدَةً وَلاَ يَزَالُونَ مُخْتَلِفِينَ)(هود، ١١٨-١١٩).

والأدبيات التربوية الحديثة تزخر بمفاهيم ونماذج متعددة لنظم التعليم المفرد،ولكل نموذج من هذه النماذج بعض الخصائص والملامح المميزة له، ونظرا لأهمية التعريف بالمفاهيم الأساسية لتفريد التعليم ونماذجه تأتى الحاجة إلى دراسة هذا الموضوع.

ولا شك أن معرفتك عزيزي الطالب المعلم/ الطالبة المعلمة بالأسس العامة التي يقوم عليها التعليم المفرد، ودورك كمعلم في ظل هذا التفريد يساعدك في تصميم برامج التعليم المفرد،وتنفيذها،وتقويمها.

الأهداف التعليمية: بعد الانتهاء من دراسة هذا الموضوع والقيام بالأنشطة التعليمية المصاحبة له، فانه من المتوقع أن تكون قادرا على أن:-

١. تقارن بين التعليم المفرد و التعليم الجمعي.

٢. تكتب قائمة بأدوارك كمعلم في ظل التعليم المفرد.

٣. تحدد الإجراءات الأساسية التي يقوم عليها التعليم المفرد.

٤. تقارن بين الوحدات التعليمية النسقية و الحقائب التعليمية.

٥. تحدد الإجراءات الأساسية التي يقوم عليها التعليم في نموذج التوجيه السمعي

أولا: مفهوم التعليم المفرد: ظهر مفهوم التعليم المفرد لتلافي العيوب التي نشأت من التعليم الجمعي،وللتعليم المفرد تعريفات متعددة ، حيث يعرف بأنه :-

• نظام للتعليم يمد كل فرد بتعليم يتناسب مع احتياجاته و يتوافق مع اهتماماته و قدراته و يتمشى مع ميوله، أي أن المتعلم في ظل هذا النظام يكون حراً في الاختيار بين أنماط تعلم عديدة، وفي أن يتفاعل مع بيئة التعلم التي يراها تتناسب مع النمط المعرفي الذي يفضله.(فتح الباب عبد الحليم و آخرون، ٢٠٠٠)

• ذلك النمط من التعليم المخطط و المنظم و الموجه فرديا، أو ذاتيا، والذي يمارس فيه المتعلم الفرد النشاطات التعليمية الفردياً، وينتقل من نشاط إلى آخر متجها نحو الأهداف التعليمية المقررة بحرية و بالمقدار والسرعة التي تناسبه، مستعينا في ذلك بالتقويم الذاتي وتوجيهات المعلم وإرشاداته حينما يلزم الأمر.(كمال زيتون،٢٠٠٢)

مما سبق يتضح أن التعليم المفرد نظام تعليمي يتم فيه تفصيل الموقف التعليمي وفقاً لحاجات المتعلم لتحقيق الأهداف التعليمية بمراجعة ما سبق يمكننا **تعريف التعليم المفرد على أنه:-الأسلوب أو النمط من التعليم الموجه نحو حاجات الفرد**

بطريقة منهجية تسمح بمراعاة الفروق الفردية بين المتعلمين داخل إطار جماعية التعليم ويتيح للمتعلم أن يتعلم وينمو بالسرعة والقدر اللذان يناسبان قدراته وإمكاناته.

ثانياً: المفاهيم ذات العلاقة بتفريد التعليم : عزيزي الدارس لعلك تتساءل عن طبيعة العلاقة بين تفريد التعليم[©] و مفاهيم مثل:-

⌗ التعلم الذاتي،والتعلم البرنامجي: هل هذه المفاهيم مترادفة أم مختلفة عن مفهوم التعليم المفرد؟.

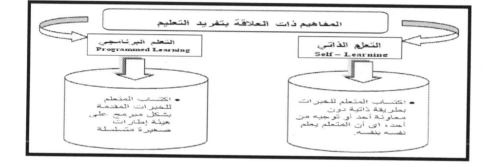

شكل (١) المفاهيم ذات العلاقة بتفريد التعليم

تعال عزيزي الدارس لنناقش طبيعة العلاقة بين مفهوم التعليم المفرد،والمفاهيم ذات العلاقة لنتعرف على مدى قربها أو بعدها عن مفهوم التعليم المفرد.

١.مفهوم التعلم الذاتي والعلاقة بينه وبين التعليم المفرد: يوضح الإطار التالي مفهوم التعلم الذاتي في النقاط التالية:-

_____

[©] التعليم المفرد، والتعليم الفردي: يشار إلى التعليم المفرد بالتعليم الافرادى أو تفريد التعليم أو افرادية التعليم، ولكن في التعليم المفرد يمكن إن يحدث التعلم في صورة مجموعات كبيرة حتى (٢٥)أو مجموعات صغيرة (٢-٧) أو صورة فردية (كل فرد على حدة). أما التعليم الفردي فيتم فيه التعليم على صورة فردية فقط وهذا هو الفرق بين التعليم المفرد و التعليم الفردي.

مفهوم التعلم الـذاتي - Self Learning

هـو من أهم أساليب التعلم التي تتيح توظيف مهارات الـتعلم بفاعلية عالية مـما يسهم في تطوير الإنسان سلوكياً ومعرفياً ووجدانيا.(Good, 1993)

هو النشاط التعليمي الذي يقوم به المـتعلم مـدفوعاً برغبتـه الذاتية بهـدف تنمية استعداداته وإمكاناته وقدراته مستجيباً لميوله واهتماماته بما يحقق تنمية شخصيته وتكاملها ، والتفاعل الناجح مع مجتمعه،وفيه نعلم المـتعلم كيـف يـتعلم ومـن أيـن يحصل على مصادر التعلم.

أدوار المـتعلم في الـتعلم الذاتي

- مـدفوعاً برغبتـه الذاتيـة بهـدف تنميـة اسـتعداداته وإمكاناتـه وقدراتـه مستجيباً لميوله واهتماماته بما يحقق تنمية شخصيته وتكاملها، والتفاعل الناجح مـع مجتمعه.
- يتعلم كيف يتعلم ومن أين يحصل على مصادر التعلم.
- مسئول عن التخطيط للدرس وللمادة العلمية التي يرغـب في تعلمها وفي التنفيذ وفي التقويم.

أدوار المعلم في التعلم الذاتي

ينحـصر دور المعلـم في الـتعلم الـذاتي في تـدريب الطلبـة عـلى المهـارات المكتبيـة وتشمل: مهارة الوصول إلى المعلومات والمعارف ومـصادر الـتعلم ومهـارة الاسـتخدام العلمي للمصادر، ومهارة استخدام المعينات التربويـة المتـوافرة في مكتبـة المدرسـة أو خارجها .

يتفـق التعلـيم المفـرد مـع التعلم الذاتي

في أن التدريس به يوجّه للفرد أصلاً وليس للأعداد الكبيرة أوالمتوسـطة، وفيـه يقوم التلميذ بدور كبير في الحصول على المعرفة بصورة إيجابية.

يختلف التعليم المفـرد عـن التعلم الذاتي

درجة الحرية التي تعطى للطالب في تحديد الأهداف التي يسعى لتحقيقها لنفسه، وأسـلوب الـتعلم ووسـائله، وكـذلك الـدور الـذي يقـوم بـه المعلـم في وضـع الـبرامج المحكمة لذلك.

٢. مفهوم التعلم البرنامجي والعلاقة بينه وبين التعليم المفرد:

يوضح الإطار التالي مفهوم **التعلم البرنامجي** فى النقاط التالية:-

مفهوم التعلم البرنامجي[©]: Programmed Learning	نمط من أنماط التعلم يتم خلاله تقديم الخبرات للمتعلم بشكل مبرمج على هيئة إطارات صغيرة متسلسلة، يشمل كل إطار منها: معلومة تمهيدية، وسؤال مطلوب إجابته (استجابة) والإجابة الصحيحة للسؤال (تعزيز).
أدوار المعلم في التعلم البرنامجي	• يخطط المواد التعليمية اللازمة لنشاطات التلاميذ ويرتب مراحل الدرس. • يقوم أعمال التلاميذ و نشاطاتهم القبلية والمرحلية و النهائية للتمكن من الأهداف. • يشخص الأخطاء والصعوبات التي يعانى منها التلاميذ أثناء التعليم. • يختار الأنشطة التعليمية التي يقوم بها المتعلم.
أدوار المتعلم في التعلم البرنامجي	• يختار المادة التعليمية التي توصله لتحقيق الأهداف التعليمية. • يقوم تقدمه في كل خطوة من خطوات البرنامج. • يسير في تعلمه وفق سرعته و ميوله ، وقد يغير من سرعته إذا وجدت صعوبات في البرنامج.
يتفق التعليم المفرد عن التعلم البرنامجي	• يراعى الفروق الفردية بين التلاميذ؛ حيث يسير كل تلميذ في التعلم وفقا لسرعته. • يكون لدى المتعلم القدرة على تحمل مسئولية اتخاذ قراراته التي تتصل بأسلوب تعلمه. • يعطى تغذية راجعة فورية للطالب المتعلم بما يسمح له أن يصحح مواقفه.

[©] احد التطبيقات التربوية لنظرية (سكنر) للاشتراط الاجرائى في التعلم . وهناك نوعان من برامج التعلم البرنامجي هما : البرامج الخطية، و البرامج المتشعبة،ويعتبر سكنر أشهر من نادي بمبدأ آلة التعليم أو التعلم المبرمج. حيث اعتمد على السلوك الظاهر عند الإجابة عن سؤال معين ثم يتلقى تغذية راجعة.

يختلف التعليم المفرد عن التعلم البرنامجي

- يعتمد على المواد المبرمجة وعلى اللفظية لتوصيل المحتوى لذلك يتم وضع ثقة كبيرة في قدرة المتعلم على القراءة.
- أسئلة البرنامج غالبا تركز على المعلومات و تهمل الجوانب الأخرى.
- لا يصلح لتدريس مهارات مثل البحث العلمي، والقدرة على حل المشكلات أو التفكير الابتكارى.

مما سبق يتضح أن:-

- **التعليم المفرد يتفق مع التعلم الذاتي** في أن التدريس به يوجّه للفرد أصلاً وليس للأعداد الكبيرة، وفيه يقوم المتعلم بدور كبير في الحصول على المعرفة بصورة إيجابية، **بينما يختلف التعلم الذاتي عن التعليم المفرد** في درجة الحرية التي تعطى للمتعلم في تحديد الأهداف التي يسعى لتحقيقها لنفسه، وأسلوب التعلم ووسائله، وكذلك الدور الذي يقوم به المعلم في وضع البرامج المحكمة لذلك.
- أما بالنسبة **للتعليم المفرد يتفق مع التعلم البرنامجي** في تحديد السلوك النهائي و المهمة التعليمية وتقسيمها إلى مكوناتها الفرعية، **ويختلف التعليم البرنامجي عن التعليم المفرد** في درجة و قوة التغذية الراجعة الفورية و تعزيزها.

ثالثا: التعليم المفرد والتعليم الجمعي:يختلف التعليم المفرد عن التعليم الجمعي السائد لا من حيث طريقة التعليم فحسب، وإنما في كيفية التحكم في بيئة التعليم وتنظيمها وأدارتها لتحقيق الأهداف المنشودة،إضافة إلى عناصر أخرى يمكن إيجازها في الجدول (١) (توفيق مرعى و محمد محمود الحيلة، ١٩٩٨)، (على محمود عبد المنعم، ١٩٩٥)

جدول (١) المقارنة بين التعليم المفرد و التعليم الجمعي

م	وجــه المقارنة	التعليم المفرد	 التعليم الجمعي
١	المفهوم	هو عبارة عن نظام تعليمي يتم تصميمه بطريقة منهجية تسمح بمراعاة الفروق الفردية بين المتعلمين داخل إطار جماعية الأداء التعليمي وذلك بغرض أن تصل نسبة كبيرة منهم ٩٠% أو أكثر إلي مستوي واحد من الإتقان ٨٥-٩٠%	هو الذي يتم التعامل فيه مع مجموعة من المتعلمين في آن واحد مثل المحاضرة والمناقشة والحوار
٢	الركائز الأساسية	يفترض هذا النمط من التعليم ما يلي: ١- القدرات المتباينة لدى الفرد ومع ذاته والآخرين. ٢- الاحتياجات المختلفة والمتنوعة. ٣- الأهداف التعليمية الخاصة	يفترض هذا النمط من التعليم ما يلي: ١- تقارب القدرات في الأداء. ٢- الاحتياجات الواحدة التي تحددها طبيعة المرحلة العمرية. ٣- طبيعة الأهداف التعليمية في البرنامج التربوي العام
٣	أسلوب التعلم	استراتيجيات مخططة ومصممة لإتاحة الفرصة للتفكير والتعلم الذاتي ،ومراعاة الفروق الفردية، ومزيدا من الحرية في اختيار المواد التعليمية مما يؤدي إلي تعلم استبصاري وتخيلي يقود إلي الابتكار	التزويد الآلي،التفكير الآلي،يشجع علي التعلم السلطوي :حيث تسيطر سلطة المعلم علي موقف التعلم مما يؤدي إلي الجمود وعدم الابتكار
٤	دور المتعلم	إيجابي، نشط، حيوي، يتفاعل مع الخبرات والمعلومات التي يقوم بتنظيمها والتي يعمل فيها ذهنه ،ويقع علي عاتقه مسئولية التعلم.	سلبي، مستمع، غير متفاعل،يتعلم خبرات ومعلومات منظمة ،مفكر له ،يعكس وجهة نظر الآخرين

٥	**دور المعلم**	مرشد، موجه، ضابط للعملية التعليمية، معاون، غير تقليدي مستشار، وخبير، ميسر، مرن.	رئيس، حيوي، مصدر أساسي للمعرفة، دائم الحديث، تقليدي، مرسل دائما، مسيطر
٦	**أسلوب التقويم**	تعدد نظم التقويم التقليدي والأصيل مثل:الأسئلة ،الاختبارات،أسئلة لإثارة التفكير والتخيل والتركيب ،وملف الانجاز(البورتفوليو).	معظم الأسئلة تقيس الحفظ والتكرار ،وتتضمن في أعلي مستوياتها الفهم والتطبيق.

رابعاً: ركائز التعليم المفرد : يستند التعليم المفرد لمجموعة من الركائز أو المبررات أهمها: (على عبد المنعم،٢٠٠٠) (فتح الباب عبد الحليم وآخرون،٢٠٠٠)

١.مراعاة الفروق الفردية بين المتعلمين: في القدرات والاهتمامات, ويعطى لكل متعلم حرية اختيار ما يناسبه من مصادر التعلم.

٢. تطبيق مدخل النظم في التعليم: حيث لا ينظر إلى المعالجات التعليمية بمعزل عن المحتوى أو الأهداف, وبمعزل عن الوسائل التعليمية أو أساليب التقويم, ولكن ينظر ألي هذه العناصر كوحدة تؤثر وتتأثر ببعضها البعض في أطار منظومي واحد

٣. المتعلم مسئول عن التعلم الذاتي: حيث تلقي مسؤولية التعلم علي عاتق المتعلم, شريطة وجود نظام يوفر له التوجيه والإرشاد للقيام بنشاط التعلم وصولا ألي تحقيق الأهداف المنشودة، فالمتعلم لديه القدرة الطبيعية علي التعلم, تظهر وتنمو تحت شروط معينة, وترتبط ببيئة التعلم, وما تشمل عليه من وقائع, كما ترتبط بكيفية تصميم هذه البيئة وأدارتها؛ بما يسمح بالتفاعل المباشر بين المتعلم وبما توفره له هذه البيئة من بدائل وخيارات تعليمية، يجد بينها ما يناسبه, وهذا الأمر يتيح للمتعلم فرصة اكتساب مارات التعلم الذاتي, وهي مهارات بقاء عالم يتميز بالانفجار المعرفي التكنولوجي.

٤.ثورة الأجهزة: قد أدت إلي ظهور مستحدثات عديدة من الأجهزة و الأدوات المصممة خصيصا للاستخدام في الأغراض التعليمية كالسبورة الذكية- العارض

المرئي, كما أن ثورة البرامج والمواد التعليمية قد أدت هي الأخرى ألي ظهور مجموعة متباينة من المواد التعليمية الحديثة المصممة في ضوء المبادئ المستمدة من نظريات التعلم ونتائج البحوث التربوية, والنفسية مثل برامج الوسائط المتعددة المتفاعلة, الفصول الذكية

٥. ثورة البرامج والمواد التعليمية : قد أدت هي الاخري إلي ظهور مجموعة من المواد التعليمية الحديثة المصممة في ضوء المبادئ المستمدة من النظريات التعليم والتعلم ونتائج البحوث التربوية و النفسية, ويمكن استخدام هذه الأجهزة و الأدوات والمواد التعليمية لتحقيق تطوير حقيقي في مجال التعليم في ظل شروط معينة, وهذه الشروط توفرها المبادئ والأسس التي تقوم عليها استراتيجيات التعليم التفريد ونظمه.

خامساً: إجراءات التعليم المفرد: تلخص الأدبيات التربوية إجراءات التعليم المفرد فيما يلي: (على عبد المنعم،١٩٩٥)(فتح الباب عبد الحليم وآخرون، ٢٠٠٠).(الغريب زاهر إسماعيل ،١٩٩٨)

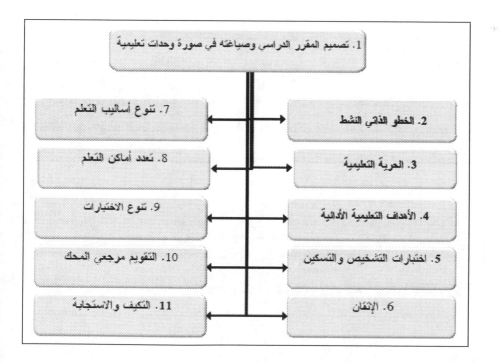

شكل (٢) إجراءات التعليم المفرد

١. **تصميم المقرر الدراسي وصياغته في صورة وحدات تعليمية:** فكما هو معروف، فإن المقرر الدراسي كنظام له مدخلاته ومخرجاته وعملياته. كما أن له آلية للتغذية الراجعة. ويندرج تحت هذا النظام مجموعة من الأنظمة الفرعية، تمثل وحدات المقرر، بحيث تتناول كل وحدة من هذه الوحدات موضوعاً معيناً من موضوعات الدراسة.

٢. **الخطو الذاتي النشط :** نظراً لاختلاف سرعة التعلم من فرد إلى آخر، فإن هذا النظام لابد أن يسمح لكل فرد بالتقدم نحو تحقيق أهداف التعلم وفق سرعته الخاصة به، وليس وفق معدل زمني يفرض على جميع المتعلمين. ومن ثم يمكن لكل متعلم أن ينتهي من دراسته لوحدات المقرر دون انتظار زملائه حتى ينتهوا من دراستهم. (عبد الرحيم صالح عبد الله، ١٩٨٣)

٣. **الحرية التعليمية:** الحرية هنا قد تكون حرية المتعلم في الاختيار من بين البدائل التعليمية المتاحة له، أو قد تعني الحرية في اختيار مكان التعلم سواء كان هذا المكان هو حجرة الدراسة، أو كان المكان خارج هذه الحجرة.

٤. **الأهداف التعليمية الأدائية :** تعتبر الأهداف التعليمية الخطوة الأولى التي يجب تحديدها بدقة في أي نظام تعليمي. هذه الأهداف ينبغي أن تتم صياغتها بصورة إجرائية كما ينبغي أن ترتب بصورة منطقية أو سيكولوجية، بحيث لا ينتقل المتعلم من تعلم مجموعة من الأهداف إلى تعلم مجموعة أخرى قبل إتقان المجموعة الأولى.

٥. **اختبارات التشخيص والتسكين :** وهما نوعان ضروريان من الاختبارات. ففي اختبارات التشخيص يتم تحديد مصدر الصعوبات التي يعاني منها المتعلم وأسبابها تمهيداً لتحديد العلاج المناسب لهذه الصعوبات. أما اختبارات التسكين فهي تستخدم لتحديد المستوى المناسب لتعليم الطالب وفق استعداداته أو قدراته أو معلوماته السابقة.

٦. **الإتقان :** تحدد في أنظمة التعليم الفردي مستويات للإتقان قبل أن يبدأ التعلم. ويمثل مستوى الإتقان معياراً لجودة التعلم المطلوبة من المتعلم. حيث لا يسمح للمتعلم

بالانتقال من وحدة ما إلى الوحدة التي تليها ما لم يصل إلى مستوى الإتقان المحدد سلفاً.

٧. **تنوع أساليب التعلم** : يعني أسلوب التعلم أفضل طريقة يمكن أن يستخدمها المتعلم في التعلم، فقد يتعلم الفرد بصورة أفضل من خلال القراءة أومن خلال الاستماع أومن خلال القراءة والاستماع معاً... الخ، ومن ثم فإن نظم التعليم المفرد تقدم عدداً من البدائل التعليمية التي يمكن أن يختار المتعلم منها ما يناسب أسلوبه في التعلم.

٨. **تعدد أماكن التعلم** : قد تتعدد أماكن التعلم فتشمل حجرة الدراسة، أو المعمل، أو مركز مصادر التعلم، أو المكتبة، أو الورشة، أو قد يخرج المتعلم إلى زيارات ميدانية وحقلية.

٩. **تنوع الاختبارات** : يستخدم أي نظام لتفريد التعليم - بالإضافة إلى اختبارات التشخيص والتسكين لمعرفة نقاط القوة والضعف والصعوبات لدى المتعلمين - أنواعاً أخرى من الاختبارات مثل الاختبارات القبلية، لتحديد المستوى الذي يبدأ منه المتعلم والاختبارات البعدية، والاختبارات الضمنية يستخدم أثناء دراسة المتعلم لموديول معين بهدف متابعة تقدمه في هذا الموديول والاختبارات النهائية يستخدم بعد الانتهاء من دراسة الموديول.

١٠. **التقويم مرجعي المحك** : في نظام التعليم المفرد لا يقارن أداء الطالب بأداء زملائه. ومن ثم فلا تستخدم الاختبارات جماعية المحك. وإنما يقاس تقدم الطالب بما حققه من أهداف في ضوء مستويات تحددها هذه الأهداف.(نادية عبد العظيم، ١٩٩١)

١١. **التكيف والاستجابة**: يتميز نظام التعليم المفرد بأنه بشكل بيئته مستجيبة ومتوافقة مع احتياجات كل متعلم فإذا ما أخفق المتعلم في تحقيق بعض أو كل الأهداف التعليمية فليس معنى ذلك أنه قد فشل أو رسب فالنظام لا يعتبر ذلك رسوبا يتحمل المتعلم نتائجه،فقد يرجع ذلك إلى خطأ في التشخيص أو التوجيه أو قد يرجع إلى أن النظام لم يوفر البدائل التي تناسب المتعلم، ومن هنا يوفر النظام بدائل

جديدة و متنوعة، خاصة في الأنشطة و المواد التعليمية حيث يجد المتعلم ما يساعده على الوصول إلى مستوى الإتقان.

سادسا: أدوار المعلم في ظل تطبيق التعليم المفرد : يختلف دور المعلم في ظل التعليم المفرد عن دوره في ظل التعليم الجمعي السائد، فبينما نجد المعلم في ظل التعليم الجمعي السائد هو المحور الأساسي لعملية التعلم، نجد أن التلميذ هو محور عملية التعلم في ظل التعليم المفرد، و للمعلم ادوار جديدة وهى كما يلي:- (فتح الباب عبد الحليم وآخرون، ٢٠٠٠).

١. **تشخيص نواحي القوة و الضعف لدى طلبه**: فهو يسعى دائما إلى الوقوف على مستويات طلابه المعرفية، لذلك نجده يقوم بتصميم اختبارات قبل بدء عملية التعلم، وفي نهاية كل مرحلة، وفي نهاية عملية التعلم.

٢. **تنمية الجانب الاجتماعي بين الطلبة**: من الأعمال التي يركز عليها المعلم أيضا تشجيع التفاعل بينه و بين المتعلمين، وبين المتعلمين و بعضهم البعض ليضفى جواً اجتماعيا على مناخ حجرة الدراسة.

٣. **تنمية مهارات العمل التعاوني**: المعلم في ظل تفريد التعليم مسهل للعملية التعليمية و ليس ملقنا للمعرفة، فهو يتعاون مع المتعلمين في حصر كافة مصادر التعلم الممكنة حتى يستطيع المتعلم أن يختار من بين هذه المصادر ما يناسب اهتماماته و قدراته.

٤. **توجيه الزملاء وأولياء أمور المتعلمين**: يعتبر المعلم مستشارا لزملائه المعلمين و لأولياء أمور المتعلمين و مستشارا في مجال تخطيط المنهج و تطويره و غيرها، و من ثم تصبح النظرة إلى المعلم نظرة أوسع و أشمل من مجرد النظر إليه كملقن للمعرفة.

٥. **تنفيذ التدريس والتحقق من إتقان التلاميذ للتعلم**: يتمثل هذا الجانب في تولى المعلم ووسائله وأساليبه والوسائل التعليمية التي يمكن توافرها لمساعدة المتعلمين على تعلم المحتوى بصورة أكثر فعالية، حيث يؤدى تبنى استراتيجيات التعلم المفرد و نظمه إلى هدم المنحنى الاعتدالي و تحويله إلى المنحنى الملتوي السالب كما بالشكل (

) حيث إن الغاية من التعليم هي تحقيق نسبة كبيرة من المتعلمين (٩٠ ٠/٠ أو أكثر) نسبة كبيرة من الأهداف التعليمية (٩٠ ٠/٠ أو أكثر)و تعرف نسبة الأهداف المراد تحقيقها بمستوى الإتقان وفى هذه الحالة تأخذ المعادلة الصورة التالية :[©] (O ⟶ L+ P +T).

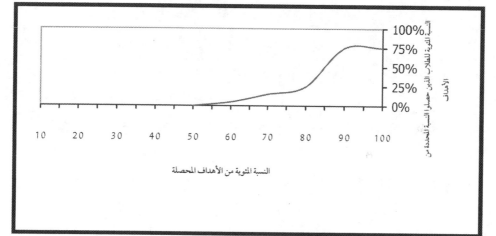

شكل (٣) منحنى ملتوي سالب لتوزيع تحصيل المتعلمين في نظام تعليمي مفرد.

٦.**المشاركة في عمليات تصميم المناهج :**يقوم المعلم بالاشتراك في عمليات تصميم و تخطيطها بما يتوافر له من خبرة و ممارسات، أو ببحثه المستمر عن الجديد في مجال التعليم و التعلم، كذلك فان المعلم يضع خطط التعلم وأنشطته و الاختبارات و غيرها.

سابعا: بعض نظم التعليم المفرد واستراتيجياته التقليدية والمعاصرة : يوجد العديد من التصنيفات التي تناولت نظم التعليم المفرد من أهمها التصنيف على أساس درجة الحداثة كما يلي :-

[©] (مستويات تحصيل المتعلمين.:L - استراتيجيات تعليمية متنوعة:- P- زمن التعلم:- T- الأهداف التعليمية أو المخرجات التعليمية-:O)

- **نماذج التعليم المفرد التقليدية** : (التعليم المبرمج – الوحدات التعليمية الصغيرة - الحقائب التعليمية – استراتيجية التعلم للإتقان – الألعاب التعليمية – نظام التعلم بالتعاقدات).

– **نماذج التعليم المفرد المعاصرة** : (التعليم الموصوف للفرد – نظام التعليم الشخصي – نظام التعليم بمساعدة الكمبيوتر – نظام التوجيه السمعي- برامج التربية الموجهة للفرد).

ولكل نموذج من هذه النماذج بعض الخصائص والملامح المميزة لها ولكن تشترك جميعها في الأسس والمبادئ العامة لتفريد التعليم .

أ.الوحدات النسقية: تقوم فكرة الوحدات التعليمية (الموديولات) على أساس أن كل طالب فرد فريد في خلفيته, وسرعته في التعلم, وعاداته وأساليبه التعليمية, فما دام الطالب كذلك, فلابد أن يعمل على تنمية نفسه, وتطويرها إلى الحد الذي تسمح به قدراته, ويحصل بالتالي على تحقيق ذاته

مفهوم الوحدات النسقية:

يعرف جميس راسل James Russell **الوحدات التعليمية** على أنها: وحدة تضم مجموعة من نشاطات التعليم و التعلم روعي في تصميمها أن تكون مستقلة و مكتفية في ذاتها لكي تساعد المتعلم على أن يتعلم أهدافا تعليمية معينة محددة تحديدا جيدا، و يتفاوت الوقت اللازم لإتقان تعلم أهداف الوحدة من دقائق قليلة إلى عدة ساعات و يتوقف ذلك على طول و نوعية الأهداف و محتوى الوحدة.(جميس راسل،١٩٨٤)

ويعرف محمد محمود الحيلة(٢٠٠٣) **الوحدات التعليمية** على: أنها تنظيم لوحدة تعليمية، بحيث يقوم المتعلم بالأنشطة التعليمية بنفسه, بغية تحقيق الأهداف, ومن ثم يقوم بالتقويم الذاتي الذي يظهر درجة بلوغه الأهداف.

مما سبق يمكن القول أن الوحدات التعليمية على أنها : **(وحدة تعليمية قائمة على نظام التعليم الذاتي تساعد الطلاب على تحقيق الأهداف التعليمية وفق قدراتهم**

و حاجاتهم واهتماماتهم، وتشتمل على إرشادات توضح كيفية السير خطوة خطوة من اجل إتاحة الفرصة لاختيار ما يناسبهم من نشاطات تعليمية وإجراء أساليب التقويم لتحقيق الأهداف المرجوة و الوصول إلى مستوى الإتقان).

- **مكونات الوحدات التعليمية الصغيرة (الموديولات):-**

يتفق الكثير من الباحثين على أن الوحدات التعليمية الصغيرة تتكون من الأتي:

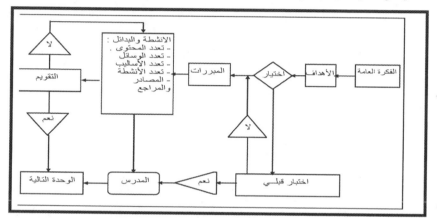

شكل (٤) مراحل و إجراءات السير في دراسة الوحدات التعليمية الصغيرة

- **صفحة العنوان:** وفيها يكتب رقم و عنوان الوحدة، و يعكس العنوان الفكرة الأساسية للوحدة التعليمية، وتعالج كل وحدة فكرة واحدة أو مهارة واحدة.ولابد أن يكون العنوان واضحا ومحددا بدقة، كما يوضح في صفحة العنوان العناصر الرئيسية للمحتوى العلمي الذي تتناوله الوحدة التعليمية.

- **المقدمة:** و تهدف إلى استثارة المتعلم لدراسة الوحدة، و إعطائه فكرة عامة موجزة عن محتوى الوحدة أو المفهوم أو المهارة المتضمنة فيها، كما أنها قد تساعد من لديه خبرة سابقة بموضوع الوحدة، من اجتياز الاختبار القبلي، أو تهيئة المتعلم الذي يتعرض لموضوع الوحدة لأول مرة، وذلك بتعريفه بأهم مكونات الوحدة التعليمية.

- **الأهداف التعليمية:** يحتوى هذا الجزء على أهداف سلوكية تصف بصورة واضحة يفهمها المتعلم وعادة ما تعكس هذه الأهداف مجالات التعلم المختلفة معرفية و انفعالية و حركية و يجب أن تصاغ هذه الأهداف في عبارات سلوكية واضحة و محددة و بحيث تقدم وصفا للسلوك أو لمهارة أو الكفاية المرجو تحقيقها، كما يجب أن يتناسب عدد الأهداف مع الزمن المخصص لدراسة الوحدة.

- **الاختبار القبلي:** يهدف إلى تحديد الخبرات التعليمية السابقة لدى المتعلم, و مدى ما لديه من معلومات عن الموضوع الذي تعالجه الوحدة التعليمية, فإذا كان تحصيل المتعلم لهذه المعلومات يصل إلي المستوى المطلوب(٨٠ ٠/٠), حسب دليل الإجابات الصحيحة المرفق , فإن المتعلم لا يكون بحاجة إلي دراسة الوحدات التعليمية الصغيرة, و إلا فعليه أن يبدأ بدراسته.

- **الأنشطة والبدائل التعليمية** : و هذه تمثل لب الوحدة التعليمية، حيث تصمم الوحدة لمساعدة المتعلم أو تمكنه من تحقيق الأهداف، لذا يتم اختيار محتوى الوحدة و الأنشطة التعليمية و البدائل التعليمية، في ضوء أهداف الوحدة. فالأنشطة التعليمية: هي مجموعة الإجراءات, والقراءات, والتمارين التي يناط بالمتعلم تنفيذها, وهذه الأنشطة يجب أن تلبى تحقيق الأهداف السلوكية, وتكون منتمية للمادة الدراسية, ومناسبة للمتعلم ، من حيث إمكانية قيامه بتنفيذها.وفى كل الحالات يجب توجيه المتعلم لكيفية اختيار النشاط المناسب و كيفية السير في دراستها، كما يمكن توجيه المتعلم إلى قراءة بعض المراجع المتعلقة بموضوعات الوحدة.

- **التقويم** : يشتمل التقويم على ثلاثة أنواع من الاختبارات:-

١. **الاختبار القبلى:** يهدف هذا الاختبار إلى تحديد مستوى المتعلم المدخلى، قبل دراسة الوحدة و توعية المتعلم بالوحدات التي تحتاج إلى دراسة.

٢. **اختبار التقويم الذاتي:** يتيح هذا الاختبار للمتعلم، معرفة مدى تقدمه في دراسة الوحدة اى يمثل تغذية مرتدة للمتعلم، تعرفه بأنه ما يزال على

الطريق السليم في سيعه بالتوجيه الذاتي نحو الهدف المرجو، وهـذا الاختبـار مـن النـوع القصير، وإجابة الطالب فيه متاحة له، لتوفير التغذيـة الراجعـة لـه، وهـى بـذلك يتـيح لـه تقويم نفسه بنفسه.

٣. **الاختبار البعدى**: يهدف هذا الاختبار إلى قياس مدى تمكن المتعلم مـن أنمـاط السلوك التي تحددها الأهداف، وفي كل أنواع الاختبارات السابقة تكون الأسئلة موضوعية التصحيح.

ب. الحقائب التعليمية / التدريبية :

نظام تعليمي ذاتي المحتوى, يساعد الطلبة على تحقيق الأهداف التربويـة المنـشودة عـلي وفق قدراتهم, وقد تنوعت تعريفات الحقائب التعليمية في الشكل, إلا أنها تتفق في مضمونها, حيث تتكون من الأهداف التعليمية، والاختبار القبلي, والمـواد والأنـشطة التعليميـة, والاختبـار النهائي.

- **مفهوم الحقيبة التعليمية** هي مجموعة من الخبرات التعليمية يتم تصميمها بطريقة منهجية منظمة ومنسقة وتستخدم كوسيط للتعليم من قبـل متعلمـين يـوفر لهـم حد أدنى من التوجيه والإرشاد من المعلم أو المشرف على البرنـامج التعليمـي وتشمل عـلى مواد وأنشطة وخبرات تعليمية تتصل بموضوع ما.

- **خصائص الحقائب التعليمية**: من المفهوم السابق للحقيبة التعليم يتضح أنها تتسم بالصفات التالية:-

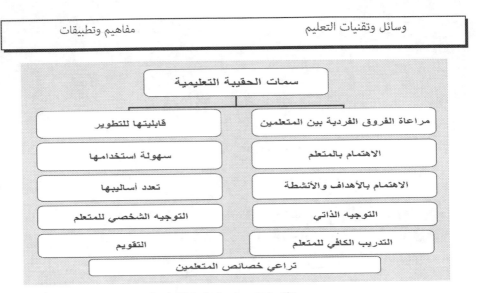

شكل (٥) سمات الحقيبة التعليمية

● **عناصر الحقيبة التعليمية/ التدريبية** * : تـشترك الحقائب التعليمية في شمولها على مجموعة العناصر المشتركة, إلا أن ترتيب هذه العناصر قد يختلف لأخرى باختلاف الموقف التعليمي, ولغة المصمم , وفيما يأتي عرض لهذه العناصر:

جدول (٢) عناصر الحقيبة التعليمية

م	العناصر	التعريف بالعناصر
١	العنوان	وهو أول مكونات الحقيبة التعليمية, ويعكس الفكرة الأساسية للوحدة المراد تعلمها, ويبذل المصمم جهدا كبيرا في تحديد العنوان, وذلك بتحديد الأفكار الرئيسة والفرعية في الموضوع المراد تعلمه, ويبذل الجهد في تنظيم هذه الأفكار والمفاهيم.
٢	دليل الحقيبة	يتضمن معلومات واضحة عـن كـل مـادة تعليمية مستخدمة فيـه, وأفضل الطـرق, ة الأساليب لاستخدام الحقيبة, وأنسب الأوقات لـذلك, والمواد التي ينبغي البـدء فيها, والأنشطة المقترحة التي يجب أن تصاحب أي تطبيق, والخبرات والمهارات التي يتوقع أن يمر بها المتعلم.

---

* أنواع الحقائب التعليمية : (حقائب النشاط التعليمية - حقائب التعلم الفردي - الأطقم متعددة الوسائط (الوسائل) - المجمعات التعليمية أو الوحدات التعليمية النسقية - الحقائب أو الرزم التعليمية - الحقائب المحورية - حقائب المطبوعات الدراسية - الحقائب المرجعية)

٢	**الأهداف**	تحتوي الحقيبة على أهداف تعليمية• مصبوغة صياغة سلوكية، تصف بصورة واضحة السلوك النهائي المراد تحقيقه حتى يفهمه المتعلم, وتعكس هذه الأهداف مجالات التعلم المختلفة معرفية, وانفعالية, وحركية.
٣	**جسم الحقيبة أو محتواها**	يقسم جسم الحقيبة أو محتواها إلى أجزاء يتوقف عددها على نوع الأفكار الثانوية وعددها من ناحية ، والعلاقة بين الأهداف والمواد والنشاطات المستخدمة من ناحية ثانية، وتهدف النشاطات المرجعية، إلى تأمين المعلومات الضرورية للحقيبة مثل : قراءة بعض الصفحات من الكتب المدرسية المقررة، أو المراجع أو المقالات ذات العلاقة. أو مشاهدة بعض الأفلام المتعلقة بموضوع الحقيبة، أو الاستماع إلى بعض أشرطة التسجيل التي تدور حول الفكرة الرئيسية أو الأفكار الثانوية للحقيبة، وينبغي أن تكون النشاطات المرجعية متنوعة، وذات مستويات مختلفة، وتتيح للطلاب مجالا واسعا يختارون منه ما يناسبهم وما يتمشى مع قدراتهم واهتماماتهم، وأما النشاطات التطبيقية، فيتم تصميمها بحيث تشجع الطالب على التعامل مع محتوى النشاطات المرجعية السابقة.
٤	**أدوات التقويم**	يستخدم فى التقويم ثلاثة أنواع من الاختبارات وهى الاختبارات: (القبلية - الذاتية - البعدية).
٥	**الأنشطة التعليمية**	تعد الأنشطة التعليمية من أهم عناصر الحقيبة, وذلك لكون الحقيبة قائمة على مبدأ التعليم الفردي, لذا ينبغي توافر مجموعة من الأنشطة التي تسمح للمتعلم باختيار ما يتناسب وخصائصه, ومن هذه الأنشطة : (تنوع الوسائل التعليمية- تعدد طرق التعليم والأساليب- تعدد الأنشطة التعليمية- تعدد مستويات المحتوي- تعدد الاختبارات).
٦	**النشاطات الإثرائية**	تحتوى الحقيبة على مجموعة من النشاطات التي تعمق قدرات الطلبة, وتتناسب وسرعتهم في التعلم.
٧	**دليل للمتعلم**	يوضح له أسلوب دراسة البرامج التعليمي, وقد يكون الدليل مكتوبا أو مسجلا على شريط كاسيت, بالإضافة إلى دليل المعلم الذي يوضح كيفية إرشاد المتعلم نحو تحقيق الأهداف.

ج.نظام التوجيه السمعي:

يعد نظام التوجيه السمعي نموذج من نماذج التعليم المفرد، يرجع الفضل في

ظهوره إلى صموئيل بوستليويت : أستاذ البيولوجيا في جامعة بوردو عام ١٩٦١م.حيث بدأت الفكرة في البحث عن خطة علاجية لمجموعة من الطلاب الذين لم يستطيعوا متابعة المحاضرات التي كان يلقيها، فاجري تسجيلا لمحاضراته على شريط كاسيت، ليستفيد منه الطلاب الذين يشعرون بحاجتهم إلى مزيد من الفهم.(محمد الحيلة،١٩٩٦)

- **مكونات الأساسية لنظام التوجيه السمعي:** يشتمل النظام على ثلاثة مكونات رئيسية تحدد أنماط تعلم المتبعة في هذا النظام وهى:-

أ.الدراسة المستقلة الموجهة: تتم الدراسة المستقلة المواجهة سمعيا داخل معمل التعلم الذاتي[©] على النحو التالي:- (على عبد المنعم ،٢٠٠٠)

- يذهب الطالب إلى المعمل في الوقت الذي يناسبه عليه أن يوقع في بطاقة خاصة موضحا موعد حضوره، والبطاقات موضوعه بصورة منظمة في مدخل المعمل بحيث يسهل على الطالب الحصول عليها دون عناء.
- يأخذ الطالب قائمة بالأهداف التعليمية التي عليه أن يحققها عندما ينتهي من دراسة وحدة تعليمية من وحدات المقرر.
- يذهب الطالب إلى إحدى مقصورات الدراسة المستقلة الخالية ليبدأ نشاط التعلم وعليه أن يستمع إلى التسجيل الصوتي الخاص بالوحدة المقررة، و يمكنه الاستماع دون أن يحدث أي إزعاج لباقي الطلاب داخل المعمل حيث يستخدم سماعات الرأس، وقد يوجه الطالب إلى القيام بأنشطة تعليمية معينة، كأن يطلب منه القيام بإجراء تجربة معينة، أو فحص شريحة، أو مراجعة بعض الرسوم على صفحات معينة من كتاب، وعلى الطالب أن يترك مكانه لكي ينفذ ما يطلب من أعمال و قد يكون على الطالب أن يقوم ببعض الزيارات الحقلية ذات الصلة

[©] يشتمل المعمل على ما يحتاجه الطالب للقيام بالنشاط حيث تتواجد العينات المحفوظة، و الشرائح المجهرية، و المجهر، و الأفلام التعليمية، و الصور الفوتوغرافية أو الشرائح الفوتوغرافية، أما الأدوات – اللازمة لإجراء التجارب فتوضع في أماكن معينة يدل عليها التسجيل الصوتي.

بالموضوع الذي يدرسه، أو قد يطلب منه الذهاب إلى المكتبة و كتابة بعض التقارير، أو الانتهاء من أعمال البحث.

- عندما يحتاج الطالب إلى مساعدة يجد من يقدم له العون حيث يتناوب الأشراف على الدراسة الفردية مجموعة من المساعدين غالبا ما يكونون من المعلمين المساعدين.

- عندما ينتهي الطالب من الدراسة المستقلة عليه أن يعيد شريط التسجيل كما كان و يرتب مكان عمله بحيث يكون معدا للاستخدام من قبل طالب آخر.

ب.المحاضرة العامة: وهى تسمح بتواجد الطالب في مجموعة كبيرة، وهى ليست إجبارية، و تكون كذلك في مناسبات معينة حيث :- (توفيق مرعى و محمد محمود الحيلة، ١٩٩٨)

- يحدد للطالب مقدما مواعيد هذه المناسبات، وغالبا ما تخصص للاستماع إلى أستاذ زائر يحاضر في مجالات متعلقة بأنشطة المقرر(كيفية كتابة التقرير العلمي- خطوات إجراء البحوث- التحليلات الإحصائية).

- يحدد أهداف للمحاضرات مثل حدوث تفاعل شخصي بين الطالب و أستاذ المقرر و غيره من الاساتذه الزائرين وهذه المحاضرات قد تكون لها هدف آخر مثل أعطاء توجيهات عامة.

ج.حلقات المناقشة: تسمح بإتاحة فرص التعلم من خلال مجموعات صغيرة[©] حيث:(على عبد المنعم ، ٢٠٠٠)

- يتجمع الطلاب في مجموعات تضم كل منها ثمانية طلاب، و يلتقي

[©] يتيح اللقاء الدوري في مجموعات صغيرة فرصة اكبر للتفاعل بين الطلبة و أساتذتهم و لتكوين علاقات أوثق بين أفراد المجموعة.كما يساعد هذا اللقاء على التعرف على مدى كفاءة مكونات النظام و ذلك نتيجة التغذية الراجعة التي يتلقاها أعضاء هيئة التدريس بصفة منتظمة من كافة الطلاب و يتم عادة تذليل الصعاب التي تواجه الطلاب أولا بأول قبل أن تتحول إلى مشكلات تعوق تقدمهم في الدراسة.

الطالب مع عضو هيئة التدريس المخصص لهم في نهاية الوقت المحدد لدراسة كل وحدة.

- يتم وفي هذا اللقاء استعراض أهداف الوحدة و ربط هذه الأهداف بما سبق تعلمه في الوحدات السابقة، و مناقشة الطلاب في الخبرات التعليمية التي اكتسبوها من خلال الأنشطة التعليمية المختلفة.

- يقوم الطالب بدور المعلم و يشرح لزملائه كيفية تحقيق هدف من أهداف الوحدة، ونظرا لان الطلبة يختارون لهذه المهمة عشوائيا، فان الأمر يتطلب من كل منهم الاستعداد لأداء هذا الدور مع كل الأهداف.

- يستطيع الطالب الاستعانة باللوحات و النماذج و العينات و الأجهزة المختلفة التي قد يحتاج إليها في الشرح، والتي عادة ما يتم توفيرها لهذا العرض.

- ينتهي كل طالب من عرضه، يقيم أداؤه من قبل عضو هيئة التدريس و يعطى التقدير الذي يستحقه، ثم يفتح باب

النقاش لزملائه للإضافة إلى المعلومات التي ذكرها، أو التعليق عليها أو تصحيح معلومات خاطئة وردت في إجابته. وفي هذه الحالة تضاف نقاط لرصيد كل مساهم ثم تتكرر هذه العملية مع الطلبة الباقين حتى يتم معالجة جميع أهداف الوحدة ثم يعطى الطلبة بعد اختبارا موضوعيا قصيرا.

- **مزايا نظام التوجيه السمعي**: يتميز نظام التوجيه السمعي في تفريد التعليم بما يلي: (محمد الحيلة، ١٩٩٩)

١. يوفر فرص متعددة لتوجيه الطالب و أرشاده أثناء عملية التعلم.

٢. يوفر نظام التوجيه السمعي عنصر الألفة بين الطالب و المعلم ، حيث تعرض المادة المسجلة و التوجيهات بصوت المعلم أستاذ المادة وهذا يحقق الألفة.

٣. يجعل الموقف مشابها للتدريس الخصوصي، ويجعل العلاقة بين الطالب والمعلم كنسبة(١:١) فالطالب يستطيع أن يتحكم في عرض المحتوى كما

يمكنه إيقاف التسجيل عند نقط معينة، كما يمكنه إرجاع الشريط التسجيل الصوتي وإعادة الاستماع له أكثر من مرة.

٤. يعزز **نظام التوجيه السمعي استجابات الطالب بعد قيامه بنشاط** ما من الأنشطة موضوع التعلم.

د.التعلم حتى التمكن (الإتقان) : يعد الإتقان هدف تربوي في حد ذاته؛ لأنه في المجتمع المسلم ظاهرة سلوكية تلازم المسلم في حياته، والمجتمع في تفاعله وإنتاجه، فلا يكفي الفرد أن يؤدي العمل صحيحا بل لا بد أن يكون صحيحا ومتقنا، حتى يكون الإتقان جزءا من سلوكه الفعلي اليومي وعندها تتميز الأمة بالإخلاص في العمل،أن صفة الإتقان وصف الله بها نفسه لتنقل إلى عباده (صُنْعَ اللـه الَّذِي أَتْقَنَ كُلَّ شَيْءٍ) (النمل: ٨٨)، ويعتبر التعليم للإتقان نظام تعليمي يهدف لتحقيق مستوى عال من التعلم في المقرر الدراسي ويقوم هذا النظام على أساس مستوى محدد مسبقا بصورة كمية

- **مفهوم التعلم للإتقان:** ويعرف إبراهيم الفار(٢٠٠٣) التعلم للإتقان على أنه وصول التلاميذ إلى مستوى من التحصيل يحدد لهم مسبقا كشرط لنجاحهم في دراستهم للمنهج أو المقرر المقدم لهم. و عادة ما يكون هذا المستوى من التحصيل عاليا بحيث يمكن القول انه يصل إلى مستوى الإتقان للمادة التعليمية وعادة ما يستخدم معيار لمستوى الإتقان يسمى معيار (٩٠/٩٠/٩٠) ويقصد به توقع **أن يصل(٩٠ ٠/٠) من التلاميذ إلى تحصيل (٩٠ ٠/٠)من الأهداف في (٩٠ ٠/٠) من الحالات عند تقويمهم.**

- **كيفية تحقيق التعلم حتى الإتقان:** يرى أندرسونAnderson وبلوك Block (١٩٨٩) انه لابد من توفير شروط البيئة التعلم التي تضمن وصول التلاميذ إلى التعلم الجيد من خلال تقديم التدريس الجيد و المساعدة بالعلاج المناسب للتلاميذ في حالة وجود إيه مشكلات تعيق وصولهم إلى مستوى التمكن ، وأن هناك اتجاهين أساسين للتعلم لتحقيق الإتقان وهما:

جدول(٣) اتجاهين أساسين للتعلم لتحقيق الإتقان

التعلم المبني على الخطو الذاتي	التعلم المبني على الأساس الفردي
الخطو الذاتي يعني: أن يتقدم التلميذ بنفسه بعد كل خطوة إنجاز في الوحدة الدراسية. - أسلوب الخطو الذاتي فيه تتحدد مسؤوليات عناصر الموقف التعليمي كما يلي:(التلميذ: يتعلم ويقرر خطواته- المعلم: يقدم البرنامج ويتابع الإجراءات والاختبارات- التلاميذ: يتعاونون في حل المشكلات). - النموذج الممثل لهذا الاتجاه هو: نموذج " بلوم" للتعلم من أجل الإتقان.	**الأساس الفردي** يعنى :الاعتماد على سرعة سير المتعلم في الدراسة، ونشاطه الإيجابي في التحصيل و المراجعة. - أسلوب التعلم الفردي يتيح للمتعلم أن يسير في المقرر وفق سرعته الذاتية في التعلم. - النموذجان الممثلان لهذا الاتجاه هما: (خطة "كيلر" أو نظام التعلم الشخصيPSI- طريقة "بوستليت" أو نظام التوجيه السمعي UTS)

هـ-التعليم بمعاونة الحاسوب Computer Assisted Instruction CAI

يهدف التعليم بمساعدة الحاسوب إلى تحسين المستوى العام لتحصيل الطلاب و تنمية مهارات التفكير وحل المشكلات (جما الشرهان،٢٠٠١، على عبد المنعم ، ٢٠٠٠).

- **مفهوم التعليم بمساعدة الحاسوب:** التعليم الذي يوفر التفاعل بين المتعلم و الحاسب، ويكون دور المعلم هو تجهيز بيئة التعلم و التأكد من إن كل متعلم لديه المهارات اللازمة لأداء الأنشطة التي يتطلبها التعلم كما انه يعدل هذه الأنشطة لتلاءم حاجات المتعلمين و استخدام الحاسب.(إبراهيم الفار،٢٠٠٣)
- **أنماط التعليم بمساعدة الحاسوب**[©]: يساهم التعليم بمساعدة الحاسوب في تحسين المستوى العام لتحصيل الطلاب و تنمية مهارات التفكير، حل

[©] طريقة التعليم الخصوصي الفردي عندما يريد المعلم من جميع الطلاب إتقان التعلم .- طريقة التدريب والتمرين عندما يريد المعلم من الطلاب فهماً تلقائياً. - طريقة النمذجة والمحاكاة عندما يريد المعلم من طلابه تعلماً تعاونياً ويصعب محاكاة الواقع الحقيقي.- طريقة حل المشكلات عندما يريد المعلم من طلابه إتقان مهارة حل مسألة معينة.... ٤- طريقة الألعاب التعليمية عندما يتعامل المعلم مع الأطفال ويرغب في تحفيزهم واستمرار تفاعلهم.

المشكلات، و ذلك من خلال الأنماط المختلفة لتعليم بمساعدة الحاسوب ويمكن تلخيص
هذا الأنماط من خلال الشكل (٦)

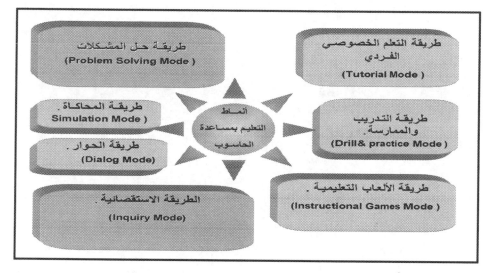

شكل (٦) أنماط التعليم بمساعدة الحاسوب

أ.طريقة التعلم الخصوصي الفردي (Tutorial Mode): تهدف هذه الطريقة إلى التعلم
من خلال برنامج يتم تصميمه مسبقاً على غرار التعليم المبرمج. وفي هذا النوع من الاستخدام
يقوم البرنامج بعملية التدريس أي أن البرنامج يدرّس فعلاً فكرة أو موضوعاً ما. (عبد الله
المناعي، ١٩٩٨)

ب.طريقة التدريب والممارسة . (Drill& practice Mode) يهدف هذا النوع من
التعليم بمساعدة الحاسب إلى إعطاء فرصة للمتعلمين للتدرب على إتقان مهارات سبق تدريسه.
وفي هذا النوع من الاستخدام يقدم الحاسب عدداً من التدريبات أو التمرينات أو المسائل على
موضوع معين سبقت دراسته من قبل بطريقة ما.

ج.طريقة المحاكاة . (Simulation Mode) تهدف هذه الطريقة إلى تقديم
نماذج تفيد بناء عملية واقعية من خلال محاكاة ذلك النموذج والتدريب على
عمليات يصعب القيام بها في مواقف فعلية. فالمحاكاة عملية تمثيل أو إنشاء مجموعة من

المواقف تمثيلاً أو تقليداً لأحداث من واقع الحياة حتى يتيسر عرضها والتعمق فيها لاستكشاف أسرارها والتعرف على نتائجها المحتملة عن قرب . وتنشأ الحاجة إلى هذا النوع من البرامج عندما يصعب تجسيد حدث معين في الحقيقة نظراً لتكلفته أو لحاجته إلى إجراء العديد من العمليات المعقدة.

د.**طريقة الألعاب التعليمية (Instructional Games Mode)** تعالج هذه البرامج الكثير من المواضيع ولكنها تعتمد في تعليمها على المباريات التخيلية التي تحمل التلاميذ على التنافس لكسب العلامات. وعلى التلاميذ لكي يفوزوا أن يحلوا مسائل رياضية ويحّددوا نقاطاً على شبكة إحداثيات وقراءة التعليمات وتفسيرها وتحليل المسائل المنطقية (**ماهر إسماعيل صبري ،٢٠٠٢**)

ه.**طريقة حل المشكلات (Problem Solving Mode)** هي الحالة أو السؤال الذي يحتاج إلى إجابة ليست معروفة وليست جاهزة بل لابد من المرور بعمليات وخطوات تبدأ بتحديد المشكلة وفحصها وتحليلها ومن ثم الوصول إلى نتائج معينة بناءً على تلك الخطوات.

الأنشطة التعليمية

عزيزي الطالب/ الطالبة أنت مدعو للمشاركة فا عمل هذه المجموعة من الأنشطة التعليمية الخاصة بموضوع (التعليم المفرد ...المفاهيم والنماذج) بهدف تدريبك على كيفية فهم الأسئلة- الإجابة عن الأسئلة من مصادر متعددة(المحاضرة- الكتاب المقرر- مناقشاتك مع أستاذك و زملائك)-جمع المعلومات من مصادر متعددة بالاستعانة بمكتبة الكلية.

١. عندما يريد المعلم من جميع المتعلمين إتقان التعلم فيمكن استخدام طريقة التعليم الخصوصي ، بينما يستخدم طريقة التدريب والممارسة عندما يريد منهم فهما تلقائيا ،وعندما يريد المعلم من المتعلمين تعلما تعاونيا ويصعب محاكاة الواقع الحقيقي فيمكن استخدام طريقة المحاكاة......الخ فيما لا يزيد عن خمسة اسطر، حدد أفضل طريقة تناسب تدريس تخصصك و إمكانيات تلاميذك مشيرا إلى مبرراتك اختيارك.

٢. تستطيع عزيزي المعلم/ المعلمة أن تقف على تعريف تفريد التعلم عندما تفكر في ماذا تفعل عندما تدريس لمجموعة من التلاميذ في الفصل وتجد مجموعة من التلاميذ : يفهمون ما تشرح، و مجموعة أخرى لا يفهمون؟ هل تشرح بطريقة واحدة لجميع التلاميذ، الأذكياء منهم، و متوسطي الذكاء، و ذوى القدرات المنخفضة؟ هل تستطيع تحقيق رغبات جميع التلاميذ، و تشرح لكل تلميذ بالطريقة التي يفضلها؟ في ضوء ما سبق أكتب تعريف تعبر من خلاله عن مفهومك للتعليم المفرد.

٣. يرى بعض المتخصصين من مجال التربية أن آيات القرآن الكريم حددت خمس مراحل يجب أتباعها عند تفريد التعليم و مراعاة الفروق الفردية وهى :-

● تحديد أقل واجب ليقوم به المتعلم (فان يكن منكم مائه صابرة يغلبوا مائتين).

- تمييز الفروق الفردية بين المتعلمين (أن فيكم ضعفا) (سيكون منكم مرضى و آخرون..).

- تقبل الفروق الفردية في تقديم مادة التعلم (و علم أن ...) (علم أن لن تحصوه).

- تجهيز مادة تقبل الفروق الفردية(ألن خفف) (فاقرءوا ما تيسر منه).

- التشجيع لبذل المزيد (و الله مع الصبرين) (و ما تقدموا لأنفسكم..).

حدد مدى ارتباط التصور الخاص بالعلم الحديث بالتصورالاسلامى.

٤.تفريد التعليم يمكن عملياً تحقيقه خلال التعليم بمساعدة الكمبيوتر (CAI) بسبب الخطو الذاتي لهذا النظام، والتفاعل وعرض خطوات التعليم في ضوء تعلم التلميذ، وإمكانية التشخيص والتعليم العلاجي، كما يمكن تكامله مع تكنولوجيات التعليم الأخرى، تحدث بإيجاز عن متطلبات توفير هذا النظام في بيئتنا التعليمية.

٥. اجب عن أسئلة التقويم الذاتي الموجودة في نهاية موضوع(**التعليم المفرد ...المفاهيم والنماذج**).

التقويم الذاتي

الآن عزيزي الطالب/ الطالبة: اجب عن الأسئلة الآتية لمعرفة مدى تقدمك نحو تحقيق أهداف التعلم لموضوع (التعليم المفرد ...المفاهيم والنماذج).

أولا:-اختر الإجابة الصحيحة من بين الإجابات الأربعة التالية, وذلك علامة(/) إمام الفقرة التي تمثله, علما بان هناك إجابة صحيحة واحدة فقط لكل سؤال:-

١. من الاختبارات التي تستخدم في ظل تفريد التعليم :

أ- اختبارات تجميعية ب- اختبارات ضمنية

ج- اختبارات تسكين د- جميع ما سبق

٢- يعطى اختبار التسكين للمتعلم :

أ- قبل دراسة كل وحدة ب- بعد دراسة كل وحدة

ج- قبل دراسة المقرر د- بعد دراسة المقرر

٣- من المشكلات التي تواجه نظام التعليم السائد :

أ- تكدس الطلاب داخل الفصول

ب- عدم الاهتمام بالفروق الفردية بين المتعلمين

ج- انخفاض المستوى العلمي للخرجين

د- جميع ما سبق

٤- أي من العبارات الآتية غير صحيحة في ظل تفريد التعليم : -

أ- يقوم المعلم بدور تخطيطي.

ب- يقوم المعلم بدور المسئول.

ج- يقوم المعلم بدور تشخيص.

د- يقوم المعلم بدور المسهل والمعاون للمتعلم .

٥- يركز تفريد التعليم علي :

أ- المحتوي التعليمي نفسه ب- تتابع الأنشطة وعملية التعلم

ج- الحرية للمتعلم في اختيار مصادر التعلم د- ب,ج معا

٦-من مميزات تفريد التعليم أن :

أ – تقع مسئولية التعلم علي عاتق المعلم وليس المتعلم

ب- يظل المنحنى الاعتدالي للتعلم ثابتا دون تغير

ج- يستطيع كل متعلم أن يسير حسب قدراته واهتماماته

د- جميع ما سبق

٧- من إجراءات تفريد التعليم :

أ- تنوع أساليب التعلم   ب- الخطو الذاتي للمتعلم

ج- التغذية الراجعة   د- جميع ما سبق

٨- من الدوافع التي أدت إلى اللجوء لتفريد التعليم :

أ- الانفجار المعرفي   ب- الفروق الفردية بين المتعلمين

ج- الانفجار السكاني   د- جميع ما سبق

٩- جميع ما يلي من ادوار المعلم في التعليم المفرد ماعدا : -

أ- التحقق من إتقان التلاميذ للتعلم

ب- تنمية مهارات العمل الفردي وليس التعاوني

ج- تشخيص نواحي القوة والضعف لدى الطلاب

د- المشاركة في عمليات تصميم المناهج

١٠- الخطو الذاتي النشط في التعليم المفرد يرتبط بأداء : -

أ- المتعلم   ب- المعلم

ج- مصمم المنهج   د- أولياء الأمور

١١.في ظل التعليم المفرد يكون منحنى توزيع تحصيل المتعلمين طبقا للشكل التالي

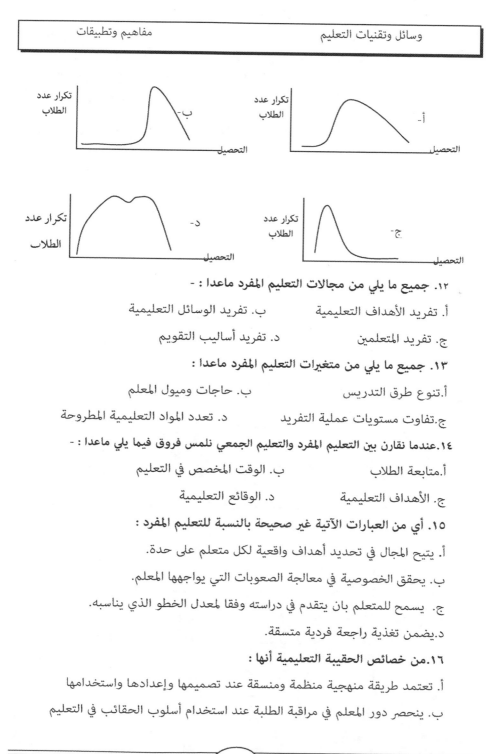

١٢. جميع ما يلي من مجالات التعليم المفرد ماعدا : -

أ. تفريد الأهداف التعليمية ب. تفريد الوسائل التعليمية

ج. تفريد المتعلمين د. تفريد أساليب التقويم

١٣. جميع ما يلي من متغيرات التعليم المفرد ماعدا :

أ.تنوع طرق التدريس ب. حاجات وميول المعلم

ج.تفاوت مستويات عملية التفريد د. تعدد المواد التعليمية المطروحة

١٤.عندما نقارن بين التعليم المفرد والتعليم الجمعي نلمس فروق فيما يلي ماعدا : -

أ.متابعة الطلاب ب. الوقت المخصص في التعليم

ج. الأهداف التعليمية د. الوقائع التعليمية

١٥. أي من العبارات الآتية غير صحيحة بالنسبة للتعليم المفرد :

أ. يتيح المجال في تحديد أهداف واقعية لكل متعلم على حدة.

ب. يحقق الخصوصية في معالجة الصعوبات التي يواجهها المعلم.

ج. يسمح للمتعلم بان يتقدم في دراسته وفقا لمعدل الخطو الذي يناسبه.

د.يضمن تغذية راجعة فردية متسقة.

١٦.من خصائص الحقيبة التعليمية أنها :

أ. تعتمد طريقة منهجية منظمة ومنسقة عند تصميمها وإعدادها واستخدامها

ب. ينحصر دور المعلم في مراقبة الطلبة عند استخدام أسلوب الحقائب في التعليم

ج. تعتمد الحقيبة التعليمية على النشاطات الكتابية والقرائية فقط.

د. ينحصر استخدام الحقائب التعليمية داخل المدرسة فقط .

١٧.يتيح الحاسوب للطالب عند دراسته مادة تعليمية معينة :

أ. الاستقلال الذاتي ب. تجنب الخجل والعقاب

ج. إعطاء نتائج دراسية أفضل د. جميع ما سبق

١٨.من الأنماط التي يستخدم فيها الكمبيوتر في التعليم هي : -

أ. المحاكاة ب. تعليم المعاقين

ج. ألعاب الكمبيوتر التعليمية د. جميع ما سبق.

١٩.في التعليم بمساعدة الكمبيوتر يستطيع الكمبيوتر أن يساعد : -

أ.المعلم في تحسين عملية التدريس ب. الطالب في تعلم دروسه

ج. ا ، ب معا د. لا شيء مما سبق.

٢٠.من معوقات استخدام الكمبيوتر في التعليم عدم وجود : -

أ.برامج تعليمية تناسب احتياجات التلاميذ التعليمية.

ب. طاقة بشرية مدربة على استخدام الكمبيوتر.

ج.ذاكرة مناسبة لخزن موضوعات الدروس.

د. ا ، ب. معا.

٢١.كل مما يلي من سمات الوحدات النسقية ما عدا :

أ. التركيز على المعلم وليس على المتعلم.

ب.التركيز على الأنشطة أولا ، ثم الأهداف.

ج. التأكيد على فردية المتعلم.

د. معرفة الطالب أسلوب التقويم الذي سيتعرض له.

٢٢.جميع ما يلي من خصائص الوحدات النسقية ماعدا : -

أ.أعطاء فكرة عامة عن الموضوع.

ب.تحديد المعلومات التي يعرفها المتعلم مسبقا.

ج.التركيز على الجانب المعرفي للأهداف التعليمية.

د.التقويم النهائي لما تعلمه المتعلم.

٢٣.جميع ما يلي من خطوات إعداد الحقائب التعليمية ما عدا :

أ.صياغة الأهداف التعليمية بناء نتائج التقويم.

ب.جمع معلومات موضوع الحقيبة.

ج.تجربة الحقيبة قبل تعميمها.

د.تطوير الوحدة في ضوء النتائج.

٢٤.من خصائص التعلم للإتقان جميع ما يلي :

أ.عدد مفردات الاختبار كثيرة.

ب. يحدد مستوى الإتقان بدرجة ٨٥ ٠/٠ أو أكثر.

ج.الإتقان غير مرتبط بسرعة التقدم.   د.التأكيد على الأهداف العامة فقط.

٢٥.من خصائص نظام التوجيه السمعي ما يلي ماعدا :

أ. تقدم الأنشطة فيه على شكل كلمات مكتوبة.

ب. يتطلب تسجيل صوتي عليه المادة التعليمية.

ج.يتطلب مكانا أو مقصورة خاصة لكل طالب.

د. يتطلب امتحانا كتابيا دائما.

ثانيا : -ضع علامة (√)إمام العبارة الصحيحة وعلامة (x)إمام العبارة الخطأ مـع تصحيح الخطأ :

١. من الصعب استخدام الكمبيوتر في التعليم المفرد.

٢. يستخدم الكمبيوتر في تصحيح إجابة التلاميذ.

٣. تتيح الحقائب التعليمية الحرية للمتعلم لاختيار أسلوب التعلم المناسب.

٤. يمكن تعريف الحقيبة التعليمية على أنها خطة تعليمية تبين للمتعلم ما تعلمه بوضوح.

٥. الحقائب التعليمية هي الرزم التعليمية.

٦. من معايير المجمع التعليمي الجيد تناسب المادة العلمية مع الأهداف المنشودة.

٧. يوظف الحاسوب في نظام التوجيه السمعي.

٨. يعتمد نظام التوجيه السمعي على أسلوب التعلم ذي المعنى.

٩. من مزايا استخدام الحاسوب في التعليم أعطاء المتعلم فرصة ليتعلم وفق سرعته الخاصة.

١٠. يستخدم التقويم التكويني في مرحلة الإعداد بنظام التعلم من اجل الإتقان.

١١. تقاس مهارات المتعلم قبل البدء في التعليم المفرد.

١٢. في التعليم المفرد يعتبر المعلم هو المصدر الأساسي والوحيد للمعرفة.

١٣. .توجد معايير محددة سلفا لقياس مهارات التعلم.

١٤. .يقدم محتوى التعلم من خلال وسائط وبدائل متعددة.

١٥. .يختار المعلم مصدر التعلم المناسب للمتعلم.

١٦. يقصد(٩٠/٩٠) يعنى تحقق نسبه كبيره من المتعلمين(٩٠ %) نسبة كبيرة من الأهداف (٩٠ %).

١٧. في التقويم مرجعي المحك : في نظام التعليم المفرد يقارن أداء الطالب بأداء زملائه.

١٨. يقوم المعلم في التعليم المفرد بالاشتراك في عمليات تصميم وتخطيطها

١٩. .يشجع المعلم تلاميذه فى التوجيه السمعي على التفاعل فيما بينهم.

المراجع

١. إبراهيم عبد الوكيل الفار(٢٠٠٣) **طرق تدريس الحاسوب**.عمان: دار الفكر

٢. أحمد حامد منصور(١٩٨٣) التعلم الذاتي وكيفية إعداد برنامج تعليمي يحققه **مجلة تكنولوجيا التعليم** الكويت العدد(١١) ٢٤-٢٨.

٣. أحمد سالم (٢٠٠٤) **تكنولوجيا التعليم والتعليم الالكتروني**. الرياض: مكتبة الرشد.

٤. الغريب زاهر اسماعيل (١٩٩٨) دراسة مقارنة بين أسلوبي التعلم في مجموعات صغيرة والتعلم الفردي في مهارات تصميم وانتاج برامج الفيديو التعليمية لدى طلاب كلية التربية. **مجلة التربية جامعة الأزهر** ، العدد (٧٢) ص ص ٢٠٠-٢٧٠

٥. إياد النجار و آخرون(٢٠٠٢). **الحاسوب وتطبيقاته التربوية**. عالم الكتب للنشر والتوزيع، اربد – الأردن.

٦. بشير كلوب(٢٠٠١)**التكنولوجيا في عملية التعليم والتعلم**.عمان: دار الشروق للنشر و التوزيع.

٧. توفيق مرعى ومحمد محمود الحيلة (١٩٩٨) **تفريد التعليم** . عمان : دار الفكر.

٨. جابر عبد الحميد جابر (١٩٩٩) **استراتيجيات التدريس والتعلم** . القاهرة : دار الفكر العربي

٩. خليل بن إبراهيم السعادات (٢٠٠٣) اتجاهات عينة من طالبات جامعة الملك سعود نحو التعليم الذاتي. **مجلة جامعة الملك سعود م ١٦ العلوم التربوية والدراسات الإسلامية (١)** ٢٣٥ – ٢٦٥.

١٠. كمال زيتون(٢٠٠٢) **تكنولوجيا التعليم في عصر المعلومات والاتصالات**. القاهرة : عالم الكتب.

١١. فتح الباب عبد الحليم وآخرون(٢٠٠٠)**برنامج تدريب المعلمين من بعد على استخدام التكنولوجيا في الفصل**. القاهرة : وزارة التربية والتعليم.

١٢. فخر الدين القلا (١٩٨٥) مفهوم التعلم الذاتي ونظمه في التربية. **المجلة العربية للتربية** .المجلد(٥) العدد(١) ص ص١٤٤- ١٥٥.

١٣. طارق عامر (٢٠٠٥) التعلم الذاتي (مفاهيمه- أسسه- أساليبه) . القاهرة : الدار العالمية للنشر والتوزيع.

١٤. طاهر عبد الرازق (١٩٨٠) نماذج من التعليم المفرد .مجلة التربية الجديدة . العدد(٢٠) ص ص١٧-٢٩.

١٥. طلال الحربي(١٩٩٦) القواعد الأساسية للتعامل مع الفروق الفردية في القرآن الكريم. مجلة جامعة الأمام محمد بن سعود الإسلامية ، العدد(١٤)٤١٧-٤٥٥.

١٦. على محمد عبد المنعم (١٩٩٥) تفريد التعليم . ندوة تكنولوجيا التعليم في الجامعة. القاهرة : مركز تطوير التعليم الجامعي.

١٧. على محمد عبد المنعم (٢٠٠٠) تكنولوجيا التعليم والوسائل التعليمية. القاهرة: دار البشرى.

١٨. عبد الله عبد العزيز الموسى واحمد المبارك (٢٠٠٥) التعليم الالكتروني الأسس والتطبيقات. الرياض : مطابع الحميضى.

١٩. عبدالله بن محمد الوابلي (٢٠٠٨) البرامج التربوية الفردية والتدريس الجماعي . الرياض : كلية التربية – جامعة الملك سعود.

٢٠. عبد الرحيم صالح عبد الله(١٩٨٣) نموذج للتعلم الفردي التعلم للإتقان ودور التقنيات التربوية في أنجاحه مجلة تكنولوجيا التعليم الكويت العدد(١١) ١٧-٢٣.

٢١. محمد على السيد (١٩٩٩) الوسائل التعليمية وتكنولوجيا التعليم .عمان : دار الشروق.

٢٢. نادية عبد العظيم (١٩٩١) الاحتياجات الفردية للتلاميذ وإتقان التعليم . الرياض: دار المريخ.

23- Anderson ,L .W (1989) **Mastery Learning In Classroom Instruction** &24-Block,L. N,Y; N Y; Macmillan publishing companying.

25-Block,L.H.(1974) **Introduction to Mastery Learning; Theory and Practice** N Y; Holt RINEHART &Winston inc

26-Bloom, B. S., Engelhart, M. D., Furst, E. J., Hill, W. H., & Krathwohl, D. R. (1956). **Taxonomy of educational objectives: The classification of educational goals. Handbook** I: Cognitive domain. New York: David McKay.

27- Heinich, R. M. (1970). Technology and the management of instruction (Association for Educational Communications and Technology Monograph No.4). Washington, DC: Association for Educational Communications and Technology

الفصل الثاني
مستحدثات تكنولوجيا التعليم

- مقدمة
- الأهداف التعليمية

أولا: مفهوم مستحدثات تكنولوجيا التعليم .

ثانيا: خصائص المستحدثات التكنولوجية

ثالثا: مبررات استخدام تكنولوجيا التعليم .

رابعا: نماذج لمستحدثات تكنولوجيا التعليم.

- التعلم الالكتروني في التعليم
- الانترنت في التعليم
- التعليم عن بعد
- التعليم الافتراضي

سادسا ادوار المعلم و المتعلم في التعليم بالمستحدثات التكنولوجية

- الأنشطة التعليمية
- التقويم الذاتي
- المراجع

مستحدثات تكنولوجيا التعليم

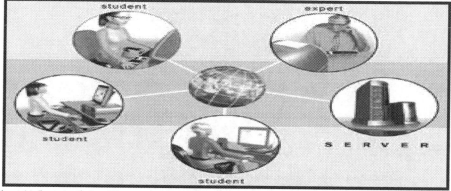

مقدمة: شهدت السنوات العشر الماضية طفرة هائلة في المستحدثات التكنولوجية المرتبطة بمجال التعليم, ولقد تأثرت عناصر منظومة التعليم علي اختلاف مستوياتها في العديد من الدول بهذه المستحدثات, فتغير دور المعلم بصورة واضحة وأصبحت كلمة معلم أو مدرس غير مناسبة للتعبير عن مهامه الجديدة, وظهرت في الأدبيات التربوية الحديثة كلمة مسهل لوصف مهام المعلم علي أساس أنه الذي يسهل عملية التعليم لتلاميذه, فهو يصمم بيئة التعليم فيشخص مستويات تلاميذه, ويصف لهم ما يناسبهم من المواد التعليمية, ويتابع تقدمهم, ويرشدهم, ويوجههم حتى تتحقق الأهداف المنشودة(علي محمد عبد المنعم, ٢٠٠٠)

وكان هناك أسباب وراء ظهور المستحدثات التكنولوجية وهى (ثورة الاتصالات – ثورة المعلومات – تطور العلوم التربوية – أزمة التجديد التربوى....) حيث كانت هذه الأسباب وراء ظهور الجانب المادي من المستحدثات التكنولوجية و المتمثل في الأجهزة الحديثة و الأدوات، و لاشك أن معرفتك عزيزي المعلم/ المعلمة والجانب الفكري للمستحدثات التعليمية و ما ارتبط بها من مواد تعليمية و برمجيات يساعدك في التعامل مع هذه البرامج ،وتنفيذها،وتقويمها.

الأهداف التعليمية : بعد الانتهاء من دراسة هذه الوحدة التعليمية والقيام بالأنشطة التعليمية المصاحبة لها، فانه من المتوقع أن تكون قادرا على أن:-

١. تحدد مفهوم المستحدثات التكنولوجية في التعليم.
٢. تكتب مبررات الاهتمام بالمستحدثات التكنولوجية.
٣. تعريف خصائص المستحدثات التكنولوجية
٤. تكتب تصنيف للمستحدثات التكنولوجية في التعليم.
٥. تحدد ثلاثة من المستحدثات التكنولوجية كوسائط و أخرى كنماذج .

أولا: مفهوم المستحدثات التكنولوجية: **مجموعة متنوعة من المصادر والأدوات التكنولوجية التي تستخدم في نقل ونشر وتخزين وإدارة المعلومات. وتعتبر هذه العمليات كلها جزءاً لا يتجزأ من العملية التعليمية.**

ثانيا: خصائص المستحدثات التكنولوجية: تتعدد المستحدثات التكنولوجية و تتنوع إلا أنها تشترك جميعها في مجموعة من الخصائص , و هذه الخصائص مشتقة من نظريات التعلم ويمكن توضيحه كما بالجدول(٤)(فتح الباب عبد الحليم و آخرون,٢٠٠٠)

جدول (٤) خصائص المستحدثات التكنولوجية

م	الخصائص	التعريف بالخصائص
١	**التفاعلية** **Inter activity**	❑ التفاعلية تصف نمط الاتصال في موقف التعلم , حيث توفر المستحدثات التكنولوجية بيئة اتصال ثنائية على الأقل , وهى بذلك تسمح للمتعلم بدرجة من الحرية فيستطيع إن يتحكم في معدل عرض المادة المنقولة ليختار المعدل الذي يناسبه , كما يستطيع إن يختار من بين العديد من البدائل في موقف التعليم. ❑ ومن المستحدثات التكنولوجية التي تسمح بذلك:(أنماط التعلم بمساعدة الكمبيوتر - الفيديو التفاعلي- الوسائل المتعددة المتفاعلة.-نظم النصوص الفائقة).

٢ الفرديـــــــــــة Individuality

❑ تسمح معظم المستحدثات بتفريد التعليم لتناسب المتغيرات في شخصيات المتعلمين و قدراتهم و استعداداتهم , و خبراتهم السابقة و لقد صممت معظم المستحدثات بحيث تعتمد على الخطو الذاتي للمتعلم وهى بذلك تسمح باختلاف الوقت المخصص للتعلم طولا وقصرا بين متعلم و آخر تبعا لقدراته و استعداداته وتسمح المستحدثات التكنولوجية بالفردية في إطار جماعية المواقف التعليمة .

❑ ومن المستحثات التكنولوجية التي توفر الفردية في مواقف التعلم ما يلي :(نظام التعليم بمساعدة الكمبيوتر-نظام التوجيه المرئي.- نظام التوجيه بالكمبيوتر-نظام التعليم الشخصي).

٣ التنوع Diverlity

❑ توفر المستحدثات التكنولوجية بيئة تعلم متنوعة يجد فيها كل متعلم ما يناسبه و يتحقق ذلك إجرائيا عن طريق توفير مجموعة من البدائل و الخيارات التعليمية إمام المتعلم و تتمثل هذه الخيارات في الأنشطة التعليمية و المواد التعليمية و الاختبارات ومواعيد التقدم لها كما تتمثل في تعدد مستويات المحتوى و تعدد أساليب التعلم.

❑ ومن **المستحدثات التكنولوجية التي توفر التنوع** في مواقف التعلم ما يلي :(الوسائل المتفاعلة التي يقدمها الكمبيوتر -النصوص المكتوبة و المسموعة.- الرسومات و التكوينات الخطية.-المؤثرات الصوتية).

٤ التكاملية Integrity

❑ تتعدد مكونات المستحدثات التكنولوجية و تتنوع , و يراعى مصموا هذه المستحدثات مبدأ التكامل بين مكونات كل مستحدث نظام متكامل , ففي برامج الوسائل المتعددة التي يقدمها الكمبيوتر مثلا لا تعرض الوسائل واحدة بعد الأخرى , و لكنها تتكامل في إطار واحد لتحقيق الهدف المنشود , وعند اعتبار الوحدات التعليمية الصغيرة (موديولات) فإن مكوناتها تشكل فى مجموعها نظام متكامل حيث يراعى الاتساق بين الأهداف و المحتوى , و الأنشطة و أساليب التقويم.

❑ ومن **المستحدثات التكنولوجية التي تحقق التكاملية** ما يلي : (مؤتمرات الكمبيوتر - مؤتمرات الفيديو – الانترنت)

٥ الكونية Globality

❑ تتيح بعض المستحدثات التكنولوجية المتوفرة الآن إمام مستخدميها فرص الانفتاح على مصادر المعلومات في جميع إنحاء العالم و يمكن

للمستخدم إن يتصل بالانترنت للحصول على ما يحتاجه من معلومات في كافة مجالات العلوم و أصبحنا نسمع الآن عن الطريقة السريعة للمعلومات و الطرق السريعة جدا للمعلومات.

❑ ومن **المستحدثات التكنولوجية التي توفر الكونية** في مواقف التعلم ما يلي:(الأقمار الصناعية- الخطوط التلفونية- الكمبيوتر, والانترنت).

٦ **إتاحة البدائل و الخيارات**

❑ يتيح استخدام المستحدثات التكنولوجية فرص الحصول على الخيارات و البدائل التعليمية المختلفة في الوقت الذي يناسبه , كما إن هذه البدائل و الخيارات يجب إن تقدم للمتعلم ما يحتاج إليه من محتوى و أنشطة و أساليب تقويم بطرق سهلة و ميسرة , و يمكن القول إن فاعلية المستحدثات التكنولوجية تظهر فعلا في بيئات التعليم المفرد

❑ ومن **المستحدثات التكنولوجية التي توفر فرص الاختيار بين البدائل** في مواقف التعلم ما يلي:(الكمبيوتر- الانترنت).

٧ **الجودة الشاملة**

تظهر فاعلية المستحدثات التكنولوجية في ظل نظام أدارى يوفر متطلباتها, و تهيئ المناخ اللازم لاستخدامها , و يرتبط تصميم المستحدثات التكنولوجية في اى من جوانبها المادية المتمثلة في الأجهزة و الأدوات و جوانبها الفكرية المتمثلة في المواد التعليمية و البرمجيات بالجودة الشاملة , حيث تتواجد نظم مراقبة الجودة في كافة مراحل تصميم المستحدثات التكنولوجية و إنتاجها و استخدامها و إداراتها و تعرف حجم الإفادة منها و من الطبيعي إلا تظهر فاعلية المستحدثات التكنولوجية إلا في ظل وجود نظام مراقبة في بيئة التعلم يسمح بتوفير متطلباتها.

ثالثا : مبررات استخدام المستحدثات التكنولوجية في التعليم : بالإضافة إلى الميزات التي تحتويها التكنولوجيا كالسرعة و الأمان والخصوصية و قلة التكلفة النسبية للمستخدمين بالإضافة إلى المتعة في الاستخدام في تأتى الحاجة إلى استخدام المستحدثات التكنولوجية في التعليم إلى الأسباب التالية:-

١.يساهم استخدام المستحدثات التكنولوجية في توفير بيئة تفاعلية وتقليل الإنفاق وتوفر موارد لا يمكن توفيرها بدونها ومن المميزات المعروفة لبعض أشكال

التعليم باستخدام المستحدثات التكنولوجية(تكنولوجيا المعلومات والاتصالات) هو انخفاض تكلفتها، الأمر الذي يساعد على استخدامها في البلدان الأفقر، والتوسع في البرامج التعليمية وبناء مجتمع دائم التعلم.

٢. تستخدم في مكافحة تردى النوعية في التعليم التقليدي من خلال التعليم متعدد القنوات بينت الدراسات المختلفة أن الإنسان يستطيع أن يتذكر ٢٠% مما يسمعه، ويتذكر ٤٠ % مما يسمعه ويراه، أما إن سمع ورأى وعمل فان هذه النسبة ترتفع إلى حوالي ٧٠%. بينما تزداد هذه النسبة في حالة تفاعل الإنسان مع ما يتعلمه من خلال هذه الطرق (Traci, 2001).

٣. تساعد أساليب التعليم باستخدام تقنيات المعلومات و الاتصالات في التغلب على ندرة المعلمين، خاصة في المناطق النائية والأفقر فيها، وتوفر أداة فعالة للنهوض بمستوى المعلمين باستمرار، وتساهم في توسيع نطاق الاستفادة من المعلمين الموهوبين، سواء في تعليم النشء أو في تدريب عامة المعلمين.

٤. تأثير المستحدثات التكنولوجية في كافة مجالات البحث العلمي تأثيرا ايجابيا على الأساليب والنظم التعليمية والتربوية وفي فلسفة التعليم

٥. تلبية احتياجات الفروق الفردية بتوفير وسائل الاتصال التعليمية التي تحقق الفاعلية في التعليم وفق القدرات , واكتساب التلاميذ مهارات الاتصال بأوعية الفكر المختلفة.

رابعا نماذج لمستحدثات التكنولوجية : احدث انتشار المستحدثات التكنولوجية و دخولها في العملية التعليمية ثورة و نهضة تعليمية كبيرة و اخذ توظيفها في التعليم عدة إشكال و سنركز على التعريف ببعض هذه المستحدثات التكنولوجية في التعليم من خلال التأكيد على (مفهوم المستحدثات التكنولوجية – فكرة عمل المستحدثات التكنولوجية في التعليم -أهمية استخدام المستحدثات التكنولوجية في التعليم) فيما يلي:-

أ.التعلم الالكتروني في التعليم: تقوم فكرة التعلم الالكتروني على تقديم البرامج التدريبية والتعليمية عبر وسائط الكترونية متنوعة تشمل الأقراص المدمجة وشبكة الانترنت بأسلوب متزامن أو غير متزامن و باعتماد مبدأ التعلم الذاتي أو التعلم بمساعدة معلم (علاء الدين العمري،٢٠٠٢)،ولما كان التعلم الالكتروني هو ذلك النوع من التعلم الذي يعتمد على استخدام الوسائط الالكترونية في الاتصال بين المعلمين والمتعلمين وبين المتعلمين والمؤسسة التعليمية برمتها، وهناك مصطلحات كثيرة تستخدم بالتبادل مع هذا المصطلح منها: (Online Learning) و(Web Based Learning) و(Electronic Learning) وغيرها من المصطلحات؛ فانه يمكن توضيح العلاقة بين التعلم الالكتروني والمفاهيم ذات العلاقة.

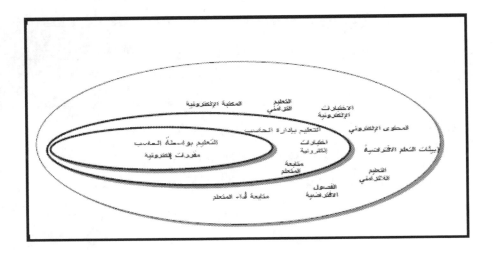

شكل (٦) التعلم الالكتروني وعلاقته بالمفاهيم الالكترونية الأخرى

- **مفهوم التعلم الالكتروني:** يرى هورتن وهورتن (Horton &Horton(2003 المفهوم الشامل للتعليم الالكتروني بأنه أي استخدام لتقنية الويب والانترنت لإحداث التعلم.

ويعرفه عبد الله الموسى و احمد المبارك (٢٠٠٥) بأنه :" طريقة للتعليم باستخدام

آليات الاتصال الحديثة من حاسب وشبكاته، ووسائطه المتعددة من صوت وصورة، ورسومات، وآليات بحث، ومكتبات إلكترونية، وكذلك بوابات الانترنت سواء أكانت عـن بعـد أم في الفصل الدراسي هو استخدام التقنية بجميع أنواعها في إيصال المعلومة للمتعلم بأقصر وقت وأقل جهد وأكبر فائدة".

مما سبق يمكن تعريف التعلم الالكتروني على انه : **طريقـة للـتعلم باستخدام الوسـائط الإلكترونية من حاسب وشبكاته ووسائطه المتعددة مـن صـوت وصـورة، ورسـومات، وآليات بحث ومكتبات إلكترونية، وكذلك بوابات الإنترنت سواء عن بعد أو في الفصل الـدراسي، المهـم هو استخدام التقنية بجميع أنواعها في عمليـة نقـل وإيصال المعلومـات بـين المعلـم والمـتعلم بأقصر وقت وأقل جهد وأكبر فائدة.**

☐   **عناصر التعليم الالكتروني كنظام:** يتضمن التعليم الالكتروني العناصر الخمسة التالية كما بالشكل(٧):-

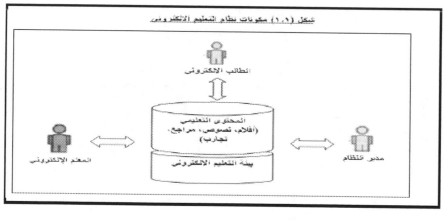

شكل (٧) عناصر التعلم الالكتروني كنظام

١. المحتوى (Content): المادة التعليمية ولكن بشكل الكتروني، وهـي مـن أهـم عناصـر التعليم الالكتروني حيث يتم إعداد المحتوى التعليمي باستخدام تقنيات وبرمجيات خاصة. كما انه يتكون من نصوص وأفلام فيديو و صور وآليات تفاعلية متعددة.

٢. **الوسيط (Media)**: وسيلة الاتصال بين عناصر العملية التعليمية، سواء كانت الانترنت أو شبكات البيانات أو أي وسيلة اتصال الكترونية يمكن التفاعل من خلالها بين المعلم والمتعلم والمحتوى.

٣. **المتعلم الإلكتروني (e-Learner)**: الطالب الذي يستخدم الوسائل الالكترونية ونظم التعليم الالكتروني لحضور الدروس وتقديم الامتحانات والتفاعل مع المعلم والطلاب الآخرين في جلسات التعليم الالكتروني.

٤. **المعلم الإلكتروني (e-Teacher)**: المعلم الذي يتفاعل مع المتعلم إلكترونيا، ويتولى أعباء الإشراف التعليمي على حسن سير التعلم، وقد يكون هذا المعلم داخل مؤسسة تعليمية أو في منزله.

٥. **بيئة التعليم الإلكترونية (e-Learning Environment)**: هناك عدد من الحزم البرمجية التي تم تطويرها لتقوم بإدارة العمليات المختلفة للتعليم الإلكتروني اصطلح على تسميتها بيئات التعلُّم الإلكترونية "e-Learning Environment" وعرفت اختصاراً بـ (ELE) .

☐ **أنماط الاتصال في التعليم الالكتروني**: هناك عزيزي الطالب/ الطالبة نمطين من أنماط الاتصال في التعلم الالكتروني وهما: -ط

١.الاتصال غير المباشر غير المتزامن : حيث يستطيع الأشخاص الاتصال فيما بينهم بـشكل غـير مباشر دون اشتراط حضورهم في نفس الوقت باستخدام :-

- البريد الإلكتروني (E – Mail) حيث تكون الرسالة والرد كتابياً

- البريد الصوتي (Voice – Mail) حيث تكون الرسالة والرد صوتياً.

٢.الاتصال المباشر المتزامن : وعن طريقه يتم التخاطب في اللحظة نفسها بواسطة :-

- **التخاطب الكتابي** (Relay – Chat) حيـث يكتـب الـشخص مـا يريـد قولـه بواسطة لوحة المفـاتيح والـشخص المقابـل يـرى مـا يكتـب في اللحظـة نفـسها، فـيرد عليـه بالطريقة نفسها مباشرة بعد انتهاء الأول من كتابة ما يريد .

- **التخاطب الصوتي** (Conferencing – Voice) حيث يتم التخاطب صوتياً في اللحظة نفسها هاتفياً عن طريق الإنترنت .

- **المؤتمرات المرئية** (Conferencing – Video) حيث يتم التخاطب حيـاً علـى الهواء بالصوت والصورة .

- **طرق توظيف التعليم الإلكتروني في التدريس**:تتلخص طرق توظيـف التعلـيم الالكتروني في التدريس في الطرق الثلاثة التالية:- (احمد سالم،٢٠٠٥)

شكل (٨) طرق توظيف التعليم الالكتروني في التدريس

❑ **النموذج المساعد أو المكمل (Adjunct):** وهو عبارة عن تعليم الالكتروني مكمل للتعليم التقليدي المؤسس على الفصل حيث تخدم الشبكة هذا التعليم بما يحتاج إليه من برامج وعروض مساعدة ، وفيه توظف بعض أدوات التعليم الالكتروني جزئياً في دعم التعليم الصفي التقليدي وتسهيله ورفع كفاءته، كما يتم فيه الاعتماد على الدراسة التقليدية (بنفس الجدول الدراسي و عدد الحصص) مع الإستعانه ببعض مصادر الإنترنت أو البرمجيات المجهزة على أسطوانات مدمجه لخدمة المقرر الدراسي، وقد يتواجد في الفصل حاسوب واحد أو عدد محدود من الحواسيب.

جدول (٥) ادوار الطالب والمعلم والإدارة فى النموذج المساعد أو المكمل

دور الطالب في هذا النموذج	دور المعلم في هذا النموذج	دور الإدارة في هذا النموذج
- البحث عن المعلومات في مواقع شبكة الإنترنت و هذه المعلومات تكون ذات صله بموضوعات الدروس التي تلقاها الطالب في الفصل . - استخدام برمجية تدريب محمله على قرص مدمج بغرض معالجة بعض صعوبات التعلم . - تلقى الدعم من الإنترنت لعمل بعض المشروعات المكلف بها من قبل المدرسة . - البحث عن إجابات لتساؤلات في ذهن الطالب و لا يسمح وقت الحصة بالإجابة عنها - التواصل بين الطلبة و	- توجيه الطلاب للتزود بالمعلومات من خلال شبكة الإنترنت وذلك للاستعداد لتعلم درس معين . - عمل مواقع بسيطة على الإنترنت تحتوى على تمارين و أنشطه و أفكار إبداعيه و إضافية للطالب . - الإستعانه بالإنترنت للتخطيط للدروس اليومية و خاصة أن هناك مواقع تحتوى على نماذج لخطط الدروس . - تلقى استشارات و مقترحات تدعم عمل المعلم من بعض المواقع . - عمل عروض تقديميه مستعينا ببعض الوسائط	- الدعم الفني و توفير البرمجيات الخاصة بالمقررات الدراسية أو بعلاج بعض صعوبات التعلم لدى الطلبة - توفير موقع على الإنترنت لتحميل المقررات الدراسية و كذلك الجداول الدراسية ومواعيد الامتحانات و نتائجها . - إعداد برامج تدريبيه للمعلمين و الطلبة لإكسابهم مهارة الحاسوب و الإنترنت . - التعامل مع بيانات الطلبة إلكترونيا و كذلك رصد الدرجات و النتائج .

المعلمين عبر البريد الإلكتروني و برامج المحادثة	السمعية و البصرية و التي يتم الحصول عليها من مواقع الإنترنت و ذلك من أجل عرضها في الفصل الدراسي .

❑ **النموذج المخلوط (المزوج) (Blended):** فيه يتم خلط التعلم الإلكتروني مع التعلم الصفي (التقليدي) في إطار واحد حيث يتم عمل قاعات كبيره مجهزه بأجهزة الحاسوب و مزوده بخدمة الإنترنت و يكون حضور المعلم مع المتعلم وجها لوجه من خلال محاضرات عددها أقل من الحصص الدراسية، بالإضافة إلى عمل محادثات و حوارات عبر الإنترنت باستخدام برامج المحادثة و منتديات للحوار و البريد الإلكتروني، بحيث يتم استخدام بعض أدوات التعليم الالكتروني لجزء من التعليم داخل قاعات الدرس الحقيقية ، ويتحمس كثير من المتخصصين لهذا النموذج ويرونه مناسبته عند تطبيق التعليم الالكتروني،ومن أمثلة تطبيقات النموذج الممزوج ما يلي :

١. يتم تعليم درس معين أو أكثر من دروس المقرر داخل الصف الدراسي دون استخدام أدوات التعليم الالكتروني، وتعليم درس آخر أو بعض دروس المقرر باستخدام أدوات التعليم الالكتروني، ويتم التقويم باستخدام أساليب التقويم التقليدي والالكتروني تبادلياً .

٢. يتم تعليم درس معين تبادلياً بين التعليم الصفي والتعليم الالكتروني، كأن تبدأ بتعليم الدرس داخل الصف، ثم تستخدم التعليم الالكتروني، ومثال ذلك بأن تشرح درس معين مثل درس في المعادلات الكيميائية، ثم تنتقل إلى احد المواقع لترى بعض الأمثلة على المعادلات الكيميائية ثم تعود إلى الكتاب وتكمل الدرس وهكذا .

جدول (٦) ادوار الطالب والمعلم والإدارة فى النموذج المخلوط

دور الطالب في هذا النموذج	دور المعلم في هذا النموذج	دور الإدارة في هذا النموذج
- بالإضافة إلى المهام التي ذكرناها في النموذج السابق فإن الطالب - يقع عليه العبء الأكبر في البحث عن المعلومات و الوسائط المساعدة على تعلم الدرس . - يعمل على تنفيذ المشروعات التي يكلفه بها المعلم على شكل أبحاث أو عروض تقديميه أو منشورات أو صفحات ويب يتم رفعها على الموقع . - يلتقي مع زملائه عبر برامج المحادثة أو يعرض مشكلاته و الصعوبات التي يواجهها في منتديات الحوار لمناقشتها	- بالإضافة إلى نفس الدور الذي قام به المعلم في النموذج السابق إلا أن المعلم - هو مرشد وموجه للطلبة إلى العناصر الأساسية في الدرس مع تنظيم العمل بينهم لعمل مشروعات فرديه و جماعية لعرضها في قاعة الدرس أثناء اللقاءات وجها لوجه و تنظيم المناقشات حولها . - عمل مناقشات عبر برامج المحادثة و منتحديات الحوار و الرد على استفسارات الطلبة ورسائل البريد الإلكتروني الخاصة بهم . -عمل تقارير لمتابعة و تقويم عمل الطلاب ورفعها على الموقع لإطلاع أولياء الأمور عليها	- إعداد البنية التحتية لهذا النموذج كتحويل بعض فصول الدراسة إلى قاعات حاسوب بحيث يكون لكل ماده قاعه تخدمها مجهزه بأحدث الوسائل التعليمية التي تخدم هذه المادة - توفير مواقع و منتديات مجانية كخدمه خاصة للمعلمين و تقوم جهات خاصة بالإشراف عليها . - بالإضافة إلى الأدوار التي تقدمها في النموذج السابق .

❑ **النموذج الخالص (المنفرد)** (Totally online) ويعتمد هذا النوع من التعلم على التعلم الإلكتروني فقط في عمليتي التعليم و التعلم و إدارتها و يمثله الفصول و المعامل و الجامعات الإفتراضيه،و ينقسم بدوره إلى نمطين :

تعلم إلكتروني فردى: و فيه يكون وجود المتعلم مع المقرر الإلكتروني بمفرده دون وجود معلم و مثال ذلك برمجيه محمله على قرص مدمج مهمتها تعليم الطالب

كيفية النطق الصحيح لآيات القرآن الكريم مع التجويد حيث يقرأ الطالب الآية القرآنية من خلال الميكروفون و تصحح له البرمجية الأخطاء التي وقع فيها الطالب ثم تعيد القراءة له مره أخرى وهكذا حتى يتقن الطالب القراءة فتنقله بعدها إلى مستوى أعلى وهو ما يعرف بالتعلم الذاتي

١. **تعلم إلكتروني جماعي**: و فيه يكون تواجد المتعلم مع مجموعه من المتعلمين تتعاون مع بعضها في حل مشكلات أو إنجاز مشروعات ، كما يلتف مجموعه من الطلبة حول لعبه تعليمية فيوجهون بعضهم بعضا و يتبادلون الأفكار حتى يصلون إلى أعلى مستويات اللعبة ، ومثال لذلك أيضا (غرف المحادثة ، الفيديو كونفرانس Videoconferences، ومؤتمرات الويب، ومؤتمرات التليفون) وجميعها تعتبر تعلم تزامني، و يوجد منها ما هو غير تزامني مثل منتديات الحوار

☐ **التقنيات المستخدمة في التعليم الالكتروني**: يعتمد المتعلم في التعلم الالكتروني على مجموعة من مجموعة مصادر الالكترونية الحديثة كما هو مبين بالشكل (٨).

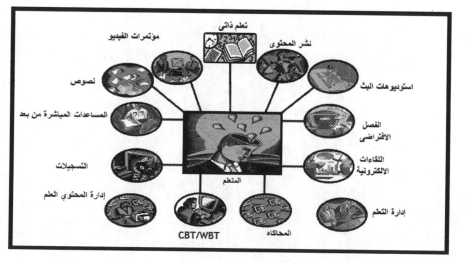

شكل (٨) شاشة بالمصادر الالكترونية المستخدمة في التعلم الالكتروني

وفيما يلي التعريف بأهم هذه المصادر في التعلم الالكتروني:-

١. الأقراص المدمجة CD-ROM أو DVD: حيث يتم تجهيز المناهج الدراسية كفلم فيديو أو مئات الصفحات من الكتب والمراجع والصور الثابتة والمتحركة.

٢. المؤتمرات المرئية Video Conferences : تقنية تربط المشرفين الأكاديميين مع طلابهم في مواقع مختلفة وبعيدة بواسطة شبكة تلفزيونية عالية القدرة, حيث يمكن توجيه الأسئلة والاستفساري والحوار بين المشرف والطلاب, ويمكن حجز غرف المؤتمرات المرئية على شبكة الانترنت من خلال شركات تقدم هذه الخدمة , يمكن الرجوع للموقع : http://meetingrooms.regus-sa.com/search/default.htm أو الموقع http://www.e-lecta.com لمزيد من المعلومات.

٣. المؤتمرات الصوتية Audio Conferences : تقنية أقل تكلفة من المؤتمرات المرئية وتستخدم خطوط الهاتف العادية للتواصل بين الطلاب والمشرفين.

٤. الفيديو التفاعلي Interactive Video : تشابه المناهج التي يمكن وضعها على الأقراص المدمجة ولكنها تتميز بقدرة تفاعلية مع المتدرب من حيث الإجابة على بعض الأسئلة المطروحة أو إجراء بعض أنواع التقييم المعتمد على المادة العلمية المعروضة, ولكن هذا النوع من التفاعل هو من جهة واحد بين المادة العلمية والمتدرب وليس بين المتدرب والمدرب.

٥. برامج الأقمار الاصطناعية Satellite Programs : توظف برامج الأقمار الاصطناعية والمتصلة بخط مباشر مع شبكة الاتصالات مما يسهل الاستفادة من القنوات السمعية والمرئية في عمليات التدريس وجعلها أكثر تفاعلية وحيوية, ولعل من أهم مزايا هذه التقنية كونها توحد المحتوى

التعليمي في أنحاء البلاد, ولكنها تحتاج إلى تجهيزات خاصة للبث والاستقبال في جميع المراكز المخصصة للتعليم.

٦. شبكة الإنترنت Internet : يمكن توظيف شبكة الإنترنت كوسيط تعليمي وإعلامي في آن معاً, فيمكن الترويج للمنتجات والمناهج التعليمية عبر مواقع الانترنت وكذلك جعل المتدربين يستخدمون هذه الشبكة للوصول إلى المحتوى التعليمي وأداء الاختبارات والنقاش والتفاعل مع المشرفين والمدربين.

□ **معوقات التعليم الالكتروني :** يمكن تلخيص أهم معوقات التعليم الالكتروني فيما يلي:-

١. عدم وعي أفراد المجتمع بهذا النوع من التعليم واتخاذ مواقف سلبية منه نتيجة تعودهم على أنماط التعليم التقليدي.

٢. عدم استجابة الطلاب لنمط التعليم الجديد.

٣. عدم وضوح الأنظمة والقوانين الخاصة بالتعليم الالكتروني وطرائقه وأساليبه.

٤. عدم المشاركة الفعالة للتربويين في منظومة التعليم الالكتروني فغالبية القائمين على هذا النوع من التعليم هم من الفنيين والتقنيين.

٥. الحاجة المستمرة إلى التدريب للمعلمين والمتعلمين نظراً للتطور السريع للتقنية التي يعتمد عليها هذا النوع من التعليم.

ب.الانترنت في التعليم: تقوم فكرة عمل شبكة معلومات الدولية (الانترنت) المكونة من عدد هائل من أجهزة الكمبيوتر المرتبطة ببعضها عن طريق خطوط الهاتف أو عبر الأقمار الصناعية في مجال التعليم على بإمكانية النفاذ إلى موارد المعلومات (Information resources) عن طريق تطبيق واحد, هو المستعرض (browser) ومن منصات عمل مختلفة.

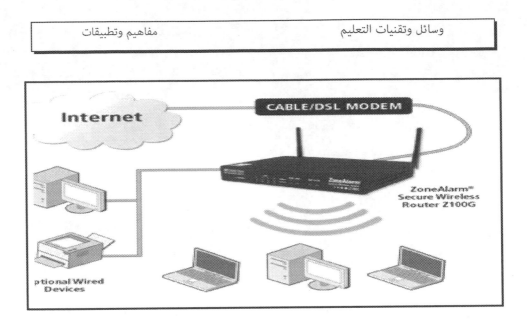

و يمكن تعريف الانترنت على أنها:مجموعة الحاسبات المرتبطة ببعضها ببعض في إنحاء العالم المختلفة يمكن بوساطتها تناقل و تبادل المعلومات - سواء أكانت هذه المعلومات كلاما منطوقا أم نصوصا مكتوبة (text) أم صور (Pictures) مرئية ثابتة أم متحركة أو حتى إشارات رمزية (Symbolic Signals) أم بها جميعا - مع عدد غير نهائي من المرسلين (Senders) إلى عدد غير نهائي من المستقبلين (Receivers) في شتى إنحاء العالم.(عبد الله عبد العزيز الموسى, و احمد عبد العزيز المبارك, ٢٠٠٥).

❑ **استخدامات الانترنت في التعليم:** للانترنت استخدامات متعددة في مجال التعليم، سوف نركز على أهم هذه الاستخدامات من وجهة نظرا بعض المتخصصين في مجال التعليم الالكتروني:-

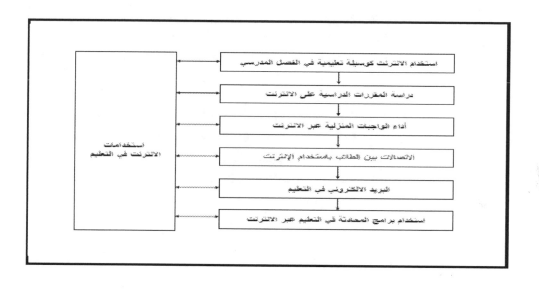

شكل (٩) استخدامات الانترنت في التعليم

فيما يلي التعريف بكل استخدام من الاستخدامات الستة:-

١.   استخدام الانترنت كوسيلة تعليمية في الفصل المدرسي: من أهم استخدامات
الانترنت هو استخدامها كأداة بحث عن المعلومات بما يشمله ذلك من بحث عن النصوص
التعليمية، وبحث عن الرسوم والصور الثابتة والمتحركة، وبحث عن لقطات الأفلام
التعليمية، وبحث عن تجسيد للمعلومات النظرية في صورة واقع حقيقي متخيل، وبحث
عن زملاء للمعلمين وزملاء للطلاب من نفس الدولة أو في أي دولة أخرى بالعالم والتعارف
عليهم ومناقشتهم في الجوانب العلمية والثقافية المختلفة والأنشطة المتنوعة.

□   البحث من خلال بوابات البحث على الانترنت: يمكن أتباع الخطوات التالية
للبحث عن المعلومات بصورها المختلفة في شبكة الانترنت:

- اختر الكلمات أو الجمل الأساسية التي تريد البحث عنها.
- اكتب الكلمات في مربع البحث مستخدما حروف الربط بين الكلمات المختلفة مثل:

And لا ، أو or، لا not وإذا لم تستخدمها سيتم الجمع بين الكلمات التي كتبتها.

- اطلب من محرك البحث أن يبدأ البحث عن الكلمات المكتوبة، وذلك بنقر الأيقونة المجاورة لمربع البحث.
- تحصل على شاشة تعرض العديد من النتائج لمواقع ترتبط بالكلمات التي تريد البحث عنها، لاحظ أن النتائج يتم ترتيبها على أن تعرض على مراحل إذا زادت النتائج عن عشرة ففي المرة الأولى يعرض أمامك عشرة مواقع تنتهي بكلمة Next Result ، أو Next 10 ، فإذا كنت تريد عرض العشرة مواقع التالية أنقر تلك العبارة وهكذا حتى تنتهي من عرض جميع النتائج التي توصل إليها محرك البحث.
- تشاهد إن الكلمات التي تبحث عنها تكتب في عناوين مواقع النتائج بخط سميك.
- كل جزء يكتب باللون الأزرق أو أسفله خط أو تظهر عليه يد بشرية إذا اقتربت منه بمؤشر الفأرة، هو مقابل للفتح لعرض صفحة جديدة على الشاشة، وهذا يعني أن أي من العلامات السابقة هي وصلة ترابط لموقع آخر يتم فتحه بمجرد نقر ذلك الجزء الذي يتمتع بأي من هذه العلامات.
- اقرأ المعلومات التي حصلت عليها من فتح المواقع المختلفة وأطبعها أو أحفظها إذا وجدت أنها هامة بالنسبة لك لكي تعود إليها عند الحاجة.

٢. **دراسة المقررات الدراسية على الانترنت**: وقد تكون معتمده من جهة رسميه وطنيه مثل موقع وزارة التربية و التعليم أو عالميه مثل الموسوعات و منها موسوعة ويكيبيديا (Wikipedia) و إريك (ERIC) أو غير معتمده مثل المواقع الخاصة و المدونات الشخصية.

❑ **تعريف المقرر الإلكتروني:**أنه " برنامج تعليمي يرتكز على الهيبرميديا Hypermedia يستخدم خصائص ومصادر الويب بغرض تقديم تعلم ذا معنى ، حيث يسرع خطى التعلم ويدعمه.

❑ **مزايا بيئة الهيبرميديا:** تميزه بأربع مزايا : وهى أنها (تتيح استخدام أي من الوسائط مثل النص والصورة والرسم والصوت والحركة- تدعم الوصول غير الخطى للمعلومات- تدعم الاتصال والتفاعل - تحدث تكامل بين صيغ المعلومات)

٣.أداء الواجبات المنزلية عبر الانترنت: ساعدت الانترنت المعلمين على عرض الواجبات المدرسية المنزلية Home Work بصفة يومية على شبكة الويب لكي يتمكن الطلاب من الإجابة عليها و إرسالها إلى معلميهم لتصفحها و ذلك يعطي للمدرسة دور تربوي أكثر قوة ، و من ثم أصبحت الأساليب التعليمية و من بينها أداء الواجبات المنزلية عبر الانترنت أكثر إمتاعا للطلاب و المعلمين بدر من كونها تمثل عبء ثقيل على كاهل منهما.

- **كيفية استخدام الطلاب لموقع الواجبات المدرسية المنزلية عبر الإنترنت:**

يستخدم طلاب المدرسة موقع الواجبات المنزلية للإجابة عليها، كما في المثال التالي:

١. يذهب الطالب إلى موقع الواجبات المنزلية Home Work وبكتابة العنوان التالي: http://homeworknow.com/admin/.html

٢. يدخل الطالب اسم الواجب المنزلي الخاص بالمدرسة School Home Work Now ، ثم رقم المستخدم ID ، وكلمة السر password الخاصة بمدير الموقع ثم يختار أي مما يلي:(إضافة اسم معلم جديد Add a New Teacher - حذف اسم معلم Delete A Teacher- يتم نقر زر in)

٣. إذا تم اختيار إضافة اسم جديد، يملأ مدير الموقع الصيغة والشكل اللذين أمامه.

٤. إذا تم اختيار حذف معلم، يقوم مدير الموقع بتعديل الموقع.

٥. تبدأ صفحة دليل المعلم بالتحديث آلياً في ضوء أي نتائج الاختيارين السابقين من حيث أن المعلم تم وضعه في النظام وإدراج واجباته المنزلية أو حذفه من الواجبات.

٦. يخرج الطالب من النظام بعد تحديث الموقع، حتى لا يتسلل إليه العابثون.

- **الفوائد التربوية لأداء الواجبات المنزلية عبر الانترنت:** من فوائد أداء الطلاب للواجبات المنزلية عبر الانترنت ما يلي:

- تيسر على الطلاب أداء الواجبات المنزلية، وإرسالها إلى المعلمين، وتلقي ردود المعلمين حولها لتصحيح الأخطاء في نفس اليوم بسرعة وبتكاليف زهيدة

- يسرت الانترنت على الطلاب أداء واجباتهم الدراسية المنزلية في إي وقت و في أي مكان سواء المدرسة أو المكتبة أو المنزل و إرسالها إلى المعلم لتصحيحها.

- بصفة عامة استخدام الانترنت في المدرسة اوجد المعلم التكنولوجي Techno-Teacher القادر على استخدام تكنولوجيا الاتصالات و المعلومات الحديثة.

- تساعد الطلاب على الحصول على المصادر المتنوعة المتوفرة الانترنت للاستعانة بها في تنفيذ الواجبات المدرسية المنزلية بلا أي مقابل مادي.

- أعطى أسلوب الواجبات المدرسية المنزلية عبر الانترنت للوالدين فرصة كبيرة للاطلاع على أداء أبنائهم، و الإلمام بما يحدث بالصفوف المدرسية و هم متواجدون بالمنزل.

٤.الاتصالات بين الطلاب باستخدام الإنترنت: توفر الاتصالات المتبادلة عبر الإنترنت بين الطلاب إمكانية التعاون التعليمي فيما بينهم، مما يتيح أمامهم فرصة تعليمية جيدة وتجربة تعليمية إيجابية، كما يمكن أن ينتج عن ذلك مشاريع دراسية مشتركة بين الطلاب في أماكن مختلفة وموجهة من المعلمين.

٥. البريد الالكتروني في التعليم: تقوم فكرة البريد الالكتروني على:- إن يكون لكل مستخدم بريد شخصي مميز موجود داخل الكمبيوتر و يمكن للشخص المستقبل لرسالة بريدية إن يقرأ هذه الرسالة مباشرة (لحظيا) أو ينتظر لحين وقت مناسب و يمكن إن تخزن هذه الرسالة أو يطبعها .

- ☐ تعريف البريد الالكتروني (Electronic Mail) يعرف على انه: هو تبادل الرسائل (text) والوثائق الموجهة إلى الأشخاص أو المواقع باستخدام الكمبيوتر), ويعتبر من أكثر خدمات الإنترنت شعبية واستخداماً وذلك راجع إلى الأمور التالية:-

١. سرعة وصول الرسالة، حيث يمكن إرسال رسالة إلى أي مكان في العالم خلال لحظات.

٢. أن قراءة الرسالة - من المستخدم- عادة ما تتم في وقت قد هيأ نفسه للقراءة والرد عليها أيضا.

٣. لا يوجد وسيط بين المرسل والمستقبل (إلغاء جميع الحواجز الإدارية).

٤. كلفة منخفضة للإرسال.

٥. يتم الإرسال واستلام الرد خلال مدة وجيزة من الزمن .

٦. يمكن ربط ملفات إضافية بالبريد الإلكتروني.

٧. يستطيع المستفيد إرسال عدة رسائل إلى جهات مختلفة في الوقت نفسه.

☐ **أهمية استخدام البريد الالكتروني في التعليم** :وترجع أهمية استخدام البريد الالكتروني في التعليم إلى الأسباب التالية:- (عبد الله عبد العزيز الموسى,٢٠٠٢)

١.استخدام البريد الإلكتروني (Mail Electronic)© كوسيط بـين المعلـم والطالـب لإرسـال الرسـائل لجميـع الطـلاب، إرسال جميـع الأوراق المطلوبة في المواد، إرسال الواجبات المنزلية،الرد على الاستفسارات، وكوسيط للتغذية الراجعة(Feedback).

٢.استخدام البريد الإلكتروني كوسيط لتسليم الواجب المنزلي حيث يقوم المعلم بتصحيح الإجابة ثم إرسالها مرة أخرى للطالب، وفي هذا العمل توفير للورق والوقت والجهد، حيث يمكن تسليم الواجب المنزلي في الليل أو في النهار دون الحاجة لمقابلة المعلم.

٣.استخدام البريد الإلكتروني كوسيلة للاتصال بالمتخصصين مـن مختلـف دول العـالم والاسـتفادة مـن خبراتهم وأبحـاثهم في شـتى المجالات.

٤.يساعد البريد الإلكتروني الطلاب على الاتصال بالمتخصصين أعضاء هيئة التدريس والمدرسة أو الـشئون الإداريـة في أي مكـان بأقل تكلفة وتوفير للوقت والجهد للاستفادة منهم سواءً في تحرير الرسائل أو في الدراسات الخاصة أو في الاستشارات.

٥.استخدام البريد الإلكتروني كوسيط للاتصال بين الجامعات في المستقبل يكون عبر البريد الإلكتروني كما تفعل الجامعات في البلاد الغربية فقد ذكر (Scott, 1997) أن الجامعات في اليابان وأمريكا والصين وأوربا اعتمدت البريد الإلكتروني كوسيلة اتصال معتمدة.

© (IRC)هو برنامج يشكل محطة خيالية تجمع المستخدمين من جميع أنحاء العالم على الانترنت للتحدث كتابة وصوتاً وصورة، ويمكن من خلاله عمل اجتماعات حقيقية بين المهتمين بالاستعانة ببرامج معينة.

٦. استخدامات برامج المحادثة في التعليم: يعرف هذا النظام اختصاراً بـ (IRC© Internet Relay Chat) ويمكن لمستخدمه الحديث مع المستخدمين الآخرين في وقت واحد حقيقي.. ويمكن لأي شخص الاشتراك في هذه الخدمة من جميع أنحاء العالم ضمن عدة مئات من القنوات المفتوحة، مع إمكانية عمل قنوات خاصة للتحادث مع أفراد من ذوي الاهتمامات المتقاربة أو نظراً لسرية الحديث وعدم تمكين الآخرين من الاستماع عبر هذه القنوات.. وتأتي هذه الخدمة (خدمة التخاطب عبر الشبكة) في الدرجة الثانية من حيث كثافة الاستخدام بعد خدمة البريد الإلكتروني

☐ **استخدامات خدمة التخاطب في التعليم:** تتمثل أهم استخدامات خدمة التخاطب في التعليم في المواقف والأمور المهمة الآتية:

١. نقل المعلومات للطلبة في جميع المراحل التعليمية وخاصة في المرحلة الجامعية سواء على المستوى المحلي أو العالمي من خلال نقل المحاضرات على الهواء مباشرة.

٢. إمكانية عقد اجتماعات بالصوت والصورة حول موضوع تعليمي معين في جميع أنحاء العالم في وقت واحد.

٣. إمكانية عقد الدورات العلمية التعليمية والتدريسية سواء للمعلمين أو المشرفين أو المديرين أو موظفي وزارة التربية، مع إمكانية إعطاء شهادات فيها، وذلك بعد فحص المشاركين في نهاية كل دورة.

٤. إمكانية عقد اجتماعات بالصوت والصورة باستخدام نظام الفيديو المتفاعل بين المتعلمين لتبادل خبراتهم ولمناقشة موضوعات معينة أو مناقشة نتائج بحث ما وتبادل وجهات النظر بينهم.

٥. الاستفادة من الخدمة في الاطلاع على آخر ما توصل إليه العلم في بعض المجالات.

٦. إمكانية عقد الاجتماعات بين الإداريين المسئولين في المجالات التربوية على مستوى الدولة لتبادل وجهات النظر بما يحقق تطوير العملية التربوية دون الحاجة للسفر إلى مكان الاجتماع وخاصة في الدول الكبيرة.

☐ **مميزات خدمة التخاطب عبر الشبكة:** تتمثل أهم مميزات خدمة التخاطب عبر الشبكة في الآتي:-

● إمكانية الوصول إلى جميع الأشخاص في جميع أنحاء العالم في وقت واحد.

© (IRC) هو برنامج يشكل محطة خيالية تجمع المستخدمين من جميع أنحاء العالم على الانترنت للتحدث كتابة وصوتاً وصورة، ويمكن من خلاله عمل اجتماعات حقيقية بين المهتمين بالاستعانة ببرامج معينة.

- إمكانية استخدامها كنظام مؤتمرات قليلة التكاليف.

- إمكانية تكوين قناة وجعلها خاصة بعدد محدود من الأشخاص.

- إنها إحدى مصادر المعلومات على المستوى العالمي.

ج.التعليم من بعد: تقوم فكرة التعليم عن بعد: على اللقاء غير المباشر بين المعلم والمتعلم، سواء كان اللقاء بينهما في الزمن نفسه عبر برامج التواصل الإلكتروني المرئي المباشر، أو في زمن مختلف عن طريق الرسائل والوسائط الإلكترونية مع التحرر الكامل من العقبات التي يفرضها النظام التقليدي كالانفتاح في القبول ومستوى المناهج, ويتمتع المتعلم في اختيار ما يتناسب مع قدراته و إمكاناته الشخصية حيث يقوم باتخاذ القرارات التي تخصص عملية تعليمية. يلغيها أو يرسلها لشخص آخر(مصطفى عبد السميع و آخرون, ٢٠٠٤)

- **مفهوم التعليم من بعد:** يعرف التعليم من بعد على انه :(النظام الذي يقدم فرص تعليمية و تدريبية إلى المتعلم دون إشراف مباشر من المعلم و دون الالتزام بوقت و مكان محدد لمن لم يستطع استكمال الدراسة أو يعيقه العمل عن الانتظام في التعليم النظامي و يعتبر بديلا للتعليم التقليدي أو مكملا له , و يتم تحت إشراف مؤسسة تعليمية مسئولة عن إعداد المواد التعليمية و الأدوات اللازمة للتعلم الفردي اعتمادا على وسائط تكنولوجية عديدة مثل الراديو الهاتف الفاكس التلكس الكمبيوتر الانترنت الفيديو التفاعلي التي يمكن إن تساعد في الاتصال ذو الاتجاهين بين المتعلم و المعلم).

- **أهمية استخدام التعليم من بعد في التعليم:**ترجع أهمية استخدام التعليم من بعد في التعليم إلى الأسباب التالية::(جمال الشرهان, ٢٠٠١)

١. توفير الفرصة لمن حرموا من التعليم إما لظروف قلة الإمكانات المادية, أو الالتحاق بالعمل في سن صغيرة, أو ظروف جغرافية مثل البدو و الرحل الذين يعيشون في الصحراء, أو الراغبين في تحسين أحوالهم الاجتماعية من خلال التعليم.

٢. نتيجة للانفجار المعرفي أصبح التعليم النظامي قاصرا عن ملاحقة توصيل كل هذه المعارف للمتعلمين علاوة علي أن ما يكتسبه المتعلم من التعليم النظامي بعد فترة قصيرة من تخرجه تصبح معلومات قديما نسبيا, لذلك كان عليه أن ينمي قدراته المهنية فيما يعرف بالتعليم المستمر , والتعليم عن بعد يحقق ذلك.

٣. هناك بعض التخصصات الحديثة التي نشأت نتيجة لتزاوج بعض التخصصات فيما يعرف بالتخصصات البيئية أو المتعددة الفروع المعرفية , مثل البيوكيمياء البيوفيزياء, الهندسة الطبية.. الخ, يمكن للخريجين من أحد الفروع الالتحاق بأحدي هذه التخصصات لمواجهة الطلب عليها.

٤. نتيجة لتبني معظم الدول اقتصاد السوق الحر, أصبحت الحاجة ملحة لدي بعض الأفراد لتغيير مهنتهم للالتحاق بالمهن الأكثر طلبا في السوق ويمكن لهؤلاء الأفراد الالتحاق ببعض مؤسسات التعليم عن بعد التي تؤهلهم لذلك.

❑ **مراحل تطور التعليم من بعد:** كان للتعليم عن بعد دور كبير في التربية المستمرة مدى الحياة وقد زامنت التطورات التقنية والوسائط التعليمية مراحل تقدم التعليم عن بعد،ويمكن تلخيص هذه المراحل في أربعة أجيال.(محمد العطر ونى,٢٠٠١)

الجيل الأول وهو نموذج المراسلة (The Correspondence Model): والذي اعتمد أساساً على المادة المطبوعة، واستخدام المراسلات البريدية في توصيل النصوص إلى الدارسين والتفاعل معهم عن طريق المراسلة.

الجيل الثاني هو نموذج الوسائط المتعددة (The Multi-Media Model): ويعتمد على المادة المطبوعة والأشرطة السمعية والمرئية, والتعليم بمساعدة الحاسوب، والأقراص المدمجة، والبث التلفزيوني والإذاعي، وكذلك الهاتف في توصيل المعلومات للدارسين.

الجيل الثالث يمثل نموذج التعلم عن بعد: (The Telelearning Model): من حيث التطورات الخاصة بهذا الميدان، ويشتمل على المؤتمرات المرئية (Video Conferencing)، والاتصالات البيانية المسموعة (Audio-graphic Communication)، وبرامج الأقمار الصناعية (Satellite program).

الجيل الرابع فهو نموذج التعليم المرن (The Flexible Learning Model): وهو أقرب إلى ما نسميه اليوم بالتعلم الإلكتروني (e-Learning Model)، حيث يجمع هذا الجيل الوسائط متعددة التفاعلية (Interactive Multimedia) التي تقوم على توظيف شبكة الانترنت بصورة كبيرة في عملية التعلم كما أن معظم وسائطها إلكترونية، وتلعب التكنولوجيا وتكنولوجيا المعلومات والاتصالات خاصة دوراً رئيساً في تقديم التعليم توصيله للطلاب ، وذلك باستخدام التعليم تكنولوجيا المعلومات الحاسوبية بمختلف أنواعها والبرمجيات الحاسوبية التطبيقية (Application Software) والتشغيلية (Operating Systems) والمعدات الحاسوبية المختلفة وأنظمة البيانات والمعلومات.

☐ **مزايا التعلم عن بعد : يحقق التعليم من بعد المزايا الآنية :-**

١. الإسهام في زيادة رقعة المتعلمين من كافة طبقات المجتمع وخاصة الفئات غير القادرة على التعليم النظامي .

٢. التغلب على ندرة المعلمين خاصة في المناطق النائية والفقيرة .

٣. الاستفادة القصوى من المستحدثات التكنولوجية مما تتمتع به من فردية وتفاعلية وتكاملية

٤. يهيئ اتصال الطالب بالمؤسسة التعليمية ومعلميها بشكل ابسط وأسهل حيث تتاح له الاتصال بالمعلم ومناقشته حول ما يصعب عليه من استيعابه .

٥. يسير الفرد في التعليم وفق حاجته وقدراته وظروفه .

☐ **سلبيات التعليم عن بعد: يأخذ على التعليم من بعد السلبيات الآنية :-**

١.   العزلة الاجتماعية للدارس حيث فقدانه للمناقشات الجماعية والحيوية التي تحدث في الفصول الدراسية .

٢.   اقتصار الدارس على المادة العلمية التي تعرض تجارب مصطنعة لا تعطى البعد الحقيقي للتجربة العلمية

٣.   قد يعتريه ضعف في المستوى التقني خاصة في البلدان النامية فقد لا تتوفر خدمة الهاتف المطور أو خدمة البريد الالكتروني ...الخ .مما تؤثر في جودة عملية الاتصال .

٤.   خلاصة انه تعليم متاح لجميع فئات المجتمع داخل الدولة أو خارجها من خلال وسائل اتصال حديثة مقابل دفع الفرد رسوم مالية للمؤسسة التعليمية تختلف تبعاً لطبيعة تلك المؤسسة .

د. التعليم الافتراضي:- ساعد التطور الهائل في شبكة الإنترنت وتطبيقاتها خاصة فيما يتعلق بالتخاطب المباشر وإمكانية إنشاء مجموعات تحاور افتراضية وإدخال تقنيات الوسائل المتعددة والتخاطب بالصوت والصورة عن بعد.. ساهم في ظهور النمط الحديث من التعليم الذي يعرف بالتعليم الافتراضي.

❏   **مفهوم التعليم الافتراضي :**مجموعة العمليات المرتبطة بنقل وتوصيل مختلف أنواع المعرفة والعلوم إلى الدارسين في مختلف أنحاء العالم باستخدام تقنية المعلومات. (يشمل ذلك شبكات الإنترنت والإنترانت والأقراص المدمجة وعقد المؤتمرات عن بعد).

❏   **العوامل التي تساهم في زيادة انتشار التعليم الافتراضي:**من أهم العوامل التي تساهم في زيادة انتشار تقنيات التعليم الافتراضي حول العالم:

١.   الجدوى الاقتصادية من استخدام تقنية التعليم الافتراضي التي تساهم في تخفيض تكاليف التعليم والتدريب للموظفين أو الدارسين المنتشرين حول العالم.

٢.   خفض شديد في جميع النفقات الأخرى غير المباشرة مثل طباعة الكتب وتكاليف السفر ومصاريف ونفقات الإقامة التي تترتب على السفر وما شابه.

٣. القدرة على إتاحة التعليم لأكبر قدر ممكن من راغبي التعليم في أي مجال وفي أي بلد.

٤. انخفاض تكلفة التعليم يساهم في وفير التعليم بأسعار مخفضة للمستفيدين.

٥. الحد من تأثيرات العوامل السكانية والتوسعات العمرانية.

❑ **متطلبات التعليم الافتراضي:**

١. بنية تحتية شاملة تتمثل في وسائل اتصال سريعة وأجهزة ومعامل حديثة للحاسب الآلي

٢. **تأهيل وتدريب المدرسين على استخدامات التقنية والتعرف على مستجدات العصر في مجال التعليم**

٣. الاستثمار في بناء مناهج و مواد تعليمية إلكترونية

٤. بناء أنظمة وتشريعات تساهم في دعم العملية التعليمية بشكلها المعاصر.

٥. بناء أنظمة معلومات قادرة على إدارة عملية التعليم بشكلها الجديد.

❑ **مفهوم الفصل الافتراضي[©] (التخيلي) Virtual classroom**

بيئة تعليمية الكترونية تعتمد على الانترنت وتوفر للطالب التفاعل الحي المباشر مع المعلم والمحتوى التعليمي والأقران مهما باعدت بينهم المسافات .

[©] الفصل الافتراضي هو عبارة عن موقع على الشبكة الدولية (الإنترنت) ويحتوي على صفحات من المعلومات وتوجد على تلك الصفحات العناصر التعليمية التي سبق ذكرها وترتبط جميعها من خلال الشبكة، وترتبط أي منها خلال الشبكة بجميع المواقع الأخرى، والتي تحتوي بطبيعة الحال على فصول أخرى تخيلية أو أخرى حقيقية مرتبطة بالشبكة، بها أعداد ضخمة من الطلاب.

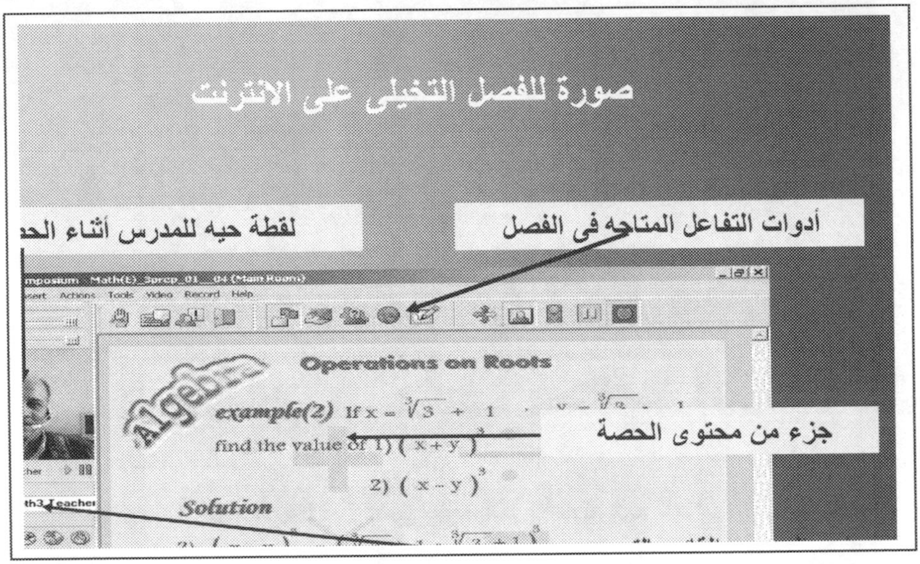

صورة للفصل التخيلى على الانترنت

أدوات التفاعل المتاحه فى الفصل

لقطة حيه للمدرس أثناء الحد

جزء من محتوى الحصة

ويتألف الفصل التخيلي من :(قاعة معدة خصيصا لذلك الغرض - برمجيات خاصة توفر أنماط التفاعل المختلفة للطالب - طلاب متواجدون في نفس الوقت وفى أماكن مختلفة - محتوى تعليمي معد خصيصا -معلم معد إعدادا جيدا ومزود بمهارات التعليم الالكتروني من خلال الفصول التخيلية).

• **مهام المعلم معد التعليم الافتراضي في الفصول الافتراضية:**يمكن تلخيص أهم ادوار المعلم معد التعليم الافتراضي فيما يلي:-

جدول (٧) ادوار المعلم معد التعليم الافتراضي

الشاشات الخاصة بمهام المعلم في التعليم الافتراضي	مهام المعلم في التعليم الافتراضي

يستعمل خصائص الـصوت إلى الحـد الذي يسمح له بالتخاطب مع جميع الطلاب في الحصة بوضوح وكـذلك إعطاء الحديث الصوتي لمن يطلب مـن الطلاب بناء على أولوية الطلب

الرقم ١ ، ٢ أمام الميكروفون يوضح أولوية طلب الصوت من قبل الطلاب

يستعمل خصائص التحاور النـصي إلى الحد الذي يسمح لـه بالتخاطب مع جميع الطلاب كتابة إذا دعت الحاجـة إلى ذلك مـع تمكنـه مـن إرسـال أيـة تعليمات مكتوبـة أثناء الحصة إلى جميع الطلاب أو إلى طالب معين.

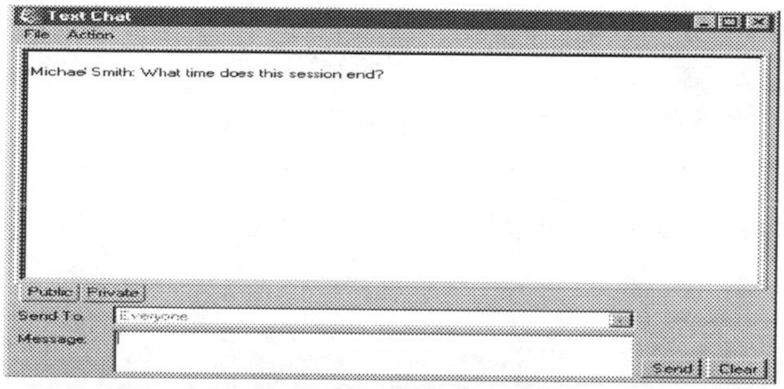

هنا يكتب المعلم نص الرسالة هنا

يستعمل خصائص الفيديو إلى الحد الذي يسمح له بالتخاطب مـع جميع الطلاب بصورة حيه بحيث يراه جميع الطلاب حال إجراءه لتجربة معينه ، مـع تمكنـه مـن تحويل الرؤيـة عـلى طالب معين ليراه جميع الطلاب أيضاً.

صـورة حية لمدرس الرياضيات أثناء شرحه للحصة التخيلية

التجـول داخـل أحـد مواقـع الانترنـت ذات الصلة بموضوع الحصة أثناء سـير الحصة لإثراء الموضوع مـع إمكانيـة إعطاء الطالب حرية التجـول داخـل الموقع تحت سيطرة المعلم

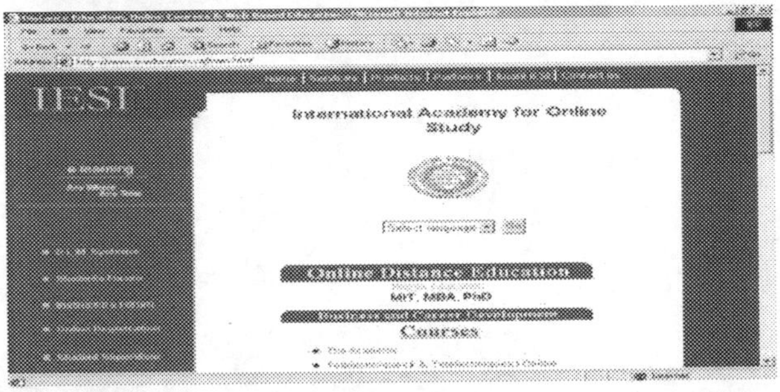

إمكانية إعطاء الطالب حرية التجول داخل الموقع تحت سيطرة المعلم

يشارك الطلاب بعض المصادر الإضافية عـلى جهـاز المـدرس كـأن يـشركهم في تدريب معين أو يعطى تلك الخاصيـة للطالب (قـد تفيـد في إعطـاء الطالـب الحريـة في حـل تـدريب معـين في غـير وقـت الحصـة ثـم مـشاركة المعلـم والأقران في الحصة)

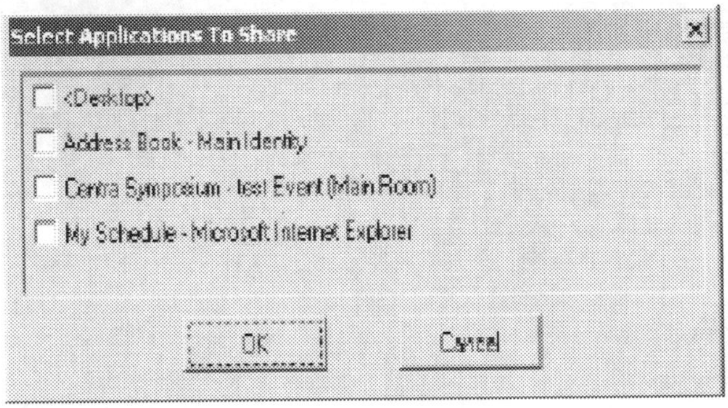

هنا يحدد المعلم موقع الملف الذي يرغب في مشاركة الطلاب إياه

يقسم الطـلاب إلى مجموعـات أثنـاء الحصة ، أو مجموعـات تعاونيـة بعـد الحصة بحيـث تشترك كـل مجموعـة في نشاط منـزلي يتـابع دوريـا عـبر البريـد الالكـتروني للمعلـم والأقـران ويراجـع أثناء الحصة

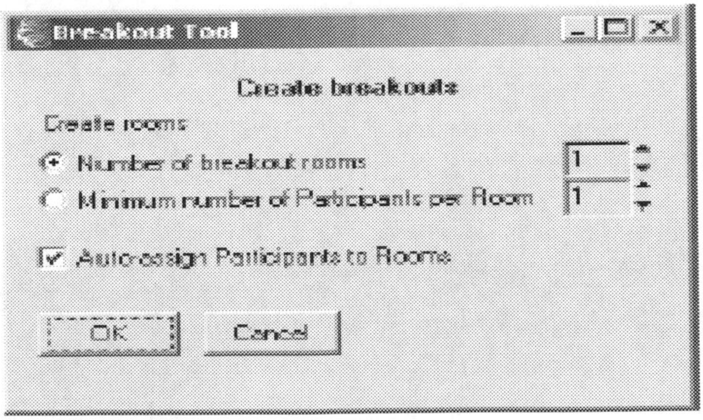

يحدد عدد أفراد كل مجموعة ، والحد الأدنى والأقصى للمجموعة

يجرى استطلاعات رأى ويتلقى النتائج فورياً

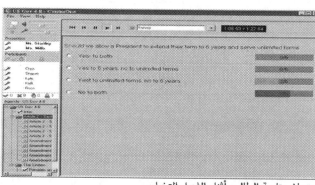

استبيان متابعة الطالب أثناء الفصل التخيلي

يحصـل علـى التقاريـر الالكترونيـة الفورية أثناء وبعد انتهاء الحصة والتي تتيح له تحديد من لم يحضر الحصة - من حضر وتم إخراجه لسوء السـلوك الحصول على صورة كاملـة عـن عمليـة التقويم أثناء الحصة والحصول علـى أسماء من أجاب إجابة صحيحة وعدد استجاباته وكذلك الحال مع من أجاب إجابة خاطئة

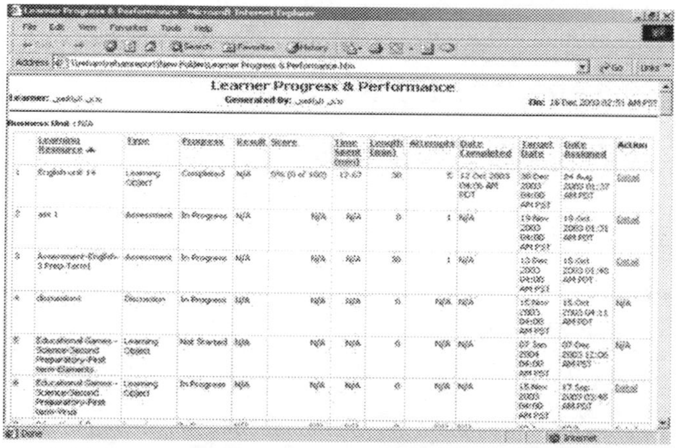

تسجيل الحصة بعد الانتهاء منها حتى:

❖ يتمكن الطلاب من مراجعتها

❖ يستمع إليها من لم يحضرها من الطلاب

❖ يراجعهـا المعلـم ليقيـم أداءه لتلافي نواحي القصور فيما بعد

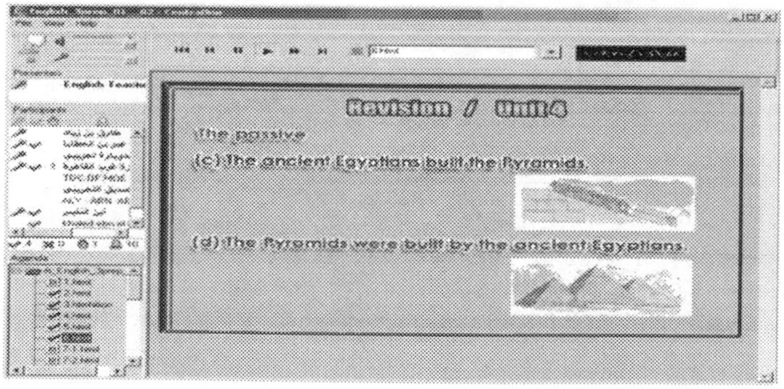

المحتوى الكامل للحصة والذي يستطيع الطالب التنقل بينه بكل حرية

❑ **مزايا التعليم الافتراضي :** من أهم مزايا التي تواجه التعليم الافتراضي ما يلي:-

١. تحسين مهارات استخدام التكنولوجيا للعثور علي معلومات وحل المسائل والاتصال مع الآخرين .

٢. تنوع الأدوات الملائمة لكل طالب ومعلم ومستخدم .

٣. يسمح بتبادل المعارف والخبرات بين الطلبة وبعضهم وبين المعلمين وبعضهم.

٤. يسمح بتبادل الحوار بين أولياء الأمور والمعلمين فيما يتعلق بأبنائهم.

❑ **التحديات التي يواجهها التعليمِ الافتراضي:**من أهم التحديات التي تواجه التعليم الافتراضي ما يلي:-

١. صعوبة تقبل المعلمين إلى التقنيةِ والتغييرِ التربوي.

٢. مقاومة الطلابَ لتَحَمُّل المسؤوليةِ لعمليةِ التَعَلّم عَلى نَحوٍ نشط.

٣. والتحديات القانونية والإدارية والتقنية

سادسا ادوار المعلم والمتعلم في التعليم بالمستحدثات التكنولوجية:

تغيرات ادوار كل من المعلم والمتعلم مع المستحدثات التكنولوجية حيث إن كلمة المعلم أو المدرس غير مناسبة للتعبير عن مهامه الجديدة وكذلك المتعلم تغيرات مهامه في الموقف التعليمي من متلقي سلبي إلى مشارك ومتفاعل وفيما يلي يوضح الجدول(٨) ادوار كل من المعلم والمتعلم في الموقف التعليمي في ظل وجود المستحدثات التكنولوجية (عبد العزيز السلطان وعبدا لقادر الفنتوخ,١٩٩٩) و(محمد العطر ونى, ٢٠٠١).

جدول (٨) ادوار كل من المعلم و المتعلم في الموقف التعليمي في ظل وجود المستحدثات التكنولوجية

ادوار المعلم في الموقف التعليمي	ادوار المتعلم في الموقف التعليمي
يتحول المعلم من الحكيم و المحاضر الذي يزود المتعلمين بالإجابات إلى الخبير بإثارة الجدال لييسر و يرشد و يمد بالمصادر التعليمية	تحول المتعلمين من أوعية تحفظ الحقائق عن ظهر قلب والتعامل مع ادني مستوى للمعرفة إلى واضعي حلول للمشكلات المعقدة التي تبنى معارفهم.
يصبح المعلمين مصممين للخبرات التعليمية مع إمداد الطلاب بالتوجيهات المساعدة للعمل و زيادة تشجيعهم على التوجيه الذاتي	يبحث الطلاب عن إجابة لأسئلتهم بأنفسهم ورؤية الموضوعات بمنظورات متعددة وفقا لعملهم في مجموعات أو بصورة فردية مع ملاحظة إن التفاعل المجموعة يؤدى إلى زيادة خبرات التعلم .
يحل مشكلات الطلاب الذين يتخلفون عن زملائهم لظروف قاهرة, كالمرض وغيره, من خلال المرونة في الوقت التعلم.	تحول المتعلم من التعلم بطريقة الاستقبال السلبي إلى التعلم عن طريق التوجيه الذاتي
يتحول دور المعلم من العضو المنزوي في المراقبة لبيئة التعلم إلى عضو في فريق التعلم مشاركا في البيئة التعليمية كفريق للطلاب المتعلمين.	إدارة وقتهم و عمليات تعلمهم, و الدخول إلى مصادر التعلم و التأكيد على استقلالية الطلاب والتلقائية في تنفيذ عملية التعلم.
تأكيد المعلم على نماذج التعلم الحديثة وكفايات التعلم الذاتي للمقررات والواجبات المنزلية (التعيينات)و تشجيع المتعلمين على طرح الأفكار الجديدة. وهذا يتطلب من المعلم إن يعلم نفسه من جديد تشجيع المتعلمين على طرح الأفكار الجديدة	اكتساب استراتيجيات التعلم الفردي والتعاوني واستخدام المعرفة فضلا عن ملاحظة خبرة المعلم الأدائية اللازمة لاجتياز ومناقشة الطلاب في عملهم داخل حجرة الدراسة.

الأنشطة تعليمية

عزيزي الطالب/ الطالبة أنت مدعو للمشاركة فا عمل هـذه المجموعـة مـن الأنشطـة التعليميـة الخاصـة بموضوع ماهية المستحدثات التكنولوجية بهـدف تدريبـك علـى كيفيـة فهم الأسئلة- الإجابة عن الأسئلـة مـن مصادر متعددة(المحاضرة- الكتاب المقرر- مناقشاتك مـع أستاذك و زملائك)-جمع المعلومـات مـن مصـادر متعددة بالاستعانة بمكتبة الكلية.

١.يوضح المخطط التالي نموذج للتعليم الافتراضي وأنواع التفاعل بين عناصر التعليم الثلاث (الطالب، المعلم، المنهاج الدراسي)فى ضوء دراستك لعناصر التعليم الافتراضي اكتب تعليقك علـى هذا النموذج من حيث كافية مكوناته، وعلاقة المكونات وبعضها البعض.

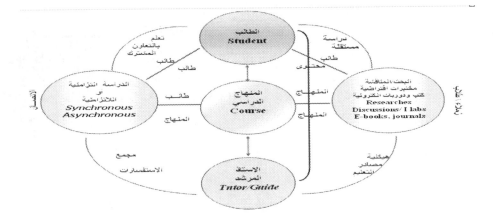

٢. يعاني التعليم عن بعد من انخفاض المكانة الاجتماعية، حيث يُعد تعليما "مـن الدرجـة الثانية"، يرتاده فقط من يقدر، أكاديميا أو ماليا، على "امتلاك" أشكال التعليم التقليدي. وينبغي التخطيط لمحاربة هذه السمعة السيئة اكتب مـن عنـدك عشـرة سطور لتقنـع مـن يتـردد في استخدام هذا النظام في التعليم.

٣ من خـلال الشـبكة الدوليـة للمعلومـات (الانترنت) حـاول الوصـول إلى احـد الكتـب الالكترونيــة المسـتخدمة في التعلـيم مـن بعـد بمجـال نخصصـك مـن الموقـع

http://www.Barnesandnoble.com وحدد مدى إمكانية الاستفادة من ذلك في تحقيق عملية التعلم بصورة جيدة.

٤. كشفت دراسة (السلطان و الفنتوخ ، ١٩٩٩)التي كانت تهدف إلى قياس توجهات ١٢٠ معلم ومعلمة موزعين في مناطق مختلفة في المملكة العربية السعودية نحو استخدام الإنترنت للتعليم. وقد وجدت الدراسة أن ٣٠% من العينة يمانعون إدخال الإنترنت في الصف لأسباب التالية:

(حاجز اللغة (اللغة الإنجليزية). -الأمية المعلوماتية-الشعور بأن ذلك سوف يزيد من أعباء المعلم - الحاجة إلى تعلم أساليب وطرق جديدة - الحواجز النفسية من الآثار السلبية).بعد دراستك لموضوع هذا الفصل هل تتفق مع هذه الأسباب وضح ما تقول بالإدالة؟

٦.اجب عن أسئلة التقويم الذاتي الموجودة في نهاية موضوع ماهية المستحدثات التكنولوجية.

التقويم الذاتي

الآن عزيزي الطالب/ الطالبة: اجب عن الأسئلة الآتية لمعرفة مدى تقدمك نحو تحقيق أهداف التعلم لموضوع ماهية المستحدثات التكنولوجية.

أولا:-اختر الإجابة الصحيحة من بين الإجابات الأربعة التالية, وذلك بوضع علامة(/) إمام الفقرة التي تمثله, علما بان هناك إجابة صحيحة واحدة فقط لكل سؤال

١. تستخدم الأقمار الصناعية في نقل :-

أ-البرامج التعليمية ب-الرسائل المكتوبة و المرئية

ج-الرسائل المنطوقة و المرئية د-جميع ما سبق

١. من تقنيات التعلم الاكترونى التفاعلية :-

أ-الكمبيوتر و الانترنت ب-عرض الصور المعتمة

ج-عرض الشرائح د-جميع ما سبق

٢. من أنواع الفصول الافتراضية:-

أ-الفصول التزامنية ب -الفصول غير التزامنية

ج-فصول التزامنية وغير التزامنية د-الفصول التقليدية.

٣. من مكونات برامج الوسائط المتعددة :-

أ-الصور الثابتة و المتحركة و الواقع الافتراضي ب-النصوص و الرسوم و الموسيقى.

ج-التلميذ و المعلم و الفصل د-جميع ما سبق.

٥-جميع ما يلي ليس من خصائص التعليم الالكتروني ماعدا:-

أ-تقديم ثقافة تقليدية ب-تحيد التواصل مع المعلم في وقت محدد.

ج-تقديم المحتوى على هيئة كتاب مطبوع د -تحكم المعلم في وقت و محتوى التعلم.

٦.جميع ما يلي من الوسائط التعليمية التفاعلية ماعدا :

أ-الكمبيوتر و الانترنت ب-الفيديو التفاعلي.

ج- الفيديو الخطى د-الأقمار الصناعية.

٧.يستخدم الكمبيوتر في اى من الاستخدامات التالية :-

أ-التعلم عن الكمبيوتر ب- التعلم من الكمبيوتر

ج-التعلم مع الكمبيوتر د-جميع ما سبق.

٨.من المستحدثات التي توفر الفردية في الموقف التعليمي :-

أ-الكمبيوتر ب-الفيديو التفاعلي.

ج-الأقمار الصناعية د-جميع ما سبق.

٩.ياتى توظيف المستحدثات التكنولوجية في مجال التعليم ليكون :-

أ-دالة لمطلب أو حاجة ملحة ب-بغرض الانبهار التكنولوجي

ج-من اجل حل مشكلة تعليمية د-جميع ما سبق.

١٠.من الأسباب التي كانت وراء ظهور المستحدثات التكنولوجية في التعليم.

أ-طبيعة عصر الاتصالات و التكنولوجيا ب- الانفجار المعرفي في العلوم التربوية.

ج-أزمة التجديد التربوي د-جميع ما سبق.

١١.من الخيارات التي توفرها المستحدثات التكنولوجية في الموقف التعليمى للمتعلم :-

أ-الأنشطة التعليمية ب-المواد التعليمية.

ج-أساليب التقويم د-جميع ما سبق.

١٢.من المعايير التي ساعدت المستحثات التكنولوجية في التأكيد عليها:-

أ-تكافؤ الفرص ب-الإتقان.

ج- الجودة د.جميع ما سبق.

١٣.التفاعلية من خصائص المستحدثات التكنولوجية تسمح للمتعلم ب :-

أ-التحكم في معدل عرض المادة المقدمة .   ب-اختيار ما يناسبه من بدائل تعليمية

ج-التفرع إلى النقاط المتشابكة من المحتوى.   د-جميع ما سبق.

١٤.المستحدثات التكنولوجية تلقى بمسئولية التعليم على:-

أ-المعلم   ب-المتعلم.

ج-مصمم المنهج   د- جميع ما سبق.

١٥. استخدام المستحدثات التكنولوجية في مجال التعليم جعل درجة الحرية المعطاة للمتعلم:-

أ- تزداد عن الدرجة المعطاة في التعليم التقليدي   ب-تقل عن الدرجة المعطاة في التعليم التقليدي.

ج- لا تختلف عن الدرجة المعطاة في التعليم التقليدي .   د-جميع ما سبق.

١٦.استخدام المستحدثات التكنولوجية جعل دور المعلم يتمثل في:-

أ- تأكيد المعلم على نماذج التعلم الحديثة   ب- حل مشكلات الطلاب الذين يتخلفون عن زملائهم .

ج- مصمم للخبرات التعليمية   د- جميع ما سبق.

١٧.اى مما يلي من استخدامات الكمبيوتر :-

أ-توفير تواصل ذي اتجاهين بينه و بين المتعلم   ب-تقديم مادة تعليمية مناسبة لمستوى و قدرات المتعلم

ج-يقدم برامج تعليمية كاملة .   د- جميع ما سبق.

١٨.تساعد المستحدثات التكنولوجية على:-

أ – تفريد التعليم   ب- التحكم في تعليم المتعلم.

ج-التحكم في عمل المعلم   د-جميع ما سبق.

١٩.تؤكد المستحدثات التكنولوجية على الجودة الشاملة في :-

أ- تصميم التعليم   ب- إنتاج مواد التعليم.

ج- استخدام المواد التعليمية   د- جميع ما سبق.

٢٠.الخطو الذاتي للمتعلم هو الأساس للتعليم بـ :

أ- الكمبيوتر   ب- الوسائط المتعددة.

ج-الفيديو التفاعلي.   د-جميع ما سبق

ثانيا :-ضع علامة (/)إمام العبارة الصحيحة وعلامة (x)إمـام العبـارة الخطـأ مـع تصـحيح

الخطأ:-

١. يقلل استخدام المستحدثات التكنولوجية من دور المتعلم في العملية التعليمية.

٢. يقتصر تطوير التعليم على هيكل النظام التعليمي و بنيته.

٣. يقتصر إرسال و استقبال البريد الالكتروني على النصوص المكتوبة.

٤. هناك طرق سريعة و طريق سريعة جدا للمعلومات.

٥. في المستحدثات التكنولوجية تقل درجة حرية المتعلم.

٦. تلقى المستحدثات التكنولوجية بمسئولية القيام بنشاط التعلم على المتعلم .

٧. تقلل المستحدثات التكنولوجية من دور المعلم في الموقف التعليمي .

٨. تشكل مكونات كل مستحدث نظاما متكاملا.

٩. المستحدثات التكنولوجية دالة مطلب أو حاجة ملحة.

١٠. يفيد الكمبيوتر في إعداد البرامج التي تتفق وحاجة الطلاب بسهولة ويسر.

١١. يساعد الكمبيوتر على عرض المادة العلمية وتحديد نقاط ضعف الطلاب.

١٢. من إمكانيات الكمبيوتر إمكانية طرح الأنشطة العلاجية التي تتفق وحاجة الطلبة

١٣. يساهم التعليم من بعد في تثبيت وتقريب المفاهيم العلمية للمتعلم.

١٤. تساعد الإنترنت على توفير أكثر من طريقة في التدريس.

١٥. يستخدم البريد الإلكتروني (Electronic Mail) كوسيط بين المعلم والطالب لإرسال الرسائل لجميع الطلاب.

١٦. من المشكلات أو العوائق التي تقف أمام مستخدمي شبكة الإنترنت هي كثرة أدوات البحث.

١٧. الحاسوب هو أداة ثورة المعلوماتية وهو مادة ووسيلة للعملية التربوية.

١٨. يعتبر تعليم طلاب التعليم على استخدام البريد الإلكتروني الخطوة الأولى في استخدام الإنترنت في التعليم

المراجع

١. إبراهيم بن عبدالله المحيسن(٢٠٠٢) :التعليم الالكتروني. ترف أم ضرورة.؟!، **ورقة عمل مقدمة لندوة: مدرسة المستقبل** ، كلية التربية / جامعة الملك سعود .

٢. احمد حسن خميس (٢٠٠١) **كل شيء عن** Microsoft Power Point .القاهرة: خوارزم للنشر

٢.احمد محمد سالم (٢٠٠٤) تكنولوجيا التعليم والتعليم الإلكتروني، الرياض: مكتبة الرشد.

٣.احمد شعبان و آخرون (٢٠٠٦) **أساسيات الحاسب الالى وتطبيقات في التعليم.** الرياض: مكتبة الرشد.

٤. الغريب زاهر إسماعيل(٢٠٠١) **تكنولوجيا المعلومات وتحديث التعليم**.القاهرة:عالم الكتب.

٤. اليونسكو(١٩٩٧) الإنترنت في التعليم "، **ورقة مقدمة إلى ندوة العالم العربي ومجتمع المعلومات**.تونس: قسم التقنيات التعليمية

٥. جمال الشرهان (٢٠٠١)**الوسائل التعليمية و المستجدات التكنولوجية**. الرياض:مطابع الحميضى.

٦. جمال الشرهان(٢٠٠٢) **الكتاب الالكتروني والمدرسة الالكترونية والمعلم الافتراضي.** الرياض : مطابع الحميضى.

٨. حلمي أبو الفتوح عمار، عبد الباقي أبو زيد(٢٠٠٥) تكنولوجيا الاتصالات وآثارها التربوية والاجتماعية " **دراسة ميدانية** بمملكة البحرين "

٩. ريتشارد ماير(٢٠٠٤) التعلم بالوسائط المتعددة. **ترجمة** ليلى النابلسي الرياض : مكتبة العبيكان.

١٠. ريما الجرف(٢٠٠١) المقرر الإلكتروني، " مناهج التعليم والثورة المعرفية والتكنولوجية المعاصرة **المؤتمر العلمي الثالث عشر** " الجمعية المصرية للمناهج، جامعة عين شمس، المجلد الأول، ص ص ١٩٣-٢١٠

١١. كمال عبد الحميد زيتون (٢٠٠٨) **تصميم البرامج التعليمية بفكر البنائية**. الطبعة الأولى ، القاهرة :عالم الكتب .

١١. كمال زيتون (٢٠٠٢) **تكنولوجيا التعليم في عصر المعلومات والاتصالات** القاهرة: عالم الكتب

١١على محمد عبد المنعم (٢٠٠٠) **تكنولوجيا التعليم و الوسائل التعليمية**. القاهرة: كلية التربية جامعة الأزهر.

١٢.على محمد عبد المنعم و عرفة احمد حسن (٢٠٠٢)توظيف تكنولوجيا الوسائط المتعددة في تعليم العلوم الطبيعية بمرحلة التعليم الاساسى . **ندوة تطوير أساليب تدريس العلوم في مرحلة التعليم الاساسى باستخدام تكنولوجيا التعليم** . تونس: المنظمة العربية للتربية و الثقافة و العلوم.

١٣. علي شرف الموسوي، سالم جابر الوائلي، ومنى التيجي (٢٠٠٥). استراتيجيات التعلم الإلكتروني (كتاب مترجم). شعاع للنشر والعلوم، حلب – سوريا.

١٤.علاء الدين العمري (٢٠٠٢) التعليم عن بعد باستخدام الانترنت . **مجلة المعرفة** العدد(٩١)

١٥. هناء عوده خضري أحمد (٢٠٠٨) **الأسس التربوية للتعليم الإلكتروني**،القاهرة: عالم الكتب

١٦. عبد الحافظ سلامة (٢٠٠٣) **تصميم الوسائط المتعددة و إنتاجها**. الرياض: دار الخريجى للنشر والتوزيع

١٧. عبد العزيز السلطان و عبد القادر الفنتوخ (١٩٩٩) الانترنت في التعليم مشروع المدرسة الالكترونية **رسالة الخليج العربي** العدد(٧١)

١٨. عبدالله عبد العزيز الموسى(٢٠٠٢) : التعليم الالكتروني مفهومة..خصائصه...فوائدة..عوائقه ، **ورقة عمل مقدمة إلى ندوة مدرسة المستقبل** كلية التربية - جامعة الملك سعود

٢٠. عبد الله بن عبد العزيز الموسى(٢٠٠٣): استخدام خدمات الاتصال في الإنترنت بفاعلية في التعليم (محاضرة شاملة)- (http://www.khayma.com/education-technology/in2.htm

٢١. فتح الباب عبد الحليم و آخرون (٢٠٠٠) برنامج تدريب المعلمين من بعد على استخدام التكنولوجيا في الفصل. القاهرة: وزارة التربية و التعليم.

٢٢. فادي إسماعيل(٢٠٠٣) البنية التحتية لاستخدام تكنولوجيا المعلومات و الاتصالات في التعليم، و التعليم عن بعد. ورقة عمل مقدمة إلى الندوة الإقليمية حول توظيف تقنيات المعلومات و الاتصالات في التعليم، والتعليم عن بعد دمشق ١٥-١٧ يوليو ٢٠٠٣.

٢٣. ماهر إسماعيل صبري (٢٠٠٢)الموسوعة العربية لمصطلحات التربية وتكنولوجيا التعليم. الرياض: مكتبة الرشد.

٢٤. محمد العطر وني(٢٠٠١) إعداد المعلم وتدريبه في ضوء الثورة المعلوماتية والتكنولوجية المعاصرة، المؤتمر العلمي الثالث عشر مناهج التعليم والثورة المعرفية والتكنولوجية المعاصرة الجمعية المصرية للمناهج، جامعة عين شمس، المجلد الأول، ٢٤-٢٥ يوليو ٢٠٠١، ص ص ٥-١٢.

٢٥.مندور عبد السلام فتح الله (٢٠٠٤) وسائل و تقنيات التعليم. الرياض: مكتبة الرشد.

٢٦. محمد رضا البغدادي (٢٠٠٣) تكنولوجيا التعليم و التعلم. القاهرة: دار الفكر العربي.

٢٧. محمد خالد يحيى البخشونجى (٢٠٠٢)إستراتيجية تصميم الدروس عن بعد . ورقة عمل مقدمة للمشاركة في الملتقى الدولي حول منهجيات تصميم الدروس عن بعد - جامعة التكوين المتواصل - الجزائر.

٢٨. محمد خالد يحيى البخشونجى (٢٠٠٢) الانترنت في خدمة الرياضيات www.arabicmath.com

٢٩. نجاح محمد النعيمي، علي محمد عبدالمنعم، ومصطفي عبد الخالق محمـد، (١٩٩٥). **تقنيات التعليم**. دار قطري بن الفجاءة، الدوحة – قطر

٣٠. وحيد صيام وفخر القلا(١٩٩٥) تقنيات التعليم . دمشق: منشورات جامعة دمشق.

31-Aggarnal, J. C (1997) **Essentials of educational technology teaching learning**. New Delhi,; Vikas Publishing House

32 -Canliner Paul. (1998) **An overview of online learning**. VNU: Business Media.

33-Kearsly , G(1996) : The World Wide Web : Global Access To Education ; **Educational Technology Review** , Winter (5).

34-Traci H. (2001), Why Corporations Are Using Interactive Multimedia for Sales, Marketing and Training,

35 -Leask Marilyn &Meadows John(2000) : Teaching and learning with ICT in the Primary School, London:

36.Williams,B.(1995).The Internet for Teachers .IDG Books World-wide,Ine.

مواقع تم الاستعانة بها:-

www.traingle.co.uk

www.iste.org/l&l/index.html

www.theschoolquarterly.com

www.teaching.org/lessons.html

الفصل الثالث
الوسائط المتعددة

أولاً : مفهوم الوسائط المتعددة
ثانياً : طبيعة الوسائط المتعددة
ثالثاً : لماذا نستخدم الوسائط المتعددة في التعليم ؟
رابعاً : عناصر الوسائط المتعددة
خامسا : نماذج تصميم الوسائط المتعددة
تاسعاً : تقييم برامج الوسائط المتعددة.

الوسائط المتعددة

مقدمة:

ومع التطورات السريعة والمتلاحقة في مجال الكمبيوتر أصبح بالإمكان إحداث التكامـل بـين مجموعة من إشكال الوسائط وعناصرها ، كما أصبح بالإمكان إحداث التفاعـل بـين هـذه الوسائط وبين المتعلم في بيئات التعلم المفرد (على محمد عبد المنعم ، ٢٠٠٠).

ولما كانت الوسائط المتعددة تساهم في استثارة دافعية المتعلمـين نحـو موضوع الـتعلم، ويتمثل ذلك في تمكين وأثاره فضوله، وخياله، وجذب انتباهه، والثقة فيما يتعلمه ، هذا بالإضافة إلى زيادة تركيزه؛ فقد اهتمت المؤسسات التعليمية بتأكيد على استخدام الوسائط التعليميـة في المدارس.

وأنت عزيزي الطالب المعلم/ الطالبة المعلمة أحد الـذين سيعملون في مجـال التـدريس بعد تخرجك، وبالتالي ستستخدم موضوعات معدة بالوسائط المتعددة في تـدريس مادة تخصصك، فهـل سألت نفسك كيف تتم عملية تصميم وإنتاج موضوعات الوسائط المتعددة في مادة تخصصك؟

فدراستك لهذه الوحدة تفيدك في معرفة كيفية تصميم وإنتاج موضوع وسائط التعليم المتعددة.

الأهداف التعليمية :

بعد الانتهاء من دراسة هذا الفصل والقيام بالأنشطة التعليمية المصاحبة له، فانه من المتوقع أن تكون قادراً على أن :

١. تحدد العناصر التي يمكن توظيفها عند تصميم الوسائط المتعددة .

٢. تحدد متطلبات كل مرحلة من مراحل(تحليل، وتصميم السيناريو، والإنتاج أو التنفيذ) الوسائط التعليمية.

٣. تحدد نموذجين من نماذج تصميم الوسائط المتعددة.

٤. تقوم المراحل التي تمر بها الوسائط التعليمية من حيث التصميم والإنتاج.

٥. تقييم البرمجيات التعليمية الجاهزة في ضوء قائمة بالمعايير .

أولا : مفهوم الوسائط المتعددة Multimedia :

يتكون مصطلح الوسائط المتعددة Multimedia من مقطعين: المقطع الأول : Multi وتعنى متعددة، والمقطع الثاني: Media أي وسائل أو وسائط، ومعناها استخدام مجموعة من وسائط الاتصال مثل الصوت والصورة، فيلم فيديو بصورة مندمجة ومتكاملة من اجل تحقيق الفاعلية في عملية التدريس، أي أنها تعنى الجمع بين المحتوى والصوت والصورة الثابتة والمتحركة والفيديو في برنامج تعليمي واحد في إطار تفاعلي بين البرنامج والفرد والمتعلم من أجل تحقيق الفاعلية في عملية التدريس (Buford,1996).

وبمراجعة الأدبيات التربوية وجد أنها تكاد تتفق على أن الهدف الأساسي من الوسائط المتعددة هو تقديم مواقف تعليمية متعددة ومتباينة، يتفاعل معها المتعلم باستخدام حواسه؛ مما يؤدى إلى زيادة قدرته على تطبيق ما تعلمه؛ الأمر الذي يؤدى في

النهاية إلى بقاء المعلومات في الذهن لأطول فترة ممكنة.

وقد تعددت تعريفات الوسائط المتعددة ، إذ تعرف بأنها :

- إدخال النصوص والصوت والصور بداخل برنامج متكامل معه المستخدم بشكل تفاعلي عن طريق الكمبيوتر ، أو شاشة التلفزيون ، ويستطيع المستخدم عندئذ أن يتجول داخل محتوى البرنامج بالضغط على مفتاح ، أو النقر على الفارة أو لمس الشاشة عند نقطة معينة (Smedinghoff,1994).

- دمج ومزج كل النصوص المكتوبة والصور الثابتة والمتحركة والصوت ولقطات الفيديو كل هذا الخليط في شكل سمعي وبصري عن طريق الكمبيوتر (Talab,1996).

- عرض المادة التعليمية باستخدام الكلمات والصور معا.ويقصد بالكلمات ، أن تعرض (بالشكل اللفظي) ، أي بشكل نص مسموع أو مطبوع ، ويقصد بالصور أن المادة تعرض بشكل تصويري أي باستخدام الرسوم مثل الصور الفوتوغرافية أو الخرائط أو المخططات أو البيانات ، أو باستخدام الرسوم المتحركة مثل أفلام الفيديو والأفلام (Mayer,2001).

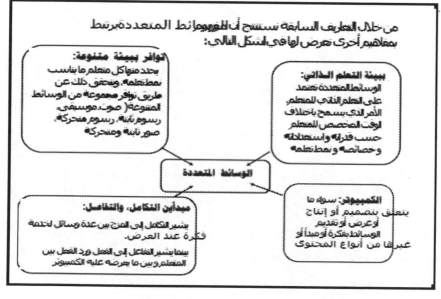

شكل (١٠) المفاهيم المرتبطة بمفهوم الوسائط المتعددة

وفي ضوء ما سبق يمكن تعريف الوسائط المتعددة على أنه : **(التنظيم الكترونية للمحتوى التعليمي القائم على التكامل بين الوسائط السمعية والبصرية الثابتة والمتحركة ، والذي يتيح فرص التفاعل بين المتعلم والمادة التعليمية من خلال الكمبيوتر؛ لتحقيق الأهداف التعليمية المطلوبة)**.

ثانياً : طبيعة الوسائط المتعددة :

ظهر مصطلح الوسائط المتعددة في مجال تكنولوجيا التعليم في بداية السبعينات من القرن العشرين وكان حينها يقصد به تزامن وسيلتين تعليميتين أو أكثر معا في المواقف التدريسي الواحد ، مثل تزامن أفلام الصور الثابتة مع التسجيل السمعي أي أننا نستخدم وسيلتين أو أكثر معا في الموقف نفسه لتوضيح محتوى دراسي معين بطريقة متكاملة من اجل زيادة فاعلية عمليتي التدريس والتعليم .

وحديثا نجد أن مصطلح الوسائط المتعددة في مجال تكنولوجيا التعليم قد أصبح يعنى بصفة خاصة تكامل عناصر كالنصوص Text ، الأصوات Audio ، الصور Images والرسومات Graphics ، الرسوم المتحركة Animation ، ومقاطع الفيديو Video Clips. من خلال نظم الحاسبات الآلية (Schroeder,1991).

الوسائط الفائقة أو المتشعبة Hypermedia. مفهوم ظهر حديثا مع تقدم تقنيات المعلومات وتقنيات الحاسبات ، و الهايبرميديا هي برامج لتنظيم وتخزين المعلومات بطريقة غير متتابعة ، وهى أيضا أسلوب للتعلم الفردي في إطارات متشعبة ومتنوعة تعمل على زيادة دافعية وايجابية التعلم من خلال تغذية راجعة بتعزيز فوري يعتمد على سرعة المتعلم الذاتية وفقا لقدراته الخاصة. وهى ليست تجميعا لعدة وسائط - كما هو الحال في الوسائط المتعددة - بل تقوم على إثراء وتعميق ما يتضمنه برنامج ما من معلومات بوسائط متعددة غير خطية (متشعبة) ثم تقديمها في إطار متكامل يقوم على حث حواس المتعلم ، مع التأكيد على إمكانية تحكم المتعلم في النظام ، وتفاعله النشط معه.(ماهر صبري وفائزة المغربي ، ٢٠٠٥)

برامج الهايبرميديا تعتمد على الانتقال من وسيط لوسيط في البرنامج

التعليمي بيسر وسهولة ، وتعتمد على فكرة الإبحار ، والنقاط الحارة Hotpoint التي تضاء بشكل خاص في الوسيط المقدم ، والتي يمكن للمتعلم الضغط عليها بمؤشر الفأرة للانتقال إلى وسيط آخر يقدم المعلومة بشكل آخر أو بدرجة أعمق ، فعلى سبيل المثال حينما يدرس الطالب نص من النصوص الأدبية يمكن له الضغط على بعض الكلمات لتقدم له معانيها ، أو تصريفها ، أو موقعها الإعرابي وفق ما يهدف إليه مصمم البرنامج ، أو بالضغط على أحد الأبيات ليقدم له لوحة فنية مرسومة تعبر عن معنى هذا البيت وهكذا. (مندور عبد السلام فتح الله ، ٢٠٠٦)

ويضيف أحمد شعبان وآخرون (٢٠٠٦)انه يمكن المقارنة بين برامج الوسائط المتعددة وبرامج الوسائط الفائقة.في أن الوسائط الفائقة تتميز بالخصائص التالية :

جدول (٩) خصائص الوسائط الفائقة (الهايبرميديا)

م	الخصائص	التعريف بالخصائص
١	السعة	تشتمل الوسائط الفائقة على كم كبيرا جدا من المعلومات والوسائل المتعددة المختلفة سهلة الحمل والتخزين ويمكن بناء عدد من المعلومات التي ترتبط بينها بروابط.
٢	السرعة	طبيعة بنية الوسائط الفائقة تساعد في الوصول إلى محطات المعلومات بأشكالها المختلفة واسترجاعها بسرعة كبيرة من أي موقع بالبرنامج.
٣	التفاعلية	توفر الوسائط الفائقة بيئة تعلم نشطة يتحكم فيها المتعلم وتتمركز حوله ، وتقوم على الاتصال في الاتجاهين بين المتعلم والبرنامج ، وتشجيع المتعلم على المشاركة بايجابية واختيار المناسب له، وإعادة تنظيم المعلومات وصياغتها بالإضافة والحذف واكتشاف الجديد.
٤	التنوع	توفر بيئة تعلم متنوعة تشتمل على عروض لوسائط متعددة ومتباينة ، يجد كل متعلم ما يريده ، ويختار منها ما يناسبه.
٥	التعليم الفردي	تصمم هذه الوسائط على أساس حاجات المتعلم الفرد ، وتسمح بالسير حسب خطوه الذاتي والتنقل بين المحطات بالطريقة التي تناسبه.
٦	التعلم التعاوني	يعمل المتعلمون في مجموعات صغيرة يتشاورون في بناء نماذجهم المعرفية ويتعاونون في بناء المعلومات من خلال التعاون وليس المنافسة وذلك يزيد التحصيل وينمى التفكير الناقد و الابتكارى وبقاء اثر التعلم.

ثالثاً : لماذا نستخدم الوسائط المتعددة في التعليم ؟

هناك جملة من الأسباب التي استدعت استخدام الوسائط المتعددة بحيث أصبح هذا الاستعمال ضرورة لا غنى عنه في تحقيق أهداف التربية ، ومن هذه ما يلي:-.

- ❑ الانفجار المعرفي : لكي تحافظ على هذه الاستمرارية كان لابد لها من استخدام الوسائل التكنولوجية للتعامل مع النمو المتضاعف وزيادة حجم المعارف، الناتج عن:استحداث تصنيفات وتفريعات جديدة للمعرفة،و زيادة في عدد المتعلمين مما أدى إلى زيادة الإقبال على البحث العلمي الذي أدى بدوره إلى زيادة حجم المعرفة .
- ❑ الانفجار السكاني : يعيش عالمنا اليوم مشكلة حادة وخطيرة تتمثل بزيادة عدد السكان وما يرافق هذه الزيادة من مشكلات اقتصادية واجتماعية وتربوية ولعل المشكلة التربوية من أهم تحديات العصر الراهن حيث تواجه التربية في كل مكان مشكلة زيادة عدد طالبي العلم والمعرفة لإدراك الأمم ما في المعرفة من فائدة ونفع.
- ❑ انخفاض الكفاءة التربوية : أن تركيز المعلمين في تعليمهم على هدف تحصيل المعلومات وحفظها من أجل الامتحان فقط وإهمالهم المهارات العقلية والحركية والخلقية وتكوين القيم والمثل والتدريب على التفكير السليم كل هذه أمور فشلت كثير من المنظومات التربوية للأمم في تحقيقها ، ولكي تراجع التربية أهدافها وتطور أساليبها لزيادة كفاءتها وعائدها وجب عليها استخدام تكنولوجيات الإعلام والاتصال في العملية التربوية لربط التربية بالحياة وإثارة دافعية التعلم لدى المتعلم وتكوين المهارات السليمة والتدريب على أنماط العقل النقدي التحليلي الابتكارى .
- ❑ الفروق الفردية بين المتعلمين : حتى تتجاوز النظم التربوية إشكالية الفروق الفردية لابد من اللجوء إلى استخدام الوسائط المتعددة لما توفره هذه الوسائل من مثيرات متعددة النوعية وعرضها لهذه المثيرات بطرق وأساليب مختلفة

تتيح للمتعلم فرصة الاختيار المناسب منها الذي يتفق مع قابليته ورغباته وميوله

◻ **تطوير نوعية المعلمين** : لم تعد التربية الحديثة تنظر إلى المعلم نظرة "الملقن" للمتعلمين بل ترى فيه الموجه والمرشد والمصمم للمنظومة التعليمية داخل الفصل التعليمي بما يقوم به من تحديد الأهداف الخاصة بالدرس وتنظيم الفعاليات والخبرات واختيار أفضل الوسائط لتحقيق أهدافه التربوية ووضع استراتيجية تمكنه من استخدامها في حدود الإمكانات المتاحة له داخل البيئة المدرسية.

◻ **تشويق المتعلم في التعلم** : الوسائل التكنولوجية سواء أكانت مواد تعليمية متنوعة أو أجهزة تعليمية أو أساليب تتيح للمتعلم أنماطا عديدة من طرق العرض بإخراج جيد وتناسق لوني جميل مشوق تنمي الحس الفني الجمالي لديه ويتيح له حرية الاختيار للخبرات التعليمية ولأسلوب تعلمه بما يتفق وميوله وقدراته ، فيزيد هذا من سرعة التعلم لديه (تسريع التعلم) وقدرته على تنظيم العمل (التركيز على ما هو أساسي فما دون ذلك) وبناء المفاهيم المفيدة لديه.

◻ **جودة أساليب التعليم** : يساعد استعمال الوسائط المتعددة على تكوين مدركات ومفاهيم علمية سليمة مفيدة، فمهما كانت اللغة واضحة في توصيل المعلومة للمتعلم، يبقى أثرها محدودا ومؤقتا بالمقارنة مع أثر استخدام الوسائل التقنية التي تزيد القدرة على الاستيعاب والتذوق، وتعين على تكوين الاتجاهات والقيم ، بما تقدمه لهم من إمكانية على دقة الملاحظة، والتمرين على أتباع أسلوب التفكير العلمي، للوصول إلى حل المشكلات.

رابعا : عناصر الوسائط المتعددة:

ينبغي أن يشتمل برنامج الوسائط المتعددة على العناصر الرئيسية الموضحة بالشكل (١١) :

عناصر الوسائط المتعددة

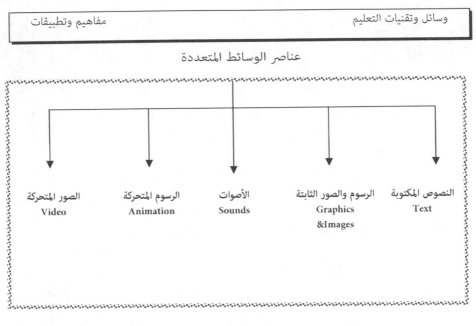

شكل (١١) العناصر الخمسة الأساسية لبرامج الوسائط المتعددة

١.النصوص المكتوبة Text : لا يخلو أي برنامج للوسائط المتعددة من نصوص مكتوبة على هيئة فقرات منظمة تظهر على الشاشة في العنوان والشرح والتفسير...الخ ، ويمكن التحكم في حجم الكلمات والحروف المكتوبة وألوانها ، وطريقة ظهورها (الحركة) ، ومدة ظهورها (العرض).

٢.الرسوم الخطية والصور الثابتة Graphics &Images : حيث إن الرسوم الخطية : هي تعبيرات تكوينية بالخطوط والأشكال تظهر في صورة رسوم بيانية خطية أو دائرية أو بالأعمدة ، أو بالصور ، وقد تكون خرائط أو لوحات زمنية وشجرية ، أو رسوم كاريكاتورية، وقد تكون رسوماً منتجة بواسطة الحاسب الآلي، إما الصور الثابتة : وهى عبارة عن لقطات ساكنة لأشياء حقيقية ، يتم عرضها لأية فترة زمنية وقد تؤخذ من الكتب والمراجع والمجلات عن طريق الماسح الضوئي.

٣.الأصوات Sounds : والأصوات المستخدمة في الوسائط المتعددة هي إما

النصوص المنطوقة Spoken Words : صوت وأحاديث منطوقة تصدر من سماعة جهاز الكمبيوتر،أو **المؤثرات الصوتية** Sound & Music : أصوات وموسيقى تصاحب المؤثرات البصرية التي تظهر على الشاشة ومن الممكن إدخال مؤثرات مرتبطة بالمحتوى التعليمي مثل صوت المطر ، أو صوت المياه ، و يمكن ربط الآلات الموسيقية بأجهزة الحاسب الآلي والتحكم فيها بواسطته.

٤.الرسوم المتحركة Animation : ابتكر الرسوم المتحركة الأمريكي (والت ديزني) وذلك باستخدام سلسلة من الإطارات المرسومة كل أطار منها يمثل لقطة وتعرض هذه اللقطات بسرعة (٢٤) إطاراً في الثانية الواحدة وبناء عليه فإن دقيقة واحدة من الرسوم المتحركة تحتاج إلى (١٤٤٠) لقطة وفي برامج الوسائط المتعددة يمكن للكمبيوتر أن يقوم بإنتاج الرسوم المتحركة بنفس الأسلوب التقليدي فيتم أولا رسم شكل أولى وتعديله وتلوينه باستخدام أدوات الرسم بالكمبيوتر وعن طريق برامج الرسوم المتحركة يتم التحكم في تحريك الرسوم التي تم إعداده بسرعة معينة أو نقلها من نقطة إلى أخرى على الشاشة ، ويمكن أجراء تغيرات معينة في الأشكال المعروضة أثناء حركتها.

٥. الصور المتحركة Video : تظهر في صورة لقطات فيلمية متحركة سجلت بطريقة رقمية وتعرض بطريقة رقمية أيضا وتتعدد مصادرها لتشمل كاميرا الفيديو وعروض التلفزيون، واسطوانات الفيديو وهذه اللقطات يمكن أسرعها ، وإبطائها ، وإيقافها وإرجاعها بسهوله وحسب المطلوب بالموقف التعليمي.أضافه **إلى عنصر هام جداً وهو عامل الواقع المصطنع** Virtual Reality : ويتمثل في أظهار الأشياء الثابتة والمتحركة وكأنها في عالمها الحقيقي من حيث تجسيدها وحركتها والإحساس بها.

خامساً : نماذج تصميم الوسائط المتعددة :

من النماذج التي تناولت تصميم الوسائط المتعددة (.**نموذج عبد اللطيف بن صفي الجزار:** يتكون هذا النموذج من خمسة مراحل, حيث يمكن تطبيقه على مستوى درس

واحد أو على مستوى وحدة دراسية- ونموذج استيفن واستانلى Stephen & Staley: وهـو يعـرض لخطـوات تصميم وإنتاج برمجيات الكمبيوتر التعليمية متُعَددة الوسائط - أمـا نمـوذج على محمـد عبـد المنعم : يعرض وصفاً تفصيلياً لمجموعة من المراحل التي يشملها تصميم وإنتاج برامج الوسائط المتعددة التفاعلية) (خالد محمود حسين نوفل ، ٢٠٠٤).

• التعريف بنموذج على محمد عبد المنعم: يتكون هذا النموذج من ست مراحل يوضحها الشكل (١٢) :

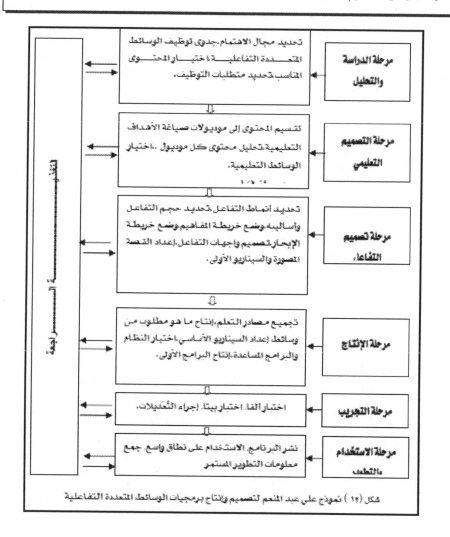

شكل (١٢) نموذج على عبد المنعم لتصميم وإنتاج برمجيات الوسائط المتعددة التفاعلية

يلاحـظ مـن النمـاذج السـابقة والتـي أوضحـت مراحـل تـصميم وإنتـاج الوسـائط

المتعددة ، ضرورة اشتراك المعلم في هذه المراحل أن لم يكن على مستوى التنفيذ ، فعلى الأقل يتم على مستوى التصميم والإعداد والتقويم ، وهـذا يتطلب تـدريب المعلمـين وتـأهيلهم لاستخدام الحاسب الآلي وإزالة الفجوة الرهبة التي تحول دون الاستفادة من إمكاناته في خدمة العملية التعليمية.

سادسا : فنيات تصميم سيناريو تعليمي مبسط:

- السيناريو : وفيها يتم ترجمة الخطوط العريضة إلى إجراءات تفصيلية مسجلة على الورق ، وتتلخص خطة العمل في هـذه المرحلـة بتسجيل مـا ينبغي أن يعرض على الشاشة ، وتحديد تسلسل ظهور هذه المعلومات والفواصل الزمنية ، وكيفية عرض كـل وحـدة ومعلومة. ويتم ذلك على نماذج خاصة تعرف بنماذج السـيناريو (اسكتشات) ، وهي مصممة ومقسمة بطريقة تشبه تماماً شاشة الحاسوب (زينب محمد أمين ، ١٩٩٥)..

- كتابة السيناريو التعليمي للبرمجية : تعتبر عملية كتابة النص التعليمي Script Writing بمثابة البنية الأساسية للبرمجية, لعرض المحتوى التعليمي بطريقة منطقية متتابعة بصياغة مرئية في شكل كتابي يوضح تفاصيل وتسلسل الإحداث التي تظهر على شاشة الكمبيوتر، ويتم فيها تحديد الخطوط العريضة للموضوع المراد معالجته كمبيوترياً، ونقطة البـدء فيه، والتسلسل المنطقي لمحتواه، وتحديد زمن التناول وتحديد العناصر الإنتاجية التي من شأنها بناء البرمجيـة بشكل جيد ومتوازن. وتُقَسّم صفحة النص التعليمي عمودياً إلى عدة أعمدة يوضحها الشكل (١٣)

نموذج إعداد النص التعليمي

عنوان البرنامج : ....

التاريـــــــخ : ....

رقم الإطار	الجانب المسموع / المقروء	الجانب البصري / المرئي	وصف الإطار	الزمن

شكل (١٣) نموذج إعداد النص التعليمي

- التعريف بعناصر النص التعليمي (السيناريو التعليمي): مما سبق يتضح إن النص التعليمي يتكون من خمسة أعمدة وهى كما هو المبين بالجدول (١٠) .

جدول (١٠) عناصر كتابة السيناريو التعليمي للبرمجية

م	عناصر السيناريو	التعريف بعناصر السيناريو
١	رقم الإطار	يتم فيه تحديد رقم لكل شاشة أو إطار داخل البرمجية, بحيث تأخذ كل شاشة رقماً وحيداً, مع ملاحظة أن ترقيم الشاشات أو الإطارات الفرعية يتفرع من الترقيم الرئيسي ولا يأخذ نفس الترقيم الأساسي.
٢	الجانب المرئي	وفيه يتم عرض كل ما يظهر في الإطار في لحظة معينة, سواء كان نصاً مكتوباً أو صورة معروضة, أو رسومات متحركة أو فيديو أو سؤال أو إجابة أو تغذية راجعة ... الخ.
٣	الجانب المسموع	وفيه يتم تحديد كل الأصوات والموسيقى والمؤثرات الصوتية المرتبطة بالإطار في لحظة ما, وكذلك المؤثرات الصوتية التي ترتبط بالتغذية الراجعة الإيجابية أو السلبية, ويفضل تثبيتها طوال عرض البرمجية بحيث ترتبط لدى المتعلم بالاستجابتين.
٤	وصف الإطار	وفى هذا الجانب يتم تحديد التالي : ■ وصف لكيفية ظهور الإطار, هل هو ظهور تدريجي للإطار بأكمله أو لأجزاء فيه, وهل هو ظهور فوري للإطار بأكمله أو لأجزاء فيه. ■ وصف البدائل التي تحدث عند الإجابة على سؤال من جانب المتعلم, وتحديد نوع التغذية الراجعة سلبية أو إيجابية, وكذلك رقم الإطار الذي ستنتقل إليه البرمجية في الحالتين. • وصف عمليات التفاعل التي تحدث من قِبل المتعلم, وكيفية استجابة المتعلم لها, بحيث يظهر في السيناريو الخطوات والإجراءات التي ينبغي على المتعلم أن يؤديها لإحداث هذا التفاعل.
٥	زمن الإطار	وفيه يتم تحديد زمن بقاء الإطار على الشاشة, إذا كان الزمن سابق التحديد كما يذكر أن الإطار تحت تحكم المتعلم في حالة عدم التحديد المسبق لزمن عرض الإطار من جانب المُصمم.

- القواعد العامة التي يجب مراعاة عند تصميم أي برنامج محوسب متعدد الوسائط:(خالد العجلوني ، ٢٠٠٧)

١. تعميق العرض والشرح من خلال الأمثلة الكافية وإعادة طرح الأفكار بصيغ مختلفة.

٢. المحافظة على مقروئية الشاشة ، وذلك بالتقليل ما أمكن من النصوص المكتوبة.

٣. إبراز الأجزاء الهامة من النصوص والأشكال باستخدام الألوان وتغيير أنماط الحروف.

٤. مراعاة مستوى المتعلم من حيث الكتابة وحصيلته اللغوية.

٥. استخدام المصطلحات بشكل موحد ومتناسق على امتداد البرمجية.

٦. استخدام القوائم وجداول العلاقات وذلك لإبراز علاقات الترابط بين العناصر المختلفة.

٧. استخدام الألوان دون أخطاء وظيفيَة كلما أمكن.

سابعاً : أنواع الشاشات التعليمية :

تنوع الشاشات التعليمية يفيد في تُحقيق التفاعل بين المستخدم والبرمجية ومستويات هذا التفاعل (زينب خليفة، ٢٠٠٥) وحجم كل منها وأساليب تنفيذها, ويمكن للمتعلم التفاعل مع البرمجية التعليمية عن طريق نمط أو أكثر من أنماط الاستجابات. (أسامة عبد السلام، ٢٠٠٥) كما يساعد تنوع الشاشات التعليمية في تعدد المعلومات التي يمكن تقديمها في

الشاشة الواحدة, وكذلك عـدد الألـوان المـستخدمة في التـصميم, ومراعـاة الاتـساق بـين المناطق أو المساحات المخصصة للعرض في الشاشة

شكل (١٤) شاشة من برنامج تعليمي معد بالوسائط المتعددة

كما وأن استخدام التأثيرات البصرية المناسبة عند الانتقال مـن شاشـة لأخـرى, يـساهم في تفعيل عملية التعلم ، وتُصَنف الشاشات حسب المهـام المنـوط بهـا في البرمجيـة إلى عـدة أنـواع حددها (Alty، 1997) في إحدى عشر نوع من أنواع الشاشات وفيما يـلي تعريـف بـبعض هـذه الشاشات في الجدول (١١)

جدول (١١) أنواع الشاشات التعليمية

م	نوع الشاشة	التعريف بنوع الشاشة
١	شاشة التعريف	تستخدم لعرض عنوان البرمجية, والجهـة المـسئولة عـن إنتاجهـا, والمرحلـة التعليميـة أو الفئة المستهدفة المقدمة لها.
٢	شاشة تقديم	تستخدم لعرض فكـرة عامـة عـن الموضـوع الـذي تتناولـه البرمجيـة، أو لتقـديم المفاهيم أو التعميمات أو الإجراءات المتسلسلة لمهارة ما سواء بطريقة لفظية أو غير لفظية لتعد المتعلم لاكتساب معرفة جديدة, أو لعرض الهدف العام أو الأهداف التعليمية الخاصة بالبرمجية
٣	شاشة إرشادية	تقـدم توجيهـات أو تعليمـات أو إرشـادات عامـة للمـتعلم توضـح لـه كيفيـة اسـتخدام

		البرمجية, وكيفية السير فيها والتعامل معها.
٤	شاشات رابطة	تستخدم في التنقل والإبحار بين شاشات البرمجية, أو لربط شاشة بما يسبقها أو ما يلحق بها من معلومات, أو للمراجعة لتذكرة المتعلم بمعلومات سابقة في الوقت الذي تقدم فيه معلومات جديدة.
٥	شاشة مراجعة	تعرض مشكلات أو موضوعات مشابهة لما تم عرضه في شاشات سابقة بهدف المراجعة.

ثامناً : إنتاج برنامج متعدد الوسائط باستخدام برنامج Power Point:

عزيزي الطالب المعلم / الطالبة المعلمة لإنتاج برنامج• الوسائط التعليمية المتعددة ينبغي الإلمام بالإجراءات التالية : (أسامة عبد السلام ، ٢٠٠٥)

أ. **تجميع الوسائط المتاحة :** ويتمثل في تحديد كل الوسائط المطلوبة لإنتاج

• **برامج الحاسوب التي تساعد المعلم على إعداد برامج تعليمية:**من أهم برامج الحاسوب والتي تساعد المعلم على إعداد برامج تعليمية ما يلي: (زينب أمين ، ٢٠٠٤)

١. **برنامج أوثر وير** (Author ware) وهو برنامج ذو إمكانات هائلة ويستخدم العديد من الوسائط كما يسمح بإعطاء تغذيه راجعه ودرجات ولكن ملفاته ذات حجم كبير نوعا ما كما أنه يحتاج إلى مهارة عاليه في الاستخدام .

٢. **برنامج ماكروميديا دايركتر**(Macromedia Director) يمكن بواسطته عمل أفلام تعليمية وصور متحركة وتعمل أفلامه ببرنامج (Quick Time Movies) ولكن يبقى حجم الملفات كبير نوعا ما ويحتاج إلى مستوى تدريب عال .

٣. **برنامج ماكروميديا فلاش** (Macromedia Flash) وهو برنامج ذو إمكانيات عاليه جدا بالإضافة إلى تحريك الصور وإضافة وسائط متعددة فإن ملفاته خفيفة جدا وهي بامتداد (swf) ويمكن عرضها بسهوله من خلال مواقع شبكة الإنترنت كما يمكن لهذا البرنامج أن يعد أفلام تفاعليه ولكنه يحتاج إلى تدريب وخبره في الاستخدام .

٤. **برنامج بوربوينت** (Power Point) وهو أحد برامج مجموعة الأوفيس . سهل جدا وشائع الاستخدام بالنسبة للمعلم والمتعلم ، يتم عمل العروض التقديمية فيه ويسمح بإضافة وسائط وروابط وإدراج ملفات كما أنه يسمح بالتغذية الراجعة ومنح درجات تقيميه للمتعلم .

٥. **برنامج فرونت بيج** (Front Page) وهو أحد برامج الأوفيس أيضا ومتخصص في عمل صفحات الويب وتحديثها .

هذا بالإضافة إلى العديد والعديد من البرامج المساعدة والتي تمكن من عمل رسومات مثل (Photoshop) وأخرى لعمل جداول إحصائية بدقه عاليه وبرامج مخصصه لعمل الاختبارات مثل (Hot Potato) والمتفوق في عمل جميع أنواع الاختبارات بصيغه يمكن رفعها على مواقع الإنترنت بسهوله .

البرمجية, سواء كانت صوراً ثابتة أو رسومات ثابتة أو متحركة أو لقطات فيديو, أو ملفات صوتية أو موسيقى, وذلك أثناء تصميم السيناريو, بحيث يتم جمع هذه الوسائط من المصادر المتاحة مثل الأقراص الضوئية المدمجة CDs, أو من الشبكات العالمية أو من الموسوعات التعليمية والعملية.

ب. تجهيز الوسائط المتطلبة : تأتي عملية تجهيز الوسائط المتطلبة بعد عملية تحديد دقيق لها, وتحديد الأجهزة اللازمة لإنتاجها, فلابد أن يسبق إنتاج الوسائط مرحلة البدء في تصميم البرمجية, فلابد من توافر كافة الوسائط المستخدمة في البرمجية قبل البدء فيها, ويجب تجميع كل هذه الوسائط في مجلد واحد مهما تباينت نوعياتها سواء صوت أو صورة أو فيديو.. الخ, بحيث يكون هذا المجلد مصدر كل الوسائط المستخدمة في البرمجية.

ج. اختيار نظام التأليف : ويتمثل في نظام التأليف المناسب الذي يتقنه مُصمم البرمجية ويُجيد التعامل مع أدواته بكفاءة وفعالية, ونظام التأليف يُبسط عملية التأليف ويجعلها سهلة بحيث يمكن لأي فرد له دراية متوسطة بأسس البرمجة أن يُصمم برمجية تعليمية باستخدامه دون إهدار كبير للوقت والمجهود.

د. اختيار البرامج المساعدة : وتتمثل في البرامج التي تُعين المصمم في إنتاج البرمجية وتمكنه من إنتاجها بشكل جيد .

هـ عمل المعالجات الرقمية : وتتمثل في معالجة العناصر (صور ثابتة ومتحركة ورسوم ثابتة ومتحركة وصوت ..) التي تم جمعها بطريقة رقمية تمكن من تخزينها على الكمبيوتر واستخدامها في عملية الإنتاج.

و. إعداد البرمجية المبدئية : ويُقصد بها ترجمة أو تنفيذ السيناريو حسب الخطة والمسئوليات المحددة وتشمل كتابة النصوص, إعداد الرسومات والتقاط الصور الفوتوغرافية, تصوير لقطات أو مشاهد الفيديو, تسجيل لقطات الأفلام المتحركة, تسجيل الصوت, والقيام بعمليات المونتاج والتنظيم لعناصر البرمجية.

تاسعاً : تقييم برامج الوسائط المتعددة.

ولما كان من الضروري أن تخضع برمجيات الوسائط المتعددة إلى عملية تقويم لتحديد المناسب منها وتحديد البرمجيات التي يتوفر فيها المبادئ العملية والتربوية والفنية المناسبة، فقد لخص المتخصصون عند تقويم أي برنامج تعليمي انه يجب مراجعة الجوانب التالية : (التعليمية- الفنية- البرمجية- المنهجية...الخ) وفيما يلي تعريف ببعض هذه الجوانب: (2003، Benson).

جدول (١٢) جوانب عملية تقييم برامج الوسائط التعليمية المتعددة

جوانب التقويم	يتم فيها تقويم الكفاءة	نماذج على تساؤلات التقييم
الجانب التعليمي:	**التعليمية** : من خلالها يمكن التعرف على كفاءة أي برنامج من خلال مجموعة من الأسئلة مثل:	- هل المحتوى يسهل استيعابه ويخلو من العبارات الغامضة؟ - هل تسلسل الموضوعات منطقي؟ - هل إجراءات وأنشطة الدرس مناسبة؟ - هل يوفر البرنامج فرصة التفاعل بين المتعلم والمحتوى؟. - هل يقدم المحتوى فرصة تفريد التعليم؟
الجانب الفني :	**الفنية** : يعد الشكل الخارجي للبرنامج من أكثر عوامل الجذب والتي يمكن قياسها من خلال الأسئلة التالية :	- هل مساحة الشاشة مستغلة بشكل جيد؟ - هل هناك نموذج ثابت ومناسب لكل الشاشات؟ - هل الشاشة خالية من الازدحام والحشو؟ - هل المؤثرات الصوتية تدعم عملية التعلم؟ - هل البرنامج خال من الأخطاء؟
الجانب التقني للبرمجية :	**البرمجية** : يمكن التعرف على الكفاءة البرمجية من خلال الأسئلة التالية :	- هل البرنامج خال من التكرار؟ - هل يعمل البرنامج كما هو متوقع على الحاسب؟ - هل هناك فرصة للخروج من البرنامج في أي وقت؟ - هل هناك إجراءات لتقييم استجابات المتعلمين؟
الجانب المنهجي:	**المنهجية** : يعتبر توافق البرنامج مع أهداف المنهج ومحتواه العلمي ومستويات المتعلمين من أهم معايير التقويم ويمكن التعرف على ذلك من خلال الأسئلة التالية :	- هل يتمتع البرنامج بالمرونة؟ - هل المحتوى العلمي مقسم بشكل يسمح بدراسته في أوقات مختلفة؟

تقويم برمجيات الوسائط المتعددة:

٣ ويمكن استخدم بطاقة تقويم برمجيات الوسائط المتعددة التالية، لتقويم برمجية مـن البرمجيات المتوفرة في مركز مصادر التعلم.

جدول (١٣) بطاقة تقويم برمجيات الوسائط المتعددة

م	معايير علمية وتربوية وفنية	متوفر جدا	متوفر	غير متوفر
١	تتضمن البرمجية أهداف محددة وواضحة			
٢	تتضمن كل وحدة أهداف إجرائية يمكن قياسها.			
٣	ينمى البرنامج مهارات التعلم الذاتي لدى المتعلمين.			
٤	ينمى البرنامج مهارات التفكير العلمي لدى المتعلمين.			
٥	تحدد البرمجية المتطلبات السابقة للبدء في تعلمها.			
٦	يوجه البرنامج إلى فئة محددة من المتعلمين.			
٧	محتوى البرنامج صحيح علميا وحديث.			
٨	أسـلوب عـرض المحتـوى يناسـب الفئـة المسـتهدفة مـن المتعلمين			
٩	يمكن للمتعلم التفاعل مع محتوى البرنامج.			
١٠	اللغة المستخدمة في صياغة المحتوى سليمة.			
١١	تتركز أنشطة التعلم في البرنامج على المتعلم.			
١٢	تتعدد الأنشطة ليختار منها المتعلم ما يناسبه			
١٣	يتضمن البرنامج اختبار قبلي.			
١٤	يتضمن البرنامج اختبارات بنائية			
١٥	يتضمن البرنامج اختبارات نهائية.			
١٦	يقدم البرنامج التعزيز الفوري لاستجابات المتعلمين			
١٧	يـزود البرنامج المتعلم بصـورة كاملـة عـن مـدى تقدمـه في التعلم.			
١٨	يرتبط زمن تعلم البرنامج بمستوى المتعلم وقدراته			
١٩	النصوص المكتوبة على الشاشات البرنامج واضحة وسهلة القراءة			

٢٠	استخدام بنط الكتابة ونوعه مناسب
٢١	استخدام الألوان في الخطوط مناسب
٢٢	تعرض الصور والرسوم والنصوص بشكل متكامل ووظيفي في إطارات البرنامج.
٢٣	البرنامج سهل التشغيل والانتقال بين مكوناته
٢٤	يسهل استخدام أيقونات البرنامج.
٢٥	خيارات الواجهة والمفاتيح المرتبطة بها ثابتة في أماكنها مع تغيير الشاشات.

الأنشطة التعليمية

عزيزي الطالب/ الطالبة أنت مدعو للمشاركة في عمل هذه المجموعة من الأنشطة التعليمية الخاصة بموضوع البرامج التعليمية متعددة الوسائط المتفاعلة (تصميمها وإنتاجها) بهدف تدريبك على كيفية فهم الأسئلة- الإجابة عن الأسئلة من مصادر متعددة(المحاضرة- الكتاب المقرر- مناقشاتك مع أستاذك وزملائك)-جمع المعلومات من مصادر متعددة بالاستعانة بمكتبة الكلية.

١.يشير ماير (٢٠٠٤) إلى أمكانية النظر إلى تكنولوجيا الوسائط المتعددة من ثلاث زوايا أساسية وهى كما هو مبين بالجدول (١٤)

جدول (١٤) تكنولوجيا الوسائط المتعددة

م	الوجه	التعريف	مثال
١	وسائل التقديم	وسيلتي تقديم أو أكثر	شاشة الحاسوب ومكبرات الصوت ، جهاز اسقاط وصوت المحاضر.
٢	أساليب العرض	تمثيلات لفظية وتصويرية	نص على الشاشة مع السرد ، نص مطبوع ورسومات.
٣	الوسائط الحسية	حاستي السمع والبصر	سرد ورسوم متحركة ، محاضرة وشفافيات.

في ضوء معرفتك بماهية الوسائط المتعددة ، اى من الوجهات النظر الثلاثة السابقة تؤيد ، أكتب رأيك مع توضيح ما تقول بالإدالة التي تؤيد ما تقوله.

٢.ظهرت في الأدب التربوي رؤيتان لتصميم الوسائط المتعددة الأولى تتمركز حول المتعلم والأخرى تتمركز حول التكنولوجيا نفسها، كما هو موضح بالجدول(١٥)   .Kumela Watts. & Adrion,2004)

جدول (١٥) رؤيتان لتصميم الوسائط المتعددة

م	توجه التصميم	محور الاهتمام	الهدف من التصميم	القضية محور الاهتمام
١	التمركـــز حـول المتعلم	كيف يعمل العقل الإنساني	تنميـة جوانـب التـعلم الإنساني	كيف يمكننا تكييف التكنولوجيا متعددة الوسائط بحيث تساعد في تنمية المعرفة الإنسانية؟
٢	التمركـــز حـول التكنولوجيا	إمكانيات تكنولوجيا الوسائط المتعددة	تـأمين الوصول إلى المعلومات	كيـف يمكننـا اسـتخدام التكنولوجيـا الحديثـة في تـصميم عروض بالوسائط المتعددة؟

وضح الأساس الذي يقوم عليه كل تصور من التصورات السابقة محدد أيهما أفضل من وجهة نظرك مع التبرير على ما تقول.

صصم درس من دروس مادة تخصصك باستخدام برنامج البوربوينت، بحيث لا يقل عدد شرائحه عن تسع شرائح مستخدما لوحة الإيقونات المبينة و الخاصة ببرنامج البوربوينت، و بأتباع الخطوات التالية:-

● من قائمة إدراج اختر شريحة جديدة.

- من قائمة تنسيق اختر تصميم الشرائح، ستظهر على يسار الشاشة : قوالب التصميم، أنظمة الألوان، أنظمة الحركة

- اختر الكائن الذي ستعيّن له حركة مخصصة، ومن قائمة عرض الشرائح اختر حركة مخصصة .

- من قائمة عرض الشرائح اختر المراحل الانتقالية للشرائح

- بعد الانتهاء من تجهيز الشرائح والحركات المخصصة وغيرها.

١. أجب عن أسئلة التقويم الذاتي المجودة في نهاية موضوع الوسائط التعليمية المتعددة.

التقويم الذاتي

الآن عزيزي الطالب/ الطالبة : اجب عن الأسئلة الآتية لمعرفة مـدى تقـدمك نحو تحقيق أهداف التعلم لموضوع الوسائط المتعددة

أولاً : اختر الإجابة الصحيحة مـن بين الإجابات الأربعة التالية, وذلك علامة(/) إمام الفقرة التي تمثله, علما بان هناك إجابة صحيحة واحدة فقط لكل سؤال :

١.يمكن إظهار لقطات الفيديو المتحركة على شاشة الكمبيوتر من خلال :

أ- جهاز تسجيل وعرض الفيديو   ب- مشغل اسطوانات الفيديو.

ج- خط سلكي من التلفزيون مباشرة.   د- جميع ما سبق .

٢.الحد الأدنى لعدد عناصر الوسائل المتعددة في البرنامج الكامل :

أ- اثنين.   ب- ثلاثة.

ج- أربعة.   د- خمسة.

٣. الوسائل المتعددة هي تفاعل من خلال الكمبيوتر بين مزيج من

أ- النصوص المكتوبة والتكوينات الخطية.

ب- الرسوم المتحركة والصوت

ج- الصور الثابتة والصور المتحركة.

د- جميع ما سبق

٤. يرتبط مفهوم تكنولوجيا الوسائل المتعددة ب

أ- التكامل   ب- التفاعل

ج- أ , ب معا   د- لا شيء مما سبق

٥. تكون البيانات المسجلة على أقراص CD- ROM :

أ- رقمية   ب- تناظرية

ج- على جانبي القرص   د- لا شيء مما سبق

٦. من الأدوات والأجهزة المستخدمة في أنظمة الواقع المصطنع :

أ- جهاز عرض يوضع على الرأس   ب- قفازات البيانات

ج- أ , ب معا   د- لا شيء مما سبق

٧. من أهم مميزات أنظمة الوسائل المتعددة :

أ- ربط البيانات بشكل خطى

ب- إمكانية الدمج والتكامل بين بيانات متعددة الوسائل

ج- قدرتها على التعامل مع البيانات الموزعة

د- ب,ج معا

٨. من أنماط الرسومات والتكوينات الخطية :

أ- الرسوم البيانية واللوحات   ب- الرسوم التوضيحية والخرائط

ج- الكاريكاتير   د- جميع ما سبق

٩. من الأدوات الهامة لأنظمة التأليف للوسائط المتعددة :

أ- وحدة نسخ احتياطي للأقراص الصلبة   ب- بطاقة صوت رقمية

ج- بطاقة فيديو رقمي   د- بطاقة تخطيطية

١٠.من أدوات تخزين الوسائط المتعددة :

أ- أقراص   ب- أقراص الليزر

ج- لاشى مما سبق   د- أ. ب معا

١١. تتيح برامج الوسائط المتعددة :

أ- للمعلم الرد على أسئلة الطلاب بإجابات على شكل مخططات ورسومات

ب- للطالب الإلمام بموضوع الدرس من جميع زواياه

ج- تعين واجبات منزلية للتلاميذ كل حسب قدراته

د- جميع ما ذكره أعلاه

١٢ . جميع ما يلي عبارات صحيحة ماعدا:

أ.الوسائط التعليمية المتعددة تقوم على التفاعل و التكامل.

ب.عناصر الوسائط المتعددة الصوت والصورة.

ج.يتحقق التفاعل بالوسائط من خلال الحاسوب.

د.تزيد الوسائط من فاعلية التدريس.

١٣. يستطيع الطالب في برامج الوسائط المتعددة أن يحدد :

أ- المعلومات التي يريد مشاهدتها

ب- الوقت المناسب لمشاهدة المعلومات

ج- الأدوات والإشكال التي يفضله

د- جميع ما سبق

١٤.فى الوسائط التعليمية المتعددة يتحقق التفاعل بين :-

أ.المعلم و البرنامج ب.المتعلم و البرنامج

ج.المعلم و المتعلم د.جميع ما سبق

١٥. من أهم مميزات أنظمة الوسائل الفائقة Hypermedia

أ- ربط البيانات بشكل خطى.

ب- أمكانية الدمج والتكميل بين بيانات متعددة الوسائل.

ج- قدرتها على التعامل مع البيانات الموزعة

د- ب ، ج معا.

١٦. تتميز الوسائط الفائقة عن الوسائط المتعددة بالخصائص التالية ما عدا:

أ- تقوم على التعلم التعاوني ب- السعة العالية

ج-السرعة العالية د- تقوم على التعلم الفردي.

١٧.أفضل برامج في إنتاج برمجيات الوسائل المتعددة

أ- Microsoft PowerPoint ب- Macromedia Flash

ج- Macromedia Director د- Microsoft Producer

١٨. جميع ما يلي من خصائص السيناريو التعليمي الجيد ما عدا :

أ- تعمق العرض ب- تحافظ على مقروئية الشاشة

ج- إبراز جمع الأجزاء التعليمية   د- استخدام الألوان والأشكال.

١٩. تتطلب عملية تقويم البرمجيات التعليمية جهدا بالمقارنة بالجهد المبذول في إعدادها :-

أ- أقل   ب- أكبر

ج- مكافئ   د- لا شيء مما سبق

٢٠. جميع ما يلي من أنماط تقييم برمجيات الوسائط المتعددة ماعدا :

أ- تحليل المحتوى   ب- استقصاء نتائج تحصيل التلاميذ

ج- استطلاع أراء المعلمين   د- ملاحظة أحداث التعلم

ثانيا : ضع علامة (√) إمام العبارة الصحيحة وعلامة (x)إمام العبارة الخطأ مع تصحيح

الخطأ :

١.ترتبط برامج الوسائط المتعددة ببيئة التعليم الجمعي.

٢.يرتبط مفهوم تكنولوجيا الوسائط المتعددة باستخدام الكمبيوتر.

٣.يقتصر استخدام تكنولوجيا الوسائط المتعددة على مجال التعليم.

٤.تعرض برامج الوسائط المتعددة على التلميذ بواسطة المعلم.

٥.تحوى أنظمة الوسائل المتعددة تجمعات قليلة من المعلومات.

٦.يستخدم نظام الترميز الرقمي عند إنتاج الوسائط المتعددة..

٧. تتعامل أنظمة الوسائل التعليمية المتعددة مع بيانات متعددة الوسائل

٨.التفاعلية في برامج الوسائل المتعددة تعنى قدرة المتعلم على التحكم فيما يعرض علية.

٩. تتطلب العروض التقديمية وجود ترتيب منطقي معين للبيانات

١٠. يوفر برنامج البوربوينت PowerPoint ثلاث طرق لإنشاء عرض تقديمي جديد.

١١. استخدام قوالب التصميم يساعدنا في اختيار الألوان والخلفيات المناسبة لعروضنا.

١٢. عليك اختيار تخطيط تلقائي يحتوي على نفس نوع المعلومات في الشريحة التي تريد تغيير تخطيطها

١٣. يستطيع التلميذ في برامج الوسائط المتعددة أن يختار ما يناسبه من بين ما

يعرض عليه.

١٤.تخزن لقطات الفيديو المتحركة على جهاز الكمبيوتر كملفات رقمية.

١٥. عند اختيارك لشكل الشريحة ستظهر الشريحة بمفردها

المراجع

١. إبراهيم عبد الوكيل الفار (١٩٩٩) **إعداد وإنتاج برمجيات الوسائط المتعددة التفاعلية**. طنطا : الدلتا لتكنولوجيا الحاسبات.

٢. أحمد النجدي وآخرون (١٩٩٩) : **تدريس العلوم في العالم المعاصر المدخل في تدريس العلوم**. القاهرة : دار الفكر العربي .

٣. أحمد إبراهيم قنديل(٢٠٠٦) : **التدريس بالتكنولوجيا الحديثة** ، القاهرة : عالم الكتب.

٤. احمد شعبان وآخرون (٢٠٠٦) **أساسيات الحاسب الآلي وتطبيقاته في التعليم**. الرياض : مكتبة الرشد.

٥. أحمد محمد عبد السلام(١٩٩٩) : توظيف أسلوب النظم في تعليم إنتاج برامج الكمبيوتر التعليمية متعددة الوسائل. دكتوراه **غير منشورة** . كلية التربية . جامعة حلوان .

٦. أسامة محمد عبد السلام(٢٠٠٥) : فاعلية برنامج تدريبي بواسطة الوسائط المتعددة لتنمية مهارات المعلوماتية والاتصالات والاتجاه نحو التعلم الذاتي لدي المعلمين، رسالة دكتوراه **غير منشورة**، معهد الدراسات التربوية ، جامعة القاهرة .

٧. جمال الشرهان (٢٠٠١) **الوسائل التعليمية ومستجدات تكنولوجيا التعليم** . الرياض : المؤلف.

٨. جوها براكين (٢٠٠٥) مايكروسوفت بوربوينت ٢٠٠٣ أتقن جميع مهارات التي تحتاج إليها في ١٠ دقائق **ترجمة** مكتبة جرير.الرياض: مكتبة جرير.

٩. حسن جامع (٢٠٠٥) دور تكنولوجيا الوسائط المتعددة في التعامل مع أنماط التعليم **مؤتمر تكنولوجيا التربية في مجتمع المعرفة** في الفترة ٣-٤ مايو ٢٠٠٥ .

١٠. خالد محمود حسين نوفل(٢٠٠٤) : أثر التفاعل بين تحكم المتعلم في البرنامج التعليمي متعدد الوسائط والأسلوب المعرفي على تحصيل الطلاب. **ماجستير غير منشورة.** كلية التربية النوعية. جامعة عين شمس.

١١. خالد العجلوني (٢٠٠٧) تصميم وإنتاج البرمجيات التعليمية (الوسائط التعليمية المتعددة) متوافر على الموقع : http://www.aou.edu.jo/user files/file vcational

١٢. ريتشارد ما يـر(٢٠٠١) التعليم بالوسائط المتعددة ترجمة ليلى النابلسي الرياض : مكتبة العبيكان.

١٣.زينب محمد أمين (٢٠٠٤) : برمجيات الكمبيوتر. المنيا : دار الهدى للنشر والتوزيع.

١٤. زينب محمد أمين(١٩٩٥) : أثر استخدام الهيبرميديا على التحصيل الدراسي والاتجاهات لدى طلبة كلية التربية, دكتوراه غير منشورة, كلية التربية, جامعة المنيا.

١٥. سعاد شاهين (٢٠٠١) معايير الجودة في تقويم الوسائط المتعددة. مجلة كلية التربية العدد (٣٠) ص ص ٢٥١- ٢٨١

١٦. كمال زيتون (٢٠٠٢) تكنولوجيا التعليم في عصر المعلومات والاتصالات. القاهرة : عالم الكتب.

١٧.علي محمد عبد المنعم (٢٠٠٠) المدخل إلى تكنولوجيا التعليم. القاهرة: دار البشرى.

١٨. عبد الحافظ محمد سلامة (٢٠٠٤) تصميم الوسائط المتعددة وإنتاجها . الرياض : دار الخريجي للنشر والتوزيع.

١٩. زينب خليفة (٢٠٠٥) فاعلية برنامج متعدد الوسائط لتنمية المهارات الحياتية لدى الأطفال المعاقين عقليا في مدارس التنمية الفكرية في مصطفى عبد السميع تكنولوجيا التربية دراسات وبحوث دراسات المؤتمر العلمي للجمعية العربية لتكنولوجيا التربية . القاهرة : الجمعية العربية لتكنولوجيا التربية.

٢٠. عبد اللطيف بن صفي الجزار(١٩٩٥)دراسة استكشافية لاستخدام طالبات كلية التربية بجامعة الإمارات العربية المتحدة لنموذج تطوير المنظومات التعليمية مجلة تكنولوجيا التعليم ، الجمعية المصرية لتكنولوجيا التعليم المجلد (٥) الكتاب(٣).ص ص٦٣-٨٩

٢١.عبد الحميد مجل معينـل (١٩٩٣) دليل إنتاج البرمجيـات التعليمية. تونس : الإدارة

العامة لتقنيات التربوية.

٢٢.ماهر صبري وفائزة المغربي (٢٠٠٥) تكنولوجيا عرض وإنتاج المواد التعليمية. الرياض : مكتبة الرشد.

٢٣.   محمد خميس (٢٠٠٣) منتجات تكنولوجيا التعليم. القاهرة: دار الحكمة.

٢٤.   مطلق طلق الحازمي (١٩٩٥) : دراسة حول تقويم البرمجيات الرياضية المستخدمة على الحاسب الآلي. رسالة الخليج العربي ، ع(٥٥) ، الرياض ، ص ص ١٣١-١٥٩.

٢٥.   مندور عبد السلام فتح الله (٢٠٠٦) أساسيات إنتاج واستخدام وسائل وتكنولوجيا التعليم. الرياض : دار الصميعي للنشر والتوزيع.

٢٦.نبيل جاد عزمي(٢٠٠١) : التصميم التعليمي للوسائط المتعددة . القاهرة : دار الهدى للنشر والتوزيع.

٢٧.   يس عبد الرحمن قنديل (٢٠٠٢) بناء نظام لتقويم البرمجيات التعليمية المستخدمة في مجال تعليم العلوم. مجلة التربية العلمية. العدد(١) المجلد (٥) ص ص٩٧- ١٣٨

28. Alty, J. L. (1991),Multimedia - What is it and how do we exploit it?, in D. Diaper & N. Hammond (eds.), People and Computers VI : Usability Now! (Proceedings of HCI'91),Cambridge University Press, pp.31–44.

29.Alty, J. L(1993), Multimedia : We Have the Technology but Do We Have the Methodology ?, in H. Maurer (ed.), Proceedings of Euromedia'39, AACE, pp.3–10.

30.Alty, J.L. (1997), Multimedia, in A. B. Tucker (ed.), The Computer Science and Engineering Handbook, CRC Press, pp1551–1570

31. Allen, D. (1998). The effects of computer-based multimedia lecture presentation on comment collage microbiology students achievement, attitudes and retention D.A.I., August448-A

32.Buford,   (1996))Multimedia   System.   New   York :   Addison

Publishing Company

33.Bearne, M., Jones, S. & Sapsford-Francis, J. (1994),Towards Usability Guidelines for Multimedia Systems, **in Proceedings of Multimedia'94,ACM Press, pp105–110**

35. Begona,G(2002).Knowledge Construction and Technology. **Journal of Educational Multimedia and Hypermedia** 11(4), 323–343

36.David, H. J(1989) : **Hypertext/Hypermedia**. NJ : Educational Technology Publications.

37.Dick, W. & Carry, L(1990) : **The Systematic Design Of Instruction**3rd. NY : Scoh Foresman & Company

38 Fitzgerald, G. e.;et al. (1992) : "Authoring CAI Lessons : Teachers As Developers". **Teaching Exceptional Children**24 (2)Winter. Pp15–21.39.Hofsher,F(1995) Multimedia Literacy. N

ew York; Mc Graw-Hill.

40. Kumela, D., Watts, K. & Adrion, R. (2004). Supporting Constructivist Learning in a Multimedia Presentation System. 34th ASEE/IEEE Frontiers in Education Conference. Retrieved on Feb., 2006 fromhttp : //ripples.cs.umass.edu/about/pubs/constructLearning.pdf

41. Stephen, A. & Stanley, T (2001): **Multimedia for Learning – Methods and Development**, U.S.A.,Person Education Company.

42- Theodore , C. (1992) Computer software Evaluation : who , when, where , why ? **The American Biology Teacher,** 49 (7) pp 429 – 446.

الفصل الرابع

الأجهزة التعليمية فى بيئة التعلم

الأهداف التعليمية

أولاً: ماهية البيئة الفيزيقية التعليمية

رابعاً: قواعد استخدام الأجهزة التعليمية

الأنشطة التعليمية

الأجهزة التعليمية في بيئة التعلم

مقدمة: تشير الدراسات والبحوث التربوية في مجال تكنولوجيا التعليم إلى أن البيئة التعليمية تؤثر بشكل كبير في تعلم الطلاب، وأنه إذا ما أتيح للطلاب بيئة تعليمية غنية بالمؤثرات التعليمية - بما تتضمنه من معلم، وأقران، وأجهزة تعليمية- فسوف يتكون لديهم اتجاهات و إدراكات إيجابية نحو التعلم في إطار هذه البيئة التعليمية، وإذا ما شعر المتعلم بأنه متقبل من المعلم ومن أقرانه، كذلك أحس بأن مكان التعلم آمن ومنظم ومريح؛ فإنه يتولد لديه إدراك واتجاه إيجابي نحو التعلم داخل هذه البيئة التعليمية.

ولما كانت الأجهزة التعليمية تساهم كمكون من مكونات تكنولوجيا التعليم في إعادة تشكيل بيئات التعلم، وفي إحداث تغيرات جوهرية في علاقة المتعلم بالمعلم و المنهج وفي آلية الاتصال وتبادل المعلومات بينهما، وكيفية حدوث عمليتي التعليم والتعلم باتجاه النتائج المرغوب فيه، فإن هذه الوحدة تأتي لتوضح الإجراءات الفنية لاستخدام الأجهزة التعليمية في بيئة التعلم.

الأهداف التعليمية: بعد الانتهاء من دراسة هذه الوحدة التعليمية والقيام بالأنشطة التعليمية المصاحبة لها، فإنه من المتوقع أن تكون قادراً على أن:-

١. يحدد مكونات الفيزيقية.

٢. يكتب ثلاثة من الإجراءات الفنية الواجب تنفيذها عند استخدام الأجهزة التعليمية

٣. يشرح خمس من معايير استخدام الأجهزة التعليمية.

٤. يحدد قائمة بالإجراءات الفنية اللازمة عند الممارسة السلامة مع الأجهزة التعليمية.

٥. يمارس الإجراءات الوقائية عند التعامل مع الأجهزة التعليمية.

أولاً: ماهية البيئة الفيزيقية التعليمية: يمكن التعرف على ماهية البيئة الفيزيقية من خلال توضيح النقاط التالية:-

١. **مفهوم البيئة الفيزيقية التعليمية** (Physical Instructional Environment) يقصد بها المكان الفيزيقي الذي تدور فيه جميع الأحداث التعليمية الفعلية المرتبطة بتخصص دراسي ما، وقد يكون هذا المكان قاعة أو معمل أو نحو ذلك. وتعرف أحياناً بـ"مسرح التعليم (Instructional Theater)."

ويعرف علي الحوات (٢٠٠٣) البيئة الفيزيقية التعليمية على أنها: كل الظروف والمؤثرات التي تتحكم في عملية تعليم التلميذ و تقدمه، سواء كانت طبيعية، أم اجتماعية والتي تساهم في تنمية وعى وإدراك التلاميذ و تدريبهم من خلال مشروعات علمية وتربوية يقوم بها التلاميذ تحت إشراف معلميهم.

ويحدد مندور عبد السلام فتح الله (٢٠٠٦) مفهوم البيئة الفيزيقية التعليمية على أنها: المحيط الذي يتم فيه تيسير عملية التعليم سواء كان بصورة فردية أو جماعية من خلال تنظيم معين لمكان التعليم يتيح للتلاميذ الاطلاع و الاستماع و المشاهدة، كما يستخدم فيه مصادر التعلم المختلفة، تحت ضوابط محددة من الأمان والسلامة لتحقيق أهداف التعلم.

٢.مكونات البيئة الفيزيقية التعليمية: تشتمل البيئة الفيزيقية على سبعة مكونات أساسية، يوضحها الشكل (١٥)

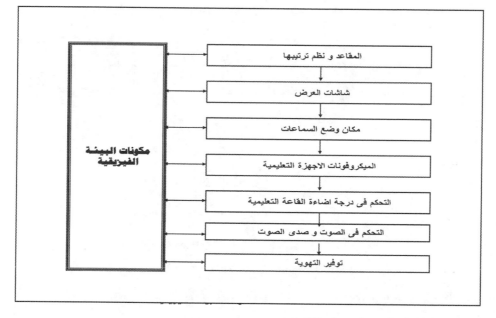

وفيما يلي التعريف بهذه المكونات:

أ. المقاعد ونظم ترتيبها: تشير البحوث التربوية إلى أن القاعات التعليمية ذات المقاعد المرتبة على شكل حرف (U) تكون أكثر ملائمة للمتعلمين ولعملية التعلم عند استخدام العروض العملية (Demonstration) من ترتيب المقاعد على شكل صفوف طولية متوازية، وبشكل عام فإن مراعاة توفير المواصفات المطلوبة في البيئات التعليمية الفيزيقية يمكن أن يسهم في:

- تسهيل حركة المعلم وإشرافه على تنفيذ المهمات التعليمية.
- زيادة دافعية المتعلمين نحو التعلم واستعدادهم له.
- تنمية الاتجاهات الإيجابية للمتعلمين نحو المؤسسة التعليمية.

- إتاحة الفرصة للمتعلمين للمشاركة الإيجابية في ممارسة الأنشطة التعليمية التي تحتاج إلى تحركات داخل القاعة.

- إبقاء أثر التعلم في أذهان المتعلمين؛ لأن الخبرات المكتسبة التي يتم اكتسابها تتم في مناخ تعليمي مبهج.

☐ **ترتيب مقاعد القاعات وأنماطه (Setting Arrangement):** تمثل مقاعد القاعات وترتيبها متغيراً مهماً للبيئة الفيزيقية، ويتحكم في عملية الترتيب مجموعة عوامل أهمها:

- نوع شاشات العرض وحجمها.
- طبيعة محتوى البرنامج التعليمي ومفرداته.
- أشكال التعليم وأساليبه وفنياته.
- أعداد المتعلمين الملتحقين بالبرنامج

وفيما يلي عرض لبعض أنماط ترتيب المقاعد وفقاً لنمط التعليم وأساليبه:

☐ **ترتيب المقاعد وفقاً للتعليم الجمعي (Group Instructional):** وهذا النظام يركز على تقديم المعلومات من خلال محاضرات إلقائية مباشر.

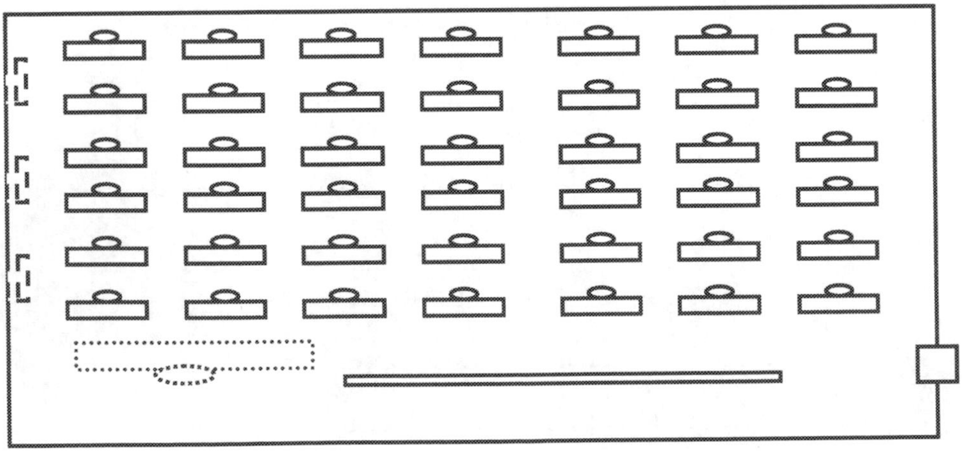

شكل (١٦) ترتيب المقاعد وفقاً للتعليم الجمعي

☐ **ترتيب المقاعد وفقاً لنمط التعليم القائم على المناقشة الجماعية،** يشترط

وجود مساحات جانبية بينهم. ويوفر رؤية سهلة وواضحة لجميع المتعلمين- مفيد جداً في

الحوار المنظم.

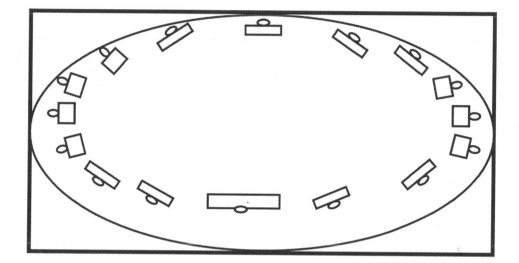

شكل (١٧) ترتيب المقاعد وفقاً لنمط التعليم القائم على المناقشة الجماعية

□ **ترتيب مقاعد المتعلمـين وفقـاً لـنمط التعليم عند اسـتخدام العروض العمليـة (البيـان العمـلي**
Demonstration) يسمح للمعلم بالاتصال مع من يريد ولكن فرص الاتصال بين المتعلمـين ضعيفة،
و شائع في هذا النظام جداً وفرص الاتصال فيه ليست كافية حيث تنشط بين مـشاركين وتضعف بـين
آخرين ويتطلب مساحة كافية كضمان لسهولة الحركة، وللتغلب على هذه المشاكل تزال الطاولات:

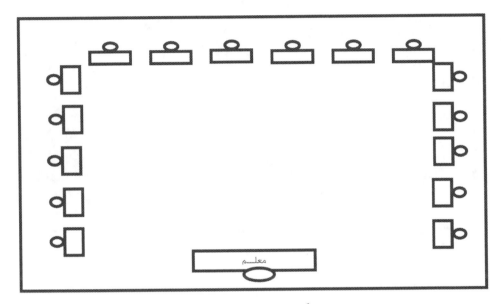

شكل (١٨) ترتيب المتعلمين وفقاً لنمط التعليم عند استخدام العروض العملية (البيان العملي)

□ **ترتيب مقاعـد المتعلمـين وفقـاً لـنمط (تعلـم بـالأقران)** (Peer Learning): وفيـه يكـون التفاعـل والتواصل
والتعاون قويا بين المتعلم وزميله و يكون ضعيفا بين كل مجموعة و بقية المجموعات الأخرى.

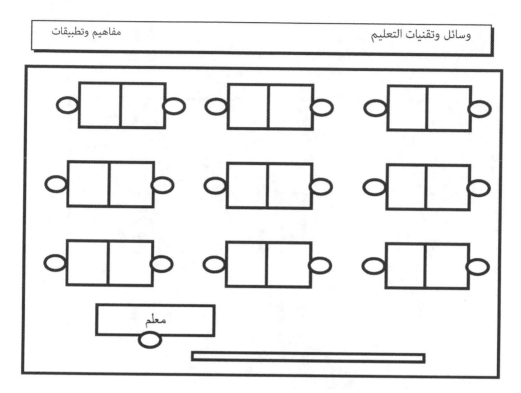

شكل (١٩) ترتيب مقاعد المتعلمين وفقاً لنمط تعلم بالأقران

☐ **ترتيب مقاعد المتعلمين وفقاً لنمط التعليم في مجموعات صغيرة (التعلم التعاوني):** Cooperative
Learning يسمى بالجلوس الحلقي (التدويرة) يسمح بتفاعل جيد بين أعضاء المجموعة المتعاونة و
اتصال خفيف بين المجموعات الأخرى القائم على التنافس، وفيها المشاهدة واضحة و مفيدة جداً
للتمارين الفردية و الجماعية ويعيبه الأحاديث الجانبية.

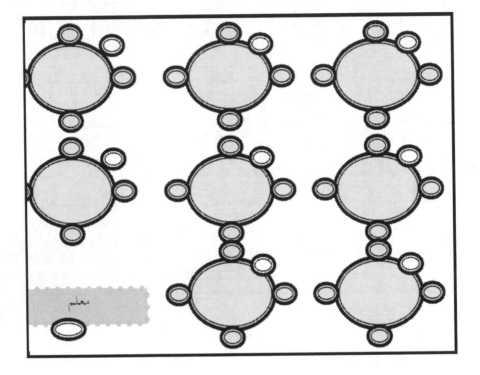

معلم

شكل (٢٠) ترتيب مقاعد المتعلمين وفقاً لنمط التعليم في مجموعات صفية (التعليم التعاوني)

☐ ترتيب مقاعد المتعلمين وفقاً لنمط التعليم الفردي المستقل:

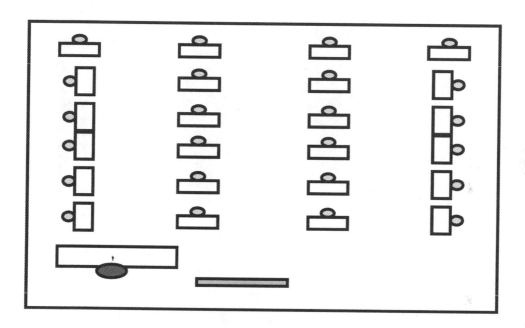

شكل (٢١) ترتيب مقاعد المتعلمين وفقاً لنمط التعليم الفردي المستقل

ب. شاشات العرض: تعتبر شاشة العرض من العناصر المهمة لنجاح عملية العروض الضوئية، ومشاهدة المواد المعروضة عليها بشكل جيد يسهم في تحقيق الهدف المطلوب من العرض، وحتى ينجح العرض يجب اختيار نوع شاشة العرض بعناية في ضوء وظيفة العرض ومساحة الحجرة، وبصفة عامة توجد عدة أنواع من شاشات العرض يمكن توضيحها من خلال الشكل (٢٢):

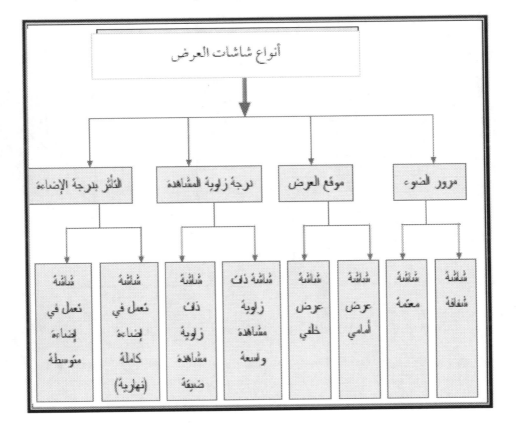

تعتبر الشاشات المعتمة الأكثر استخداماً في قاعات التدريب والدراسة وأنواعها كالتالي:

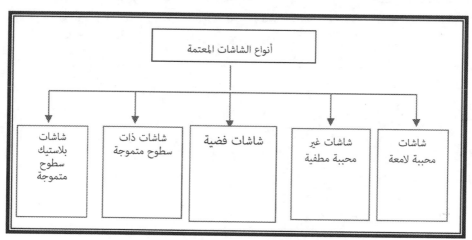

شكل (٢٣) أنواع شاشات العرض المعتمة

وسوف نكتفي بالإشارة إلى أكثر الشاشات شيوعاً وهي:

□ **الشاشة المحببة اللامعة (Beaded Surfaced Screen):** وهـي شاشـات بيضاء ذات سـطح لامـع مغطى بحبيبات صغيرة جداً من الزجاج (تشبه ورق السنفرة النـاعم)، وهـذه الحبيبات تجعل السـطح يعكس معظم الضوء عليه وفي اتجاه سقوطه، وبالتالي نجد أن الصور التي تتكون على الشاشة واضحة ونقية جـداً بالنسبة للمتعلمين المشاهدين في مجال الرؤية الجيدة، ومن عيوب هذه الشاشات أن زاويـة الرؤيـة فيهـا تكون صغيرة حيث تبلغ (٢٥درجة).

ج. مكان وضع السماعات: يتوقف وضع السماعات فى قاعة الفصل الدراسى علـى طبيعـة الفصـل و عدد المتعلمين فى قاعة الفصل الدراسى، وينبغى مراعاة الاعتبار عند وضع السـماعات فى داخـل الفصـل الدراسى:

● وضع السماعات على ارتفاع يعادل مستوى جلوس المتعلمين ولا توضع على الارض.

● اختيار السماعات التى لا تحدث تشويش.

● يفضل وضع السماعات بجوار شاشة العرض عندما تكون القاعدة مستطيلة.

● يفضل وضع السـماعات فى منطقـة موازيـة لجلـوس المتعلمين و ليـست فى مواجهتهم مبـاشرة فى القاعات مربعة الشكل.

د. الميكروفونات الاجهزة التعليمية : وهى تعمل على التقاط الموجات الصوتية المنبعثة من المتحدث وتقوم بتحويلها الى تيار كهربى متردد فى صورة نبضات لها نفس مواصفات الموجات الصوتية من حيث الشدة والعمق.وهناك مجموعة هامة يجب مراعاتها عند استخدام الميكروفون:(مصطفى عبد الرحمن، ١٩٩١)

١.الميكرفون يجب أن يكون مواجه لفم المتكلم على مسافة لا تقل عن ٢٠ سم و لا تزيد عن ٣٠ سم.	
٢. لا تتكلم بعيداً عن الميكروفون.	
٣. لا تدير وجهك بعيداً عن الميكروفون أثناء الحديث.	

	٤.لا تنفخ الميكروفون بفمك.
	٥. لا تضرب الميكروفون بالأصبع أو باليد.
	٦.تجنب مثل هذا السلوك.
	٧.لا تمسك الميكروفون هكذا.

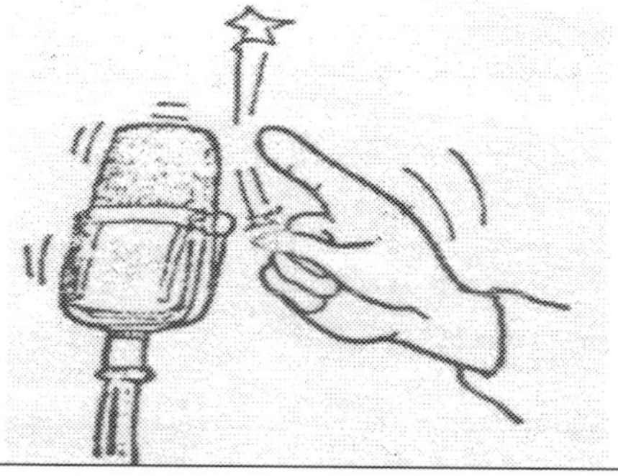

٨. لا تلقى بالميكروفون على الأرض.

هـ. التحكم في درجة إضاءة القاعة التعليمية: يمكن التحكم في درجة إضاءة وإظلام قاعة الدراسة من خلال استخدام ستائر جرارة ذات القطعة الواحدة أو القطع المتعددة. ويفضل استخدام ستائر العرض غير اللامعه في الحجرات المربعة لأنها تعطي زاوية عريضه كما أنها في نفس الوقت تسمح بجلوس المشاهدين على مسافة أقرب من الستارة عما لو استخدمت الستائر المحببة اللامعة.

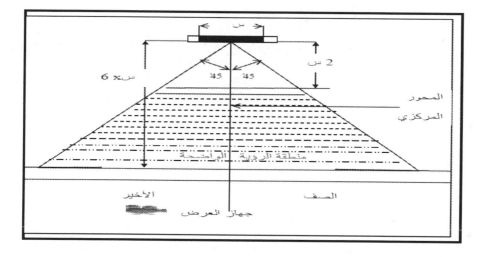

شكل (٢٤) أماكن جلوس التلاميذ في حالة استخدام ستارة عرض محببة لامعة.

- **تعرف منطقة الرؤية الواضحة بأنها:** المنطقة الواقعة بين ضلعي المثلث و التي تكون الرؤية فيها أوضح ما يمكن وخارج ضلعي المثلث تكون الصورة أقل وضوحاً أو هي المنطقة التي إذا جلس فيها المشاهد يستطيع رؤية الصورة على الشاشة أوضح ما يمكن، وخارج هذه المنطقة تكون الصورة أقل وضوحاً.

و. التحكم في الصوت وصدى الصوت: يفضل تغطية جدران قاعات الدراسة في المدارس بأغطية ماصة للصوت حتى نصل بهذه القاعات إلى حالة ينعدم فيها صدى الصوت أو ما يسمى بالقاعات الصماء وتوجد هذه القاعات في قاعات التسجيلات الصوتية أو استوديوهات الإذاعة والتلفزيون أو قاعات مراكز التدريب المتميزة.

ز. توفير التهوية: يفضل توفر تهوية مناسبة داخل القاعات التعليمية سواء بتوفير نوافذ لدخول الهواء المتجدد أو بتوفير أجهزة التكييف لتوفير التهوية المناسبة للقاعات و الأجهزة التعليمية.

☐ **معايير المكان أو البيئة الجيدة:** البيئة التعليمية الجيدة يجب أن يتحقق فيها عدة شروط لتكون صالحة للاستخدام سواء من الناحية الطبيعية أو الفيزيائية ومن هذه الشروط (المعايير):

- ينبغي إعداد قاعة الدراسة قبل ميعاد العرض بوقت كاف.

- يحدد المعلم مكان مصدر التيار الكهربائي ونوع التيار متردد أو مستمر.

- التأكد من جودة التهوية داخل قاعة الدرس.

- الإضاءة تكون مناسبة داخل القاعة.

- نراعي أن يجود مخرج للطوارئ داخل حجرة الدراسة.

- يجب استخدام المقاعد المريحة لجلوس الطلاب.

- وجود ستائر توضع على النوافذ لإظلام القاعة إذا لزم الأمر.

- ترك ممرات بين المقاعد لتسهيل حركة السير داخل القاعة.

- تركيب عوازل للصوت داخل القاعة.

- وجود جهاز إنذار للحريق.

- وجود مطفأة حريق.

ثانياً: مكونات وخصائص البيئة التعليمية:لتعرف على مكونات و خصائص البيئة التعليمية نعرف ما يلي:

☐ **يقصد بالبيئة التعليمية:** كل ما يحيط بالطالب أو التلميذ و يؤثر فيه و يتأثر به داخل قاعة العرض أو الدرس. وفي بيئة التعليم يحدث التفاعل بين التلاميذ بعضهم بعضا، أو بينهم وبين المعلم، أو بين المعلم والتلاميذ و المنهج، وان هذه البيئة التعليمية تؤثر بالضرورة في نواتج التعلم المعرفية، والوجدانية، والمهارية للتلاميذ. (عبد المنعم حسن، وعبد الرحمن السعدني، ١٩٩٢).

☐ **مكونات البيئة التعليمية كنظام تعليمي:** تتضمن البيئة التعليمية أربعة عناصر

أساسية هي: مكون معرفي المحتوى، ومكون سيكولوجي التعلم، ومكون اجتماعي تعليمي التدريس،
ومكون فيزيقي (مادي)، ويوضح الشكل(٢٥) مكونات البيئة التعليمية. (غانم سعد الغانم، ٢٠٠٧) .

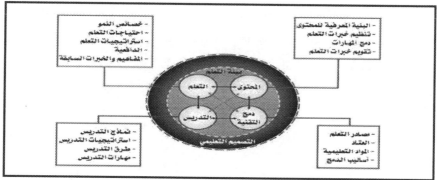

شكل (٢٥) مكونات البيئة التعليمية

◻ نماذج من البيئة التعليمية:يمكن تقسيم البيئات التي يتم فيها التعلم إلى نوعين من البيئات
وهما -

أ. البيئات الواقعية (Real Environment): وهي أماكن مخصصه للدراسة وذات وجـود حقيقـي أي
لها حوائط و سقف وأدراج و كراسي ومعلم حقيقي، ومن أنواعها:

(١) حجرة الدراسة التقليدية: وهي حجرة الصف المعتادة و قد تحتوى علـى حاسوب شخصي أو
محمول أو أكثر مع ملحقاته من طابعة وسماعات و قد يكون هـذا الحاسوب مـزوداً بشبكه محليـة أو
شبكة إنترنت.

(٢) معمل الحاسوب: وهو عبارة عن غرفة دراسة أو تـدريب مجهزه بعـدد مـن أجهـزة الحاسوب
مزودة بخدمة الإنترنت و يتناوب عليها طلاب الفرق المختلفة وفق جدول زمني محدد، و المعلم هو الـذي
يدير المعمل، وقد يجلس الطلاب أمام أجهزة الحاسوب بصورة فرديه أو جماعية.

(٣) الفصل الذكي* : يحتوى على العديد من الوسائط التعليمية فالمعلم أمامه حاسوب مزود بطابعة و سماعة فوق الرأس وميكروفون و ماسح ضوئي وطابعة بالإضافة إلى جهاز عرض بيانات معلق فى السقف وسبورة إلكترونيه بيضاء تعمل باللمس ومزوده بأقلام خاصة، وعدد من أجهزة الحاسوب ولكل جهاز سماعة رأس مزوده بميكروفون، هذا بالإضافة إلى شبكة محليه (لتبادل الملفات ومشاركة الطابعة) و شبكة إنترنت و يستطيع المعلم متابعة طلابه أثناء عملهم على الحاسوب بواسطة برنامج خاص مثل (Net Support) يستطيع من خلاله أن يتابع شاشات طلابه كما يستطيع إصدار الأوامر والتعليمات من خلاله وحتى إيقاف تشغيله إذا لزم الأمر. وقد يوجد أيضا منصة موضوعه في جانب الفصل ليلقى المعلم محاضراته عليها.

---

* **مستويات الفصول الذكية:**

(١) فصول مزودة بجهاز تلفزيون وجهاز عرض فيديو وشاشات وجهاز عرض الشرائح وجهاز العرض العلوي. دولاب لحفظ الأجهزة، شاشات عرض، جهاز العرض العلوي، تلفزيون وجهاز لعرض على شاشة كبيرة، جهاز عرض أشرطة الفيديو، طاولة عرض قابلة للثني في مؤخرة الفصل، جهاز عرض أفلام ١٦ ملم، جهاز عرض الشرائح ٣٥ملم. ومن المصادر التي يطلبها الأساتذة في الفصل: السبورات، أجهزة العرض العلوي، جهاز عرض الشرائح، جهاز عرض أشرطة الفيديو والتلفزيون، ومسجل وجهاز عرض الأفلام وأجهزة تشغيل اسطوانات الفيديو ومؤشرات الليزر وأجهزة عرض الحاسب المحمول وغيرها من أجهزة العرض المرئي وينبغي توفيرها لهم عند الطلب.

(٢) فصول مزودة بإمكانيات العرض الذكي وبها جهاز عرض أشرطة الفيديو وجهاز عرض المعلومات والصور ومنبر ولوحة تحكم في الوسائل التعليمية مثبتة في الجدار حيث يستطيع المقدم عرض مخرجات الحاسب على شاشة كبيرة وبه جهاز عرض للشرائح وجهاز العرض العلوي.

(٣) فصول ذات حاسبات تفاعلية interactive computer classroom تحتوي كل طاولة عمل فيها على جهاز حاسب، وطاولة عمل رئيسة بها حاسب للمدرس، وإمكانية العرض من داخل أجهزة الطلاب على الشاشة وإرسال صور مختارة إلى حاسبات جميع الطلاب. وبها جهاز عرض أشرطة الفيديو وجهاز عرض المعلومات والصور، وجهاز عرض الشرائح وجهاز العرض العلوي ومنبر ولوحة تحكم في الوسائل التعليمية مثبتة في الجدار.

(٤) فصول بها إمكانية عرض الصور من والى قاعتين (باتجاهين): وبها كاميرات تلفزيونية، وميكروفونات وcodec لضغط الصور، وجهاز عرض أشرطة الفيديو وجهاز عرض المعلومات والصور ومنبر ولوحة تحكم في الوسائل التعليمية مثبتة في الجدار ويستطيع المدرس أن يعرض مخرجات الحاسب على شاشة كبيرة. وبه أيضا جهاز عرض الشرائح وجهاز العرض العلوي.

ب. البيئات الافتراضية / الإلكترونية (Virtual Environment)**:** بيئة التعلم الإلكترونية من البيئات الفعالة في تكنولوجيا التعليم وأنها ستكون الأسلوب الأمثل والأكثر انتشاراً في المستقبل القريب وذلك لما لها من مميزات، وفي بيئة التعلم الإلكترونية، وبخاصة معامل التعلم الإليكتروني يعتمد تصميم التعليم على مصادر التعليم الإلكترونية القائمة على الكمبيوتر من خلال البرمجيات والشبكات حيث تعرض المادة العلمية على الشاشة بناء على استجابة الطالب أو رغبته ويطلب منه المزيد من المعلومات ويقدم له المادة المناسبة بناء على استجابته ويمكن أن تكون المادة العلمية والاختبارات المصاحبة لها نصوصاً أو صوراً ثابتة أو متحركة أو أصواتاً أو مرئيات أو كل هذه مجتمعة.

- ☐ **مكونات البيئة الافتراضية (الإلكترونية):** وتشتمل مكونات البيئة التعليمية للتعلم الإلكتروني على مكونات أساسية وتجهيزات أساسية يمكن توضيحها في الجدول (١٧).

جدول(١٧) مكونات البيئة الافتراضية (الإلكترونية)

مكونات أساسية (Major Players)	**تجهيزات أساسية** (Major items of equipments)
١.**المعلم:** ويتطلب فيه توافر الخصائص التالية: (القدرة على التدريس واستخدام تقنيات التعليم الحديثة - معرفة استخدام الحاسب الآلي بما في ذلك الإنترنت والبريد الإلكتروني). ٢. **المتعلم:** ويتطلب فيه توافر الخصائص التالية: (مهارات التعلم الذاتي - معرفة استخدام الحاسب الآلي بما في ذلك الإنترنت والبريد الإلكتروني). ٣.**طاقم الدعم الفني:** ويتطلب فيه توافر الخصائص التالية : (التخصص بطبيعة الحال في الحاسب الآلي ومكونات الإنترنت- معرفة بعض برامج الحاسب الآلي). **٤. التسهيلات والدعم الفني.** **٥. الطاقم الإداري المركزي.**	١.الأجهزة الخدمية ٢. محطة عمل المعلم ٣. محطة عمل المتعلم ٤. استعمال الإنترنت

يمكن أن تحدث في بيئة التعلم الإلكتروني ثلاثة أنواع من التفاعل، وهي:

● **تفاعل المتعلم- المحتوى Learner-content interaction**: وهو التفاعل الذي يحدث بين المتعلم والمحتوى التعليمي والذي ينتج عنه تعديل في خبرة المتعلم المعرفية و فهمه.

● **تفاعل المتعلم- المعلم interaction Learner-instructor**: وهو الذي يحدث بين المتعلم والمعلم لدعم عملية التعلم وتقويم أداء المتعلم وحل ما يعترضه من مشكلات.

● **تفاعل المتعلم- المتعلم Learner-learner interaction**: وهو الذي يحدث بين المتعلم والمتعلمين الآخرين في نفس البرنامج في حضور أو غياب المعلم.

❏ **نماذج للبيئة الافتراضية (الالكترونية):** توفر بيئة التعلم التفاعلية عنصر المتعة في التعلم، فلم يعد التعلم جامداً أو يعرض بطريقة واحدة بل تنوعت المثيرات وقد ساهم ذلك في ظهور نماذج للبيئة الإلكترونية منها:-

١.الفصول الافتراضية (Virtual Classroom):- و هي عبارة عن فصول وهمية موجودة على أحد مواقع الإنترنت و تحتوي على صفحة رئيسية أو صفحة بداية بها جميع الروابط التي تؤدى إلى جميع مكونات الفصل و منها المقرر و ركن المراسلات و البريد الإلكتروني و ركن خاص بالمعلم و توجيهاته و اللوح الأبيض التشاركي (Shared White Board) ويستخدم للكتابة و الرسم من قبل المعلم و التلاميذ. و سوف نتحدث عنها لاحقاً في مكونات المقرر الإلكتروني.

٢.المختبر (المعمل) الافتراضي (Virtual Lab): وهو عبارة عن معمل لعمل التجارب والأنشطة المعملية بعمل محاكاة للمعمل الحقيقي في وظائفه و أحداثه ومنها (معمل الفيزياء، الأحياء، الكيمياء، الاقتصاد المنزلي،... الخ) و تعتبر معامل (Crocodile) نموذج لمثل هذه المعامل الافتراضية. و أحيانا يدار المعمل عن بعد بواسطة معلم فتراضى يعمل على متابعة أداء الطلاب و يتواصلون معا حيث يتلقون منه النصائح والإرشادات.

٣.الواقع الافتراضى (Virtual Reality): ويوفر عروضا بانورامية Panoramic ترتبط بثلاثة مكونات تتمثل في النظر و السمع و حاسة اللمس في الأيدي عن طريق

لبس قفازات و خوذات خاصة تجعل المتعلم يشعر و كأنه داخل عالم خيالي كأن يكون داخل القلب مثلا أو في مركبه فضائيه و هناك محاولات مستمرة للوصول إلى ملابس كاملة تغطى جميع أجزاء الجسم لتعطى إيحاء أكثر واقعيه بهذا العالم الخيالي.

٤.الجامعة الافتراضية (Virtual University): وهي مؤسسه جامعيه تقدم تعليما عن بعد، من خلال الوسائط الإلكترونية الحديثة و تحاكى الجامعة التقليدية بما تتميز به من سرعه فائقة و قدره عالية على الاتصال و التفاعل مع طلابها في جميع أنحاء العالم باستخدام الحاسبات الآلية و الشبكات العالمية، وهي جامعة تقوم بالتدريس في أي وقت وأي مكان.

☐ **مزايا البيئة الافتراضية (الالكترونية):** تتميز البيئة التعليمية الإلكترونية العديد من الإمكانات التعليمية التي تجعلها من البيئات الفعالة في تكنولوجيا التعليم ومنها: (محمد الهادي، ٢٠٠٥، بهاء الدين خيري، ٢٠٠٥)

١. تشجيع التعلم البنائي حيث يقوم المتعلم باكتشاف وبناء المعنى والمعرفة.

١. تخطي جميع العقبات التي تحول دون وصول المادة العلمية إلى الطلاب في الأماكن النائية بل ويتجاوز ذلك في خارج حدود الدول، وهو ما لا يمكن حدوثه في بيئة التعلم الغير إلكترونية.

٢. سرعة تطوير المناهج وتغيرها داخل بيئة التعلم الإلكترونية بما يواكب متطلبات العصر ودون تكاليف إضافية.

٣. استخدام مصادر تعلم متنوعة ومتعددة، مع تعدد مصادر المعرفة.

٤. توافر المناهج طوال اليوم وفي كل أيام الأسبوع.

٥. بيئة التعلم الإلكتروني تعمل على تنمية التفكير، ومهارات التعلم الذاتي، والانطباعات، وإثراء عملية التعلم.

ثالثا: الإجراءات الوقائية والفنية عند استخدام الأجهزة التعليمية:لاستخدام الأجهزة استخداماً صحيحاً ولتحقيق الأهداف المرجوة، ينبغي مراعاة الإجراءات الوقائية والفنية التالية:

١. اختيار حامل أو منضدة العرض

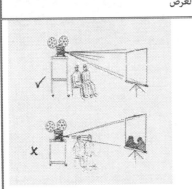

اختر حامل عرض أو منضدة عرض بارتفاع حوالي (٤٠بوصة) أي حوالي (١٠٠سم) بحيث تسمح بمرور الأشعة الضوئية فوق مستوى رؤوس المشاهدين وهم جلوس أثناء العرض. فإذا كان ارتفاع حامل العرض أو منضدة العرض يقل عن (١٠٠سم) فإن الأشعة الضوئية الساقطة على شاشة العرض فإن رؤوس الطلاب ستحجب جزء منها وذلك يؤدي إلى ظهور الصورة غير كاملة على شاشة العرض.

٢. كيفية حمل ورفع جهاز العرض

لا تحمل أي جهاز بطريقة عشوائية، عليك أن تفحص الجهاز جيداً للعثور على اليد المخصصة لحمله ورفعه، وقد تكون اليد مثبتة في مكان ما على سطح الجهاز وفي هذه الحالة عليك بسحبها من مكانها ثم مسكها وحمل الجهاز عن طريقها.

إذا لم تجد يد مخصصة لحمل الجهاز فعليك أن تضع يديك أسفل قاعدة الجهاز ثم تقوم برفعه، تذكر أنه يجب أن تكون يديك أسفل قاعدة الجهاز تماماً لتفادي وقوع الجهاز من يديك.

٣. تأمين الجهاز من السقوط

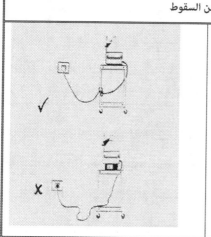

بعد أن تضع جهاز العرض فوق حامل العرض فوق حامل العرض أو منضدة العرض وقبل أن تقوم بتوصيل سلك الجهاز بمصدر التيار الكهربي عليك بلف هذا السلك حول أحد أرجل حامل العرض أو منضدة العرض عدة مرات لتمنع الجهاز من السقوط إذا ما تعثر أحد الأشخاص بسلك التوصيل. و عليك أن تضع في الاعتبار أهمية تأمين جهاز العرض من فوق حامل أو منضدة العرض، و غالباً ما يكون سلك توصيل الجهاز بمصدر التيار الكهربي كافياً من حيث الطول بحيث يسمح باللف عدة مرات حول أحد أرجل حامل أو منضدة العرض.

٤. تجنب استخدام أسلاك التوصيل الإضافية

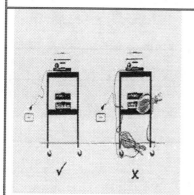

ضع في اعتبارك دائماً أنه قد يتعثر بعض الأشخاص بأسلاك التوصيل خاصة عندما تكون قاعة العرض مظلمة، ولتفادي حدوث ذلك تجنب استخدام أسلاك توصيل إضافية، وعليك أن تبحث عن أقرب مصدر للتيار الكهربي في قاعة العرض بجوار حامل أو منضدة العرض، واستخدم مثل هذا المصدر حتى تسمح بحرية الحركة في المكان.

٥. مراعاة قيمة الفولت الذي يعمل عليه الجهاز

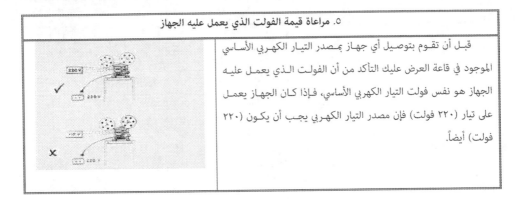

قبل أن تقوم بتوصيل أي جهاز بمصدر التيار الكهربي الأساسي الموجود في قاعة العرض عليك التأكد من أن الفولت الذي يعمل عليه الجهاز هو نفس فولت التيار الكهربي الأساسي، فإذا كان الجهاز يعمل على تيار (٢٢٠ فولت) فإن مصدر التيار الكهربي يجب أن يكون (٢٢٠ فولت) أيضاً.

٦. نزع غطاء عدسة الإسقاط

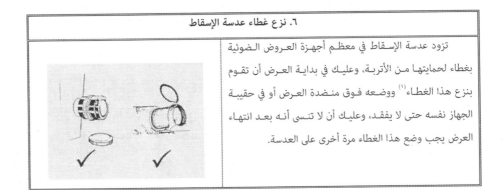

تزود عدسة الإسقاط في معظم أجهزة العروض الضوئية بغطاء لحمايتها من الأتربة، وعليك في بداية العرض أن تقوم بنزع هذا الغطاء[1] ووضعه فوق منضدة العرض أو في حقيبة الجهاز نفسه حتى لا يفقد، وعليك أن لا تنسى أنه بعد انتهاء العرض يجب وضع هذا الغطاء مرة أخرى على العدسة.

---

[1] يحدث عند بداية العرض دائماً أن ينسى بعض الطلاب نزع الغطاء من على عدسة الإسقاط، وعند إدارة مفتاح الإضاءة لا تظهر أي صورة على الشاشة ويتصورون أن هناك خللاً بالجهاز ويسارعون إلى الشكوى وطلب العون، لذلك ننصحك أن تفحص عدسة الإسقاط لترى ما إذا كانت مزودة بغطاء يجب نزعه عند بداية العرض وقبل تشغيل مفتاح الإضاءة.

٧. تنظيف عدسة الإسقاط

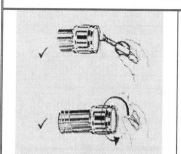

تنظيف العدسة الموجودة في جهاز العرض يجب أن يتم في الحالات الضرورية، ففي حالة عدم ظهور الصورة بوضوح تام أثناء العرض وأيضاً قبل بداية العرض، ويجب أن لا تستخدم لتنظيف العدسة أي مادة محببة[٢] أو أي قماش يحتوي على الوبر أو المنديل العادي، بل عليك استخدام المادة المخصصة لتنظيف العدسات وهي غالباً ما تكون خالية من الوبر، ويلاحظ أنه يرفق مع معظم الأجهزة قطعة من القماش أو فرشاة ناعمة لهذا الغرض.

٨. طريقة الإمساك بالمواد التعليمية

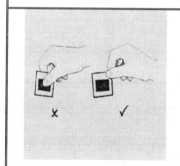

يجب عدم ترك بصمات على المواد التعليمية، بحيث لا تمسك المواد التعليمية التي تستخدم مع أجهزة العروض الضوئية بأصبعك مباشرة حتى لا تترك عليها أثر يظهر عندما تعرض على الشاشة.عليك أن تمسكها دائماً من الحواف الخارجية أو من إطارات الكرتون أو البلاستيك التي قد تكون مثبتة عليها، تذكر أن مسك سطح المادة التعليمية سوف يترك بصمات عليها تظهر واضحة ومكبرة عند عرض الصورة على الشاشة.

---

[٢] ويمكنك في معظم الحالات أن تستخدم قطعة من القماش الناعم الخالي من الوبر إذا لم يكن بحقيبة الجهاز ما يمكنك الاستعانة به.تجنب أن تلمس سطح العدسة بأصبعك، وعليك أن تقوم بعملية التنظيف بطريقة دائرية مبتدأً بمركز العدسة ومتجهاً ناحية حوافها الخارجية.

٩. طريقة تكبير و تصغير الصورة على شاشة العرض

إذا أردت أن تكبر أو تصغر الصورة المعروضة على الشاشة فإنه عليك تحقيق ذلك عن طريق تحريك الجهاز بالبعد أو القرب من الشاشة.

وكقاعدة هامة فإنه كلما بعد الجهاز عن الشاشة كبرت الصورة المعروضة والعكس صحيح، ويجب أن نذكرك أنه من الأفضل أن يكون الجهاز غير شغال أثناء تحريكه.

١٠. مكان وضع سماعات الصوت

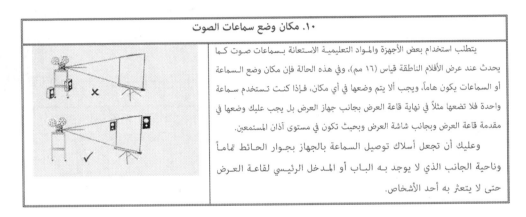

يتطلب استخدام بعض الأجهزة والمواد التعليمية الاستعانة بسماعات صوت كما يحدث عند عرض الأفلام الناطقة قياس (١٦ مم)، وفي هذه الحالة فإن مكان وضع السماعة أو السماعات يكون هاماً، ويجب ألا يتم وضعها في أي مكان، فإذا كنت تستخدم سماعة واحدة فلا تضعها مثلاً في نهاية قاعة العرض بجانب جهاز العرض بل يجب عليك وضعها في مقدمة قاعة العرض وبجانب شاشة العرض وبحيث تكون في مستوى آذان المستمعين.

وعليك أن تجعل أسلاك توصيل السماعة بالجهاز بجوار الحائط تماماً وناحية الجانب الذي لا يوجد به الباب أو المدخل الرئيسي لقاعة العرض حتى لا يتعثر به أحد الأشخاص.

١١. تبريد جهاز العرض

تعتمد أجهزة العروض في عملها على وجود مصباح إضاءة قوي داخلها، وينبعث من هذا المصباح كمية شديدة من الضوء في معظم الأحوال، وينتج عن ذلك ارتفاع درجة حرارة المصباح والجهاز بل والمادة المعروضة نفسها، لذلك تزود أجهزة العروض بمروحة داخلها ويلزم استخدام هذه المروحة لتقليل درجة الحرارة.

فإذا كان مفتاح تشغيل هذه المروحة منفصلاً عن مفتاح الإضاءة فإن عليك أن تدير مفتاح المروحة أولاً ثم مفتاح الإضاءة عند بداية التشغيل، كم أن عليك أن تترك المروحة تعمل فترة من الوقت عند انتهاء العرض وبعد إغلاق مصباح الإضاءة، لذلك يجب أن لا تنزع سلك التوصيل من مصدر الكهرباء بعد انتهاء العرض مباشرة بل انتظر فترة من الوقت حتى يتم تبريد الجهاز.

الآثار الصحية السلبية لاستخدام الأجهزة الالكترونية الحديثة مثل (الحاسب والإنترنت):يقسم الخبراء هذه الآثار بعدة طرق مختلفة فمنهم من يقسمها إلى قسمين رئيسيين وهي الآثار قصيرة المدى والآثار بعيدة المدى ومنهم من يقسمها إلى آثار نفسية وآثار بدنية وآثار اجتماعية ولكن التقسيم الحديث هو خليط من هذا وذاك. ولتجنب كل هذه المشاكل ننصح بإتباع النصائح التالية على قدر المستطاع للحفاظ على صحتنا.

□ **لتجنب إجهاد العين، ينبغي إن يكون:**

١.**ارتفاع ومكان الشاشة:** ينصح بأن يكون ارتفاع الشاشة مناسبا بحيث يكون على مستوى النظر والارتفاع المثالي هو إن يقع نظرك على الشاشة مباشرة (كخط مستقيم) على نقطة تقع على بعد ٥ إلى ٧ سنتمترات تحت الحدود العليا للشاشة كما ينصح باقتناء شاشة بحجم ١٥ بوصة على الأقل, وينصح بوضع الشاشة في مكان مناسب داخل المكتب أو الغرفة بحيث تقل الانعكاسات من الإضاءة الخلفية أو النوافذ.

٢. **التحديق في الشاشة:**ينصح بأخذ فترة راحة كل ١٥ دقيقة وذلك بالنظر إلى أبعد نقطة في الغرفة لمدة نصف دقيقة أو من خلال النافذة أو غمض العين, كما ينصح بتكرار الرمش أو غمض العين بين فترة وأخرى لتجنب الجفاف.

□ **لتجنب آلام العمود الفقري والمفاصل، ينبغي إن يكون:**

١.**لتجنب آلام الرقبة وأسفل الظهر:**ينصح بالجلوس على كرسي مناسب لطولك ويفضل إن يكون له مسند للرأس والظهر ويجب عليك إن تجلس بطريقة صحيحة بحيث يكون الرأس والرقبة وكامل العمود الفقري بوضع مستقيم.

٢.**لتجنب آلام المفاصل:**تتأثر معظم المفاصل بطريقة جلوسك أمام الكمبيوتر يعتبر الورك ومفصل الركبة من أكثر المفاصل تأثرا بطريقة جلوسك أمام الكمبيوتر ولذلك ينصح بإتباع الطريقة السليمة للجلوس وهي الجلوس بحيث تشكل المفاصل زاويا قائمة كما يتأثر الرسغ كثيرا بطريقة استخدامك للفأرة ولوحة المفاتيح وعليك بالمحافظة على يديك مستقيمة على قدر المستطاع أثناء الطباعة على لوحة المفاتيح أو استخدام الفأرة مع الحفاظ على المرفق ليكون أقرب إلى جسمك وتكون

الزاوية ٩٠ درجة بين العضد والساعد.

- **لتجنب تأثير الإشعاعات الصادرة عن الشاشات**، ينبغي إن يكون :

١.تصدر شاشة الكمبيوتر العديد من أنواع الإشعاعات بكميات مختلفة وأهم هذه الأنواع الأشعة السينية والأشعة تحت الحمراء والأشعة الفوق البنفسجية وكذلك موجات الميكروويف وهذه الإشعاعات صغيرة في شدتها وكميتها ولكن التعرض المستمر لها قد يتسبب بمشاكل مستقبلية وأفضل طريقة للتقليل من آثارها المستقبلية هو الابتعاد عن مصادرها على قدر الإمكان ولذلك عليك بالابتعاد عن الشاشة بمسافة لا تقل عن ٥٠ سنتمترا.

٢. واستخدام شاشة ذات مواصفات جيدة بحيث تصدر إشعاعات أقل ويفضل استخدام شاشات السائل البلوري بدلا من الشاشات التي تعمل على تقنية أنبوب المهبط .

- **لتجنب تأثير المجالات الكهرومغناطيسية**، ينصح:

١.بوضع الجزء الذي يحتوي على مكونات جهاز الكمبيوتر بعيدا عن الجسم بمسافة نصف متر على الأقل.

١. بالابتعاد عن الأسلاك والكوابل بنفس المسافة.

- **لتجنب الآثار النفسية والعاطفية والاجتماعية**، ينصح الخبراء:

١.بمقاومة وتجنب غرف الدردشة التي لا طائل منها وعدم الارتباط بأي شخص عاطفيا عبر الشبكة حيث إن الغالبية تمارس الكذب وإخفاء الشخصية الحقيقية.

٢.من إن المتعاملين مع الانترنت يمارسون التمثيل لإخفاء الصورة الحقيقية كما يمارس الأغلبية الكذب والتضليل فيما يتعلق بالحالة الاجتماعية والعمر والجنسية والمهنية وحتى الاسم.

- **لتجنب زيادة الوزن**، ينصح:

١.بعدم تناول المشروبات الغازية والمأكولات الخفيفة ذات السعرات الحرارية العالية وتجنب ألواح الشوكولاتة وقطع الحلوى والمعجنات .

٢. بتناول بديل ذات سعرات حرارية أقل بدلا منها ومثال ذلك تناول الماء والخضروات

والفاكهة مثل التفاح والجزر والخيار

رابعا: قواعد استخدام الأجهزة التعليمية:الجهاز التعليمي تصميم مادي يمكن لمسه باليد ويطلق عليها (Hard ware) يستخدم في عرض محتوى المواد التعليمية، ومن المعروف أن لكل جهاز مادة تعليمية خاصة تعرض عليه، وبدون هذه المواد لا تكون هناك فائدة من هذا الجهاز. مثال لتوضيح ارتباط الجهاز مع المادة التعليمية الخاصة به:جهاز عرض الشفافيات ليس له قيمة بدون شفافية كمادة تعليمية مكتوب عليه الدرس المراد شرحه كمادة علمية.

❑ أهمية الأجهزة التعليمية في العملية التعليمة

تتعدد أهمية الأجهزة التعليمية في العملية التعليمية، ويمكن توضيح ذلك فيما يلي:

- تنمية أدارك المتعلـم للمفاهيم و المساعدة عـلى الفهـم و التفسير.
- تنمية مهارة التفكير لدى المتعلم بما يمكنه من القدرة على حل المشكلات.
- تقديم خبرات لا يسهل الحصول عليها في الواقع، مما يجعـل الـتعلم أكـثر فاعليـة وعمقـاً وتنوعـاً و أبقى أثراً بالمقارنة إذا تركز التعليم على الناحية اللفظية فقط.
- زيادة إيجابية المتعلم وإثارة النشاط الذاتي عن طريق زيادة الدافعية.
- اختصار وقت التعلم ومساعدة المعلم على ترتيب المادة التعليمية، و تغيير دوره إلى مرشد و ميـسر للعملية التعليمية بدلاً من دورة كملقن للمعلومات.
- تساعد في التغلب على الفروق الفردية بين الطلاب.
- تساعد في التعلم الفردي فللأجهزة التعليمية دور في خلق عنصر التحدي المناسب لقدرات المتعلم.
- تساعد في تنويع أساليب التعزيز التي تؤدي إلى تثبيت الاستجابات الصحيحة.

❑ معايير اختيار الأجهزة التعليمية في الموقف التعليمي:

عند اختيار الأجهزة التعليمية وتوظيفها بشكل فعّال، يفضل مراعاة المعايير التالية:

- **الحداثة:** حداثة المواصفات الفنية للجهاز، وتوافقه مع فرق الجهد في المكان المستخدم.

● **سهولة التشغيل:** سهولة التعرف على مفاتيح تشغيل الجهاز، وعدم الحاجة إلى خبرة كبيرة في التعامل مع الأجهزة.

● **كفاءة الجهاز:** استمرارية العمل مع الحفاظ على نفس الكفاءة دون ظهور عيوب فنية أو توقف الجهاز.

● **العمر الافتراضي:** يفترض أن يكون عمر استخدام الجهاز مناسب من حيث الفترة الزمنية.

● **التكلفة المادية:** مناسبة سعر الجهاز مقارنة بأسعار الشركات الأخرى، والعائد التربوي.

● **سهولة الصيانة:** سهولة تشخيص المشكلة الفنية وإمكانية تصليحها.

● **التوافقية:** توافق عمل الجهاز مع بقية الأجهزة التي يتصل بها.

□ **قواعد الاستخدام الوظيفي للأجهزة التعليمية والمواد التعليمية في الموقف التعليمي:** يجب على المعلم أتباع تلك الخطوات عند استخدام الأجهزة التعليمية والمواد التعليمية في المواقف التعليمية يمكن تلخيصها في القواعد الست التالية:- (فتح الباب عبدا لحليم وآخرون ,٢٠٠٠).

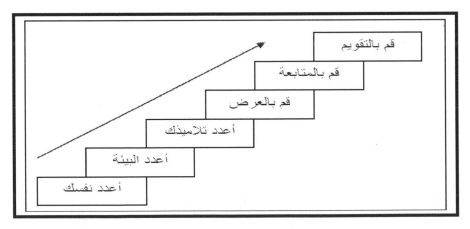

شكل (٢٨) القواعد العامة لاستخدام الأجهزة التعليمية والمواد التعليمية.

أ . **إعداد نفسك: (احصل على الجهاز التعليمي - جرب الجهاز التعليمي - ضع خطة العرض).**

❖ **احصل على الجهاز التعليمي:** فيجب أن تحصل على **الجهاز التعليمي** قبل الموعد المحدد لاستخدامها بوقت مناسب حتى يمكنك تجربته قبل استخدامه ووضع خطة استخدامه.

❖ **جرب الجهاز التعليمي:** يجب أن تقوم بدراسة **الجهاز التعليمي** قبل استخدامه بالفعل في الموقف التعليمي من أجل:- (ماجد أبو جابر, ١٩٩٥)

- التأكيد من مطابقة مضمون المادة التعليمية للموضوع الدراسي.
- تحديد متطلبات عرض المادة داخل حجرة الدراسة
- تحديد الأجزاء التي تحتاج عناية خاصة عند عرض المادة التعليمية.
- تحديد أساليب تهيئة تلاميذك قبل عرض المادة
- تحديد المفاهيم و الرموز التي تحتاج إلى إيضاح قبل عرض المادة.

❖ **وضع خطة العرض:** بعد دراسة **الجهاز التعليمي** يمكن وضع الخطة العامة للدرس أو المدخل التعليمي عن طريق تحديد تسلسل الإحداث التعليمية, و ربط الإحداث التعليمية بعضها ببعض وتحديد كيفية تهيئة التلاميذ و أساليب المتابعة و أساليب التقويم.

ب. **إعداد البيئة التعليمية (رتب المكان - تحكم في الإضاءة و التهوية - تحكم في الصوت).**

❖ **رتب المكان:** هناك عوامل كثيرة تؤثر في كمية الاستفادة من المادة التعليمية تتعلق بترتيب المكان مثل وضع مقاعد التلاميذ , ووضع السبورة , وضع الشاشة و مكان وضع جهاز العرض.

❖ **تحكم في الإضاءة و التهوية:** قد يتطلب الأمر تحقيق الإظلام الكامل داخل حجرة الدراسة أو مكان استخدام المواد التعليمية عند استخدام الأفلام الثابتة و المتحركة و الشرائح و غير ذلك من المواد التي تتطلب الإظلام كما قد يتطلب الأمر التحكم فئ الإضاءة مثل استخدام اللوحات الشفافة

❖ **التحكم في الصوت**: إذا كان استخدام المواد التعليمية يعتمد على حاسة السمع أو حواس أخرى بجانب ذلك مثل شرائط التسجيل السمعي و الشرح الشفوي مثل الأفلام الناطقة وعليك بالتحكم في الصوت حتى يصل لجميع التلاميذ بطريقة مناسبة وواضحة.

ج. إعداد التلاميذ (مناقشة التلاميذ- التعريف بالمفاهيم و المصطلحات – التعريف بالأهداف)

❖ **مناقشة التلاميذ**: عن طريق المناقشة يمكن إعداد التلاميذ و تهيئتهم ذهنيا للمادة التعليمية عن طريق طرح عدة أسئلة تتعلق بموضوع المادة التعليمية يجيب عليها التلاميذ قبل عرض المادة التعليمية أو لتوجيههم للنقاط الرئيسة إثناء عرض المادة أو لربط موضوع المادة التعليمية بالموضوعات السابقة.

❖ **التعريف بالمفاهيم و المصطلحات**: عن طريق إعداد التلاميذ و تقدم المادة التعليمية عن طريق قائمة ببعض التعريف و المفاهيم و المصطلحات.

❖ **التعريف بالأهداف**: طريقة أخرى لإعداد التلاميذ لتقديم المادة التعليمية عن طريق إعطاء التلاميذ قائمة بالأهداف التعليمية المراد تحقيقها خلال المادة التعليمية.

د. عرض الجهاز التعليمي (إشراك التلاميذ – العرض)

❖ **إشراك التلاميذ**: يتطلب استخدام بعض **الأجهزة التعليمية** إشراك التلاميذ وقيامهم بنشاط أثناء عرض **الجهاز التعليمي** مثل الشرح الشفوي استخدام النماذج والعينات و القيام بالتجارب المعملية و يمكن أن يحدث ذلك عن طريق تكليفهم بالإجابة عن أسئلة معينة , وكتابة ملاحظات وإعداد تقارير وجمع بيانات ويجب عليك في هزه الحالات التأكد من متابعة التلاميذ للمادة التعليمية.

❖ **العرض الكامل**: في بعض الحالات (مثل استخدام الأفلام المتحركة , البرامج التلفزيونية , والتسجيلات الصوتية) ينبغي القيام بعرض المادة التعليمية من البداية حتى النهاية , دون تدخل خارجي لتحقيق عنصر الاستمرار و التكامل , و التكامل , و يجب عليك في هذه الحالة التأكد من متابعة التلاميذ للمادة التعليمية وتحديد

النقاط التي تحتاج إلى إعادة شرح أو زيادة إيضاح بعد انتهاء العرض الكامل.

هـ. القيام بالمتابعة (إعادة العرض – تقديم ملخص – تقديم مواد إضافية – أنشطة)

❖ **إعادة العرض:** أسلوب من أساليب زيادة كمية الاستفادة من المادة التعليمية المستخدمة, وفيه يجب إعادة عرض المادة التعليمية (خاصة في حالة الأفلام المتحركة, والبرامج التليفزيونية للتعليق على بعض النقاط كلها أو أجزاء منها.

❖ **تقديم ملخص** أسلوب آخر من أساليب زيادة كمية الاستفادة من المادة التعليمية وفيه تقدم للتلاميذ ملخص واف عن موضوع المادة التعليمية ويمكن تقديمه شفويا أو باستخدام مواد مطبوعة تتضمن الأفكار الرئيسة التي تم عرضها.

❖ **تقديم مواد إضافية:** لزيادة الاستفادة من المادة التعليمية المستخدمة يمكن تقديم مواد إضافية للتلاميذ تتعلق بموضوع المادة التعليمية المستخدمة.

❖ **أنشطة:** وهى أنشطة يقوم بها التلاميذ بصفة خاصة بعد عرض المادة التعليمية و تأخذ أشكالا عديدة منها: الألعاب التعليمية , إعداد المشروعات , و كتابة التقارير.

و. القيام بالتقويم (تقويم التلاميذ – التقويم الذاتي – تقويم المادة التعليمية):-

و يتم في هزه المرحلة تقويم فاعلية تكنولوجية المادة التعليمية في تحقيق الإعراض من استخدامها ذلك من خلال تقويم ما يلي:-

❖ **تقويم التلاميذ:** لمعرفة مدى تحقق الأهداف التعليمية المرغوبة يجب تقويم تحصيل التلاميذ ومعرفة تعليقاتهم بعد استخدام المادة التعليمية, ويمكن أن يتم ذلك عن طريق استخدام الاختبارات (الموضوعية و المقال).

❖ **التقويم الذاتي:** وفى هذه الحالة يقوم المعلم بتقويم استخدامه للمادة التعليمية بطريقة ذاتية , ويمكن أن يسأل نفسه عدة أسئلة ترتبط بالإجراءات التي قام بها عند إتباع كل قاعدة من قواعد الاستخدام فقد يسأل نفسه مثل:-

أ) هل كانت المادة التعليمية مناسبة للأهداف التعليمية بصورة واضحة؟

ب) هل كان اختيار المادة التعليمية مناسبا للتلاميذ؟

ج) هل أعددت المكان بصورة جيدة ؟

وغير ذلك من الأسئلة المشابهة التي يمكن أن تساعد في التعرف على نقاط القوة لتدعيمها و نقاط الضعف لتجنبها مستقبلا.

❖ **تقويم المادة التعليمية:** يفيد في زيادة فاعلية استخدامها ومن الأسئلة التي يمكن استخدامها فئ ذلك ما يلي:-

أ)- هل ساعدت المادة التعليمية في زيادة معنى موضوع الدرس, و بالتالي هل عملت على زيادة فهم التلاميذ لموضوع الدراسة ؟

ب)- هل المادة التعليمية التي تعرضها سليمة من الناحية العلمية و تتناسب و أعمار التلاميذ ؟

ج)- هل المادة التعليمية تستحق ما بذل من وقت وجهد و تكاليف ؟

د)- ما هي نواحي القوة و الضعف في استخدام المادة التعليمية؟

الأنشطة التعليمية

عزيزي الطالب/ الطالبة أنت مدعو للمشاركة فاعمل هذه المجموعة من الأنشطة التعليمية الخاصة بموضوع(**الأجهزة التعليمية فى بيئة التعلم**) بهدف تدريبك على كيفية فهم الأسئلة- الإجابة عن الأسئلة من مصادر متعددة(المحاضرة- الكتاب المقرر- مناقشاتك مع أستاذك و زملائك)-جمع المعلومات من مصادر متعددة بالاستعانة بمكتبة الكلية.

١.تخيل انك أجريت حوار مع معلم غير مقتنع بأهمية الوسائل التعليمية و انك عرضت علية ما أكده كندر (١٩٨٦) من إن استخدام الوسائل التعليمية يساعد في: -

- تنظيم المادة الدراسية و تقديمها للمتعلم بأسلوب مشوق و مفيد مما يؤدى إلى سهولة تعلمها.
- الترغيب و الاهتمام و تقبل المادة الدراسية و الإقبال عليها.
- تشجيع و تنمية الميول الايجابية لدى التلاميذ من خلال الأفلام و التسجيلات و التلفاز.
- تنمى القدرة اللفظية و قوتها بالسماع المستمر إلى الأفلام و التسجيلات السمعية و ما تستلزمه من قراءات إضافية.

و بدأ علية علامات السرور من استخدام الوسائل التعليمية و سألك كيف يمكنه تحقيق ذلك في داخل الفصل الدراسي حدد القواعد التي ستنصحه بإتباعها داخل الفصل عند استخدام الوسائل التعليمية حتى يحقق ما عرضته عليه من نتائج.

٢. تشير الأبحاث إلى أن التعلم الناجح يحدث من خلال العلاقة بالسياق البيئي والتنظيمي (Sergiovanni, 2005)، ففي الصفوف التي يطغى عليها جو من الشراكة والتعلم الجماعي، والتوقعات العالية أو المنافسة الإيجابية، فالإصغاء، والمشاركة، والمساعدة وتمكين الزملاء من المركبات السياقية الداعمة تشحن عملية التعلم الناجح. في ضوء ما سبق حدد المقصود بالبيئة التعليمية و مكونات البيئة

التعليمية الفعالة.

٣. لتحديد طول الصف(عرض الصف) و لعمل ذلك هناك معادلة بسيطة هـي:(**طول الـصف = بعد الصف عن الشاشة X٣/ ٢**)..... أذا كان بعد الصف الأول عن شاشة العرض هو ٣متر و بعد الصف الأخير هو ١٢متر فكم يكون طول كل من الصف الأول و الصف الأخير؟

٤. أجب عن أسئلة التقويم الذاتي الموجودة في نهاية موضوع: **الأجهزة التعليمية في بيئة التعلم.**

التقويم الذاتي

الآن عزيزي الطالب/ الطالبة: أجب عن الأسئلة الآتية لمعرفة مدى تقدمك نحو تحقيق أهداف التعلم لموضوع الأجهزة التعليمية في بيئة التعلم

أولا:-اختر الإجابة الصحيحة من بين الإجابات الأربعة التالية, وذلك علامة(√) إمام الفقرة التي تمثله, علما بان هناك إجابة صحيحة واحدة فقط لكل سؤال:-

١.كلما ازدادت المسافة بين جهاز العرض و الشاشة أصبحت الصورة:-

أ- اكبر ولكن اقل استضاءة.   ب- اصغر , لكن اشد استضاءة.

ج- اصغر,لكن اقل استضاءة   د- اكبر ,لكن اشد استضاءة.

٢-يمكن استخدام جهاز السبورة الضوئية في غرفة مضاءة لان:

أ-الجهاز يستخدم قريبا من الشاشة   ب-لأن إضاءة مصباح الجهاز قوية

ج-لأن الشفافيات تسمح لضوء بالسقوط   د-كل الأسباب السابقة.

٣-من وظائف الوسائل و تكنولوجيا التعليم:-

أ-إثارة الانتباه و التحفيز   ب-تقديم المعلومات

ج-التوجيه و التنظيم   د-جميع ما سبق

٤-جميع ما يلي عبارات صحيحة ماعدا: -

أ-التحكم في الإضاءة عند العرض   ب-ترتيب المقاعد عند العرض

ج-تجريب المادة عند العرض   ج-التقويم بعد العرض.

٥-عند وضع سماعات إضافية إثناء العرض ينبغي إن يكون مستواها:-

أ-أعلى من مستوى المستمعين   ب-مستوى المستمعين

ج-أقل من مستوى المستمعين   د-جميع ما سبق صحيح.

٦-يجلس التلاميذ إمام الشاشة على شكل مثلث زاوية رأسه:

أ-٥٤   ب-٤٥

ج-٦٥   د-٩٥

٧-إذا استخدمت سماعتين فيجب إن تكون المسافة بينهما:

أ- بعيدة ب- قريبة جدا

ج- بعيدة جدا د-قريبة

٨-عند استخدام جهاز يحتوى على مصباح ضوئي ينبغي مراعاة:-

أ-تثبيت المصباح مكانه بالجهاز. ب-عدم تحرك الجهاز و المصباح ساخن

ج-ترك المروحة لفترة لتبريد المصباح د-جميع ما سبق إجابات صحيحة

٩-ارتفاع شاشة العرض لكي لا تصطدم الأشعة الضوئية برؤوس التلاميذ يجب إلا يقل عن:

أ- ٣بوصة ب-٨٧سم

ج-٩٠سم د-٤٥بوصة.

١٠-إذا كان جهاز العرض المستخدم مزودا بمروحة فانه يجب إدارة مفتاح

أ- المروحة قبل مفتاح الإضاءة ب- الإضاءة قبل المروحة.

ج-المروحة و الإضاءة معا د-أ،ج.

١١-إذا كانت عدسة الإسقاط في جهاز العرض مزودة بغطاء فانه يجب.

أ- نزع غطاء العدسة بعد إدارة مفتاح التشغيل.

ب- نزع غطاء العدسة قبل إدارة مفتاح التشغيل.

ج- إرجاع غطاء العدسة إلى وضعة الأصلي.

د- ب , ج.

١٢- أي المواد التالية يمكن استخدامه في تنظيف عدسة الإسقاط.

أ-مادة محببة تحتوى على السيلكون ب-قماش يحتوى على الوبر

ج-مندل جيب عادى د-قماش تيل خالي من الوبر.

١٣.جميع ما يلي من السلوكيات الخطأ عند استخدام الميكرفون ماعداً:-

أ.النفخ فى الميكرفون. ب.ضرب على الميكرفون بالأصابع.

ج.وضع الميكرفون على بعد ٢٠ سم من الفم. د. وضع الميكرفون على الأرض.

١٤.جميع ما يلي من البيئات التعليمية الافتراضية ماعداً:-

أ.الفصول الافتراضية ب.الفصول الذكية

ج.الواقع الافتراضي د.الجامعة الافتراضية

١٥. جميع ما يلي من معايير اختيار الأجهزة التعليمية ماعداً:-

أ.الحداثة ب. الكفاءة

ج. الحجم د. الجمال

ثانيا: ضع علامة (√)إمام العبارة الصحيحة وعلامة (x)إمام العبارة الخطأ مع تصحيح الخطأ:

١.تهيئة أذهان التلاميذ قبل عرض المادة التعليمية أمر يترك للصدفة.

٢. المعلم الجيد هو الذي يلاحظ مدى متابعة تلاميذه للمادة المعروضة إثناء عرضها.

٣. قد يتطلب الأمر عرض المادة التعليمية بصورة كاملة من بدايتها حتى نهايتها دون تدخل المعلم.

٤. من الأفضل إلا يقوم التلاميذ بأي أنشطة إثناء مشاهدة المادة التعليمية.

٥. المعلم الجيد هو الذي يزود تلاميذه بمعاني الرموز الأساسية التي تشملها المادة التعليمية.

٦. المعلم الجيد هو الذي يشرك تلاميذه في عملية عرض المادة التعليمية.

٧. تقديم ملخص حول محتوى المادة التعليمية قبل عرضها يسهم في زيادة كمية الاستفادة من المادة المعروضة.

٨. مناقشة التلاميذ حول موضوع المادة التعليمية قبل عرضها يقلل من إقبال التلاميذ على مشاهدة المادة.

٩. تزويد التلاميذ بالأهداف التعليمية المتعلقة بموضوع المادة التعليمية يسهم في تهيئتهم لاستقبال هذه المادة.

١٠. التزويد بمعاني المفاهيم الأساسية في المادة المعروضة قبل عرضها يقلل من إقبال

التلاميذ على مشاهدتها.

١١. تقويم المعلم لذاته أمر هام بعد الانتهاء من عرض المادة التعليمية.

١٢. القواعد العامة لاستخدام الوسائل التعليمية ذات تسلسل مقيد.

١٣. الإكثار من استخدام الوسائل التعليمية يزيد من كمية الاستفادة.

١٤. قد يتطلب الأمر إعادة عرض المادة التعليمية على تلاميذ الفصل.

١٥. المعلم الجيد هو الذي لا يشارك تلاميذه في العرض.

المراجع

١.إبراهيم عبد الوكيل الفار (٢٠٠٣) **طرق تدريس الحاسوب**. عمان: دار الفكر.

٢.أحمد خيري كاظم (١٩٨٤)مبادئ تصميم برامج التعليم الذاتي. **ورشة عمل في إعداد حقيبة تعليمية في مجال محو الأمية وتعليم الكبار** البحرين: مركز تدريب قيادات تعليم الكبار لدول الخليج.

٣.أحمد الخطيب و رداح الخطيب (١٩٩٩) **اتجاهات حديثة في التدريب**. الرياض: مطابع الفرزدق.

٤.أحمد حامد منصور (١٩٩١) **التخطيط وإنتاج المواد التعليمية**.المنصورة: دار الوفاء للطباعة و النشر.

٥.الغريب زاهر إسماعيل (١٩٩٧) فاعلية برنامج للتعلم بالوسائل السمعية البصرية على مهارات تصميم و إنتاج المواد المتزامنة صوتيا لدى طلاب كلية التربية. **المؤتمر العلمي الخامس للجمعية المصرية لتكنولوجيا التعليم** , مستحدثات تكنولوجيا التعليم و تحديات المستقبل. القاهرة: الجمعية المصرية لتكنولوجيا التعليم.

٦.بشير عبد الرحيم الكلوب (١٩٩٩)**الوسائل التعليمية والتعليمة إعدادها وطرق استخدامها**.بيروت:دار إحياء العلوم.

٧.بروان ولويس (١٩٨٨)إنتاج و استخدام التقنيات التربوية **ترجمة** مصباح عيسى وآخرون.الكويت: مكتبة الفلاح.

٨.بهاءالدين خيري (٢٠٠٥) أثر تقديم تعليم متزامن ولا متزامن مستند على المجال الإدراكي لوحدة تعليمية لمقرر منظورة الحاسب الآلي لطلاب إعداد معلم الحاسب الآلي بكليات التربية النوعية رسالة ماجستير **غير منشورة** معهد البحوث الدراسات التربوية. جامعة القاهرة.

٩.جير ولد كمب (١٩٨٣) تخطيط و إنتاج المواد السمع بصرية **ترجمة** عبد التواب شرف الدين. الكويت: وكالة المطبوعات.

١٠. حسن حسيني جامع (١٩٩٩) **مذكرات في مصادر التعلم**. القاهرة: وزارة التربية

والتعليم.

١١. رضا القاضي و آخرون (٢٠٠١) **مدخل إلى استخدام الأجهزة التعليمية**. القاهرة: كلية التربية جامعة حلوان.

١٢. زاهر أحمد (٢٠٠٢) **تكنولوجيا التعليم في التدريس الفعال**. القاهرة: وزارة التربية و التعليم.

١٣. سليمان الشيخ (١٩٨٣) **الأسس النفسية لاستخدام الوسائل التعليمية**. البحرين: مركز تدريب قيادات تعليم الكبار.

١٤. علي الحوات (٢٠٠٣) البيئة و الطفل. **مجلة الطفولة والتنمية**، العدد(١٠) مجلد(٣) صص٨٣- ٩٦

١٥. على محمد عبد المنعم (١٩٨٥) **تكنولوجيا التعليم الأجهزة والمواد التعليمية**. الإسكندرية: مكتب فلمنج للآلة الكاتبة.

١٦. على عبد المنعم (١٩٩٨) **صيانة الأجهزة التعليمية الأسس النظرية والعملية** القاهرة: كلية التربية جامعة الأزهر.

١٧. عبد المنعم حسن وعبد الرحمن السعدني(١٩٩٢) بيئة الفصل وعلاقتها بكل من التحصيل و الاتجاه نحو العلوم لتلاميذ الصف الثاني الإعدادي. **المؤتمر العلمي الرابع للجمعية المصرية للمناهج وطرق التدريس**.ص ص ٢٨١-٣١٣.

١٨. غانم سعد الغانم (٢٠٠٧) مشروع تصميم التدريس . متوفر على الموقع : - http://www.edw.gov.sa / parted / ID- new. ppt.

١٩. فتح الباب عبدا لحليم و آخرون (٢٠٠٠) **برنامج تدريب المعلمين من بعد على استخدام التكنولوجيا في الفصل**. القاهرة: وزارة التربية و التعليم.

٢٠. فتح الباب عبد الحليم و آخرون (١٩٨٩) **الوسائل و تكنولوجيا التعليم**. القاهرة: وزارة التربية و التعليم.

٢١. فوزي احمد زاهر (١٩٨٠) تصميم البرامج و تطوير أساليب التدريس. **مجلة تكنولوجيا التعليم** العدد السادس.

٢٢. فؤاد سليمان قلادة ومصطفى عبد الخالق (١٩٩٢) **تكنولوجيا التعليم والاتصال**. طنطا: كلية التربية.

٢٣. كمال يوسف اسكندر و محمد ذيبان غزاوي (٢٠٠٠) **مقدمة في التكنولوجيا التعليمية**. الكويت: مكتبة الفلاح.

٢٤. كمال عبد الحميد زيتون (٢٠٠٤) **تكنولوجيا التعليم في عصر المعلومات والاتصالات**. القاهرة: عالم الكتب.

٢٥. طارق عبد الرءوف (٢٠٠٥) **التعلم الذاتي مفاهيمه- أسسه-أساليبه**. القاهرة: الدار العالمية للنشر والتوزيع.

٢٦. ماجد أبو جابر (١٩٩٥) تصميم التعليم - مفهومه , أسسه , مبادئه. تكنولوجيا التعليم **سلسلة دراسات و بحوث**. القاهرة: الجمعية المصرية لتكنولوجيا التعليم.

٢٧. ماهر صبري و فائزة محمد المغربي(٢٠٠٥) **تكنولوجيا عرض وإنتاج المواد التعليمية**.الرياض: مكتبة الرشد.

٢٨. محمد محمود الحيلة(٢٠٠٠) **تكنولوجيا التعليم بين النظرية و التطبيق**. عمان: دار الميسر.

٢٩. محمد ذبيادن غزاوي (٢٠٠٠) **الأسس النفسية لتكنولوجيا التعليم**. اربد: جامعة اليرموك.

٣٠. محمد خميس (٢٠٠٣) **منتجات تكنولوجيا التعليم**. القاهرة: دار الحكمة.

٣١. محمد محمد الهادي (٢٠٠٥) **التعليم الإلكتروني عبر شبكة الإنترنت**، القاهرة، الدار المصرية اللبنانية.

٣٢. مصطفى عبد السميع محمد و آخرون (٢٠٠٤) **تكنولوجيا التعليم مفاهيم وتطبيقات**. عمان: دار الفكر

٣٣. مصطفى فلاته (١٩٩٩) **المدخل إلى التقنيات الحديثة في الاتصال و التعليم**. الرياض: عمادة شئون المكتبات.

٣٤. مصطفى بدران و آخرون (١٩٩٩) **الوسائل التعليمية**. القاهرة: مكتبة النهضة المصرية.

٣٥. مندور عبد السلام فتح الله (٢٠٠٦) أساليب تعليم العلوم: **الاتجاهات الحديثة في**

تعليم العلوم الجزء الثاني الرياض: مكتبة الرشد

٣٦. مندور عبد السلام فتح الله (٢٠٠٦) **أساسيات إنتاج و استخدام وسائل وتكنولوجيا التعليم.** الرياض: دار الصميعى.

٣٧. ناصر عبد العزيز الداود (٢٠٠٠) **الوسائل التعليمية و علاقتها بتقبل الطلاب للمادة الدراسية.** الرياض: المؤلف

٣٨. يوسف قطامي و آخرون (٢٠٠٢)**تصميم التدريس**. عمان: دار الفكر.

38-Kasschau , R.(1997)The Improvement Of Thinking Skills In Young Children Using Computer. **A Replication And Extension Education Psychology**(6)176-189.

39-Inhelder,B.,&Piaget,J.1998)The Growth of Logical Thinking form Childhood to Adolescent. New York: Basic books ,Inc

40-Kinder,j1986 Audio-Visual Materials &Techniques.New York: American BOOK.

41- Sertgiovanni, T. 2005 Leaderships: What's in For Schools. London: RoutledgeFalmer.

42-Wright, David; Becta & Perry, David 2003)."Becta Evaluation of Handhelds in Schools", available on line at http://www.becta.org.uk/etseminars (13 October 2005)

43-Wishart; McFarlane &Ramsden (2005). "Using Personal Digital Assistants (PDAs) with Internet Access to Support Initial Teacher Training in the UK", Available on line at:

http://www.mlearn.org.za/CD/BOA_P.74.pdf (11December2006)

نماذج من الأجهزة التعليمية*

مقدمة : تعتبر الأجهزة التعليمية جزءاً هاماً من حركة استخدام الوسائل التكنولوجية في التعليم وينبغي إن يلم المعلم بالقواعد الرئيسية لتشغيل هذه الأجهزة والتعرف على كيفية استخدامها؛ حتى يتم التغلب على التخوف الذي يصاحب كثيراً من المعلمين نحو استخدام أي جهاز من الأجهزة التعليمية في التدريس .

ونظرا لتعدد الأجهزة التعليمية، وتنوع إشكالها للوفاء بمتطلبات العملية التعليمية فإن هناك أساسيات لعمل هذه الأجهزة يجب على المعلم إن يراعيها عند استخدام هذه الأجهزة في العملية التعليمية حتى يكون تدريسه فعالا وأكثر تميزا مما يؤثر على سلوك التلاميذ وإكسابهم اتجاها موجبا نحو العملية التعليمية.

ولما كـان دراسـتك عزيـزي الطالـب / الطالبـة لموضـوع الأجهـزة التعليميـة الضـوئية

---

* عدم فعل شيء خوفاً من الفشل هو الفشل بأم عينه

سوف تساعدك على معرفة النظرية التي بني عليها تصميم بعض الأجهزة وأسلوب عملها، والأسس والإجراءات العامة التي يجب مراعاتها عند تشغيل أجهزة العرض(الضوئي- والالكتروني – الرقمي)، وبعض الأعطال البسيطة وكيفية التغلب عليها و كيفية تشغيلها؛ فان هذا الفصل جاء للتعريف بالأجهزة التعليمية الخاصة بالعروض (الضوئية- الالكترونية – الرقمية) للعمل على تحقيق أقصى استفادة من وجودها في هذه الأجهزة الموقف التعليمي.

الأهداف التعليمية : بعد الانتهاء من دراسة هذه الوحدة التعليمية والقيام بالأنشطة التعليمية المصاحبة لها، فانه من المتوقع أن تكون قادرا على أن:-

1. تصنيف الأجهزة التعليمية
2. تحديد ثلاثة استخدامات لجهاز عرض البيانات.
3. تحديد مميزات جهاز عرض الشفافيات..
4. يتعرف على المكونات الأساسية لجهاز عرض المواد المعتمة
5. يميز بين أنواع الأجهزة التعليمية (الضوئية – الالكترونية – الرقمية).

أولا: مفهوم الأجهزة التعليمية: يعرف الجهاز التعليمي: هو تصميم مادي يمكن التعامل معه من خلال مجموعة من الإجراءات الخاصة بتشغيله لعرض مادة تعليمية محددة، وخاصة تعرض عليه، وبدون هذه المادة لا تكون هناك فائدة من هذا الجهاز ويستخدم الجهاز التعليمي لتحقيق أهداف محددة مسبقاً.

ثانيا: أنواع الأجهزة التعليمية: يؤدي كل جهاز تعليمي دوراً تعليمياً خاصاً به ، ونظراً لتعدد أساليب تصنيف الأجهزة التعليمية فالبعض يصنفها إلى أجهزة عرض على حسب نوع الإسقاط الضوئي إلى ثلاثة أنواع رئيسية وهي: (أجهزة تعمل بالإسقاط المباشر للضوء، مثل جهاز عرض الشرائح الشفافة الملونة و جهاز العرض السينمائي، و جهاز عرض الأفلام الثابتة- أجهزة تعمل بالإسقاط غير المباشر للضوء مثل السبورة الضوئية – أجهزة تعمل بالإسقاط المنعكس للضوء مثل عرض الصور المعتمة (الفانوس السحري) ، بينما يؤكد أحدث هذه التصنيفات على تقسيم الأجهزة التعليمية إلى

ثلاثة أنواع على حسب طبيعة التركيب البنائي لهذه الأجهزة كما بالشكل ( ).

شكل (29) أنواع الأجهزة التعليمية.

ثالثاً: نماذج الأجهزة التعليمية: فيما يلي عرضاً لأهم الأجهزة التعليمية مرتبة وفق الترتيب الذي سبق تناوله عند الحديث عن أنواع الأجهزة التعليمية:-

☐ **أجهزة العرض الضوئية:** تعتمد في طريقة عرضها على نظريات الخاص بالضوء و العدسات الضوئية، و نظرا لأهمية هذه الأجهزة في العملية التعليمية سيقتصر هذا العرض على الأجهزة الثلاثة التالية:-

أ. جهاز عرض الشفافيات أو جهاز العرض العلوي Over Head Projector

سمي بهذا الاسم لأنه يقوم بإسقاط صورة كبيرة ثابتة على شاشة العرض أو الحائط وله أسماء متعددة منها: السبورة الضوئية - جهاز العرض ذو الرأس المرتفع - جهاز عرض الصور الشفافة - جهاز الإسقاط العلوي -جهاز العرض فوق الرأس .

ويعتبر هذا الجهاز من أحدث الوسائل التعليمية و أكثرها سهولة للاستخدام في عملية التعليم والـتعلم نظـرا لتـوفر مـواد تعليميـة متنوعـة تصلـح للتعليم مـن خلالـه، فقـد

أصبح الجهاز مكملا للسبورة الطباشيرية في الكثير من الفصول الدراسية, حيث يستخدم في تعليم المجموعات الكبيرة ، نظرا لسهولة التحكم التام والمباشر في صورة مبكرة على الشاشة وفي غرفة مضاءة ، وفي الوقت نفسه ، فإن المعلم يمكن أن يواجه الصف ويراقب ردود الفعل ويستجيب للاستفسارات.

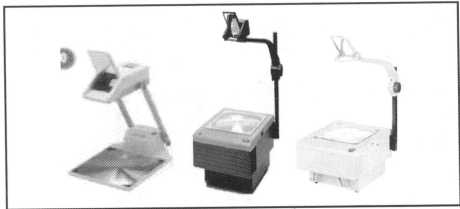

شكل (30) نماذج من جهاز عرض الشفافيات.

1. **فكرة عمل الجهاز:**تقوم الفكرة الأساسية لجهاز عرض الشفافيات على إسقاط الضوء من مصباح قوى(200-500) وات على مرآة مستوية مائلة تعكس هذا الضوء في اتجاه منصة العرض التي تحتوى على الشفافية أو مادة العرض فيخترق هذا الضوء مادة العرض في اتجاه عدسات العرض و منها إلى مرآة مستوية مائلة في اتجاه الشاشة، ويمكن توضيح مسار الأشعة في هذا الجهاز كما بالشكل (31) (يس قنديل, 2005)

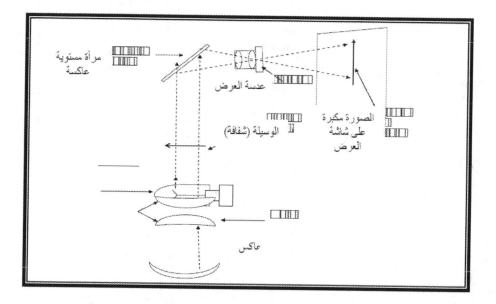

مرآة مستوية عاكسة

عدسة العرض

الصورة مكبرة على شاشة العرض

الوسيلة (شفافة)

عاكس

شكل (31) فكرة عمل جهاز عرض الشفافيات.

2.أجزاء جهاز العرض فوق الرأس:هناك عـدة تصـميمات و إشـكال لأجهـزة العـرض العلـوي ألا أنهـا جميعها تعمل بالمبدأ نفسه و تشترك في الأجزاء الرئيسة الآتية كما هو مبين بالشكل(32).

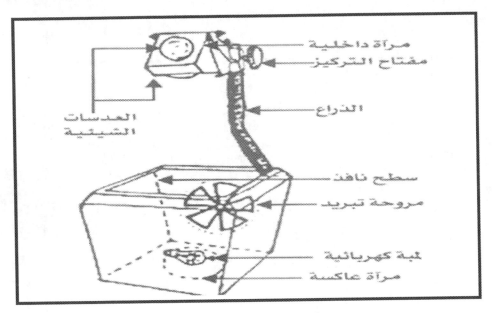

مرآة داخلية
مفتاح التركيز
الذراع
سطح نافذ
مروحة تبريد
لمبة كهربائية
مرآة عاكسة
العدسات الشيئية

● **الصندوق ويحتوى على الأجزاء الآتية:-**

أ. مصباح كهربائي بقوة (250) وات , وقد يوجد في بعض الأجهزة في أسفل الجهاز كما في الأجهزة القديمة وقد يوجد على جانب الجهاز ويسقط الضوء على مرآة عاكسة وقد يوجد في رأس كما في الأجهزة الحديثة.

ب. السطح العاكس وهو عبارة عن مرآة مقعرة تقع أسفل المصباح وتعمل على عكس الأشعة الصادرة من المصباح.

ج. مروحة لتبريد الجهاز.

د.عدسة العرض (فرزنل، Fresnel Lens) مكثفة لتنظيم الضوء و توزيعه على الشفافية.

هـ سطح العرض وهو عبارة عن لوح زجاجي يدعى منصة العرض.

و.مفتاح التشغيل.

ز. مرشح للحرارة Heat filter وهو زجاج حراري يمتص الحرارة الناتجة من المصباح فيعمل على خفضها حتى لا يسخن الجهاز أو تتلف المواد.

ح.مروحة Fan و تستخدم للتبريد.

- **الذراع ويحتوى على الأجزاء الآتية:-**

أ.قرص لضبط حدة الصورة ووضوحها.

ب. مقبض للتحكم في رفع الجهاز.

- **الرأس ويحتوى على الأجزاء الآتية:-**

أ. عدسات محدبة لتجميع الأشعة الصادرة من الجهاز.

ب. مرايا تعمل على تغيير مسار الضوء و الصورة في اتجاه عرض الشاشة.

ج. مسمار لضبط الصورة بتحريك العدسة إلى أعلى أو إلى أسفل على زراع معدني.

و.الرأس تتحرك إلى اعلي وأسفل لتحديد موقع الصورة على شاشة العرض.

3.**طريقة تشغيل الجهاز:** لتشغيل جهاز العرض فوق الرأس تتبع الخطوات الآتية:- (مندور عبد السلام فتح الله,2004).

- صل الجهاز بمصدر التيار الكهربي مع جعل مفتاح التشغيل في الوضع (Off).
- ارفع مرآة الرأس لتصبح مائلة بزاوية حوالي (45) درجة.
- ضع الشفافية التعليمية على اللوح الزجاجي العلوي (منصة العرض).
- أضغط مفتاح التشغيل لتبعث الأشعة الضوئية من المصباح وتنعكس بواسطة المرآة المقعرة نحو العدسة المكثفة التي تعمل على تنظيم الأشعة و توزيعها بالتساوي على اللوح الزجاجي العلوي (منصة العرض).
- لتوضيح الصورة على الشاشة نقوم بتحريك قرص وضوح الصورة الموجود على زراع الجهاز أو على الرأس(حسب نوع الجهاز).
- لتحديد موقع مناسب للصورة على شاشة العرض نقوم بتحرك المرآة و (رأس

الجهاز حسب نوع الجهاز)إلى اعلى و إلى أسفل.

- لتكبير حجم الصورة المعروضة نزيد المسافة بين الجهاز وشاشة العرض إما لتصغير الصورة فتقرب الجهاز من الشاشة.

4. ملاحظات ينبغي مراعاتها عند استخدام جهاز العرض فوق الرأس.

عزيزي الطالب / الطالبة هناك مجموعة من الملاحظات ينبغي مراعاتها عند تشغيل و استخدام جهاز العرض فوق الرأس حتى لا تكون مثل حال المعلم في الشكل (33) .

شكل(33) أحوال معلم مرتبك وهو بصدد عرض أحدى الشفافيات في الصف الدراسي

يمكن تلخيص أهم الملاحظات التي ينبغي أن يراعيها المعلم عند استخدام جهاز العرض فوق الرأس كما هو موضح في الجدول (18).

جدول(18) ملاحظات ينبغي مراعاتها عند استخدام جهاز العرض فوق الرأس

م	الملاحظات التي ينبغي مراعاتها	توضيح الملاحظات بالأشكال
1	استخدام مؤشر للإشارة على منصة الجهاز مباشرة دون الحاجة للإشارة على الصورة المعروضة لان ذلك يلغى إحدى مميزات الجهاز وهى تمكين المعلم من مواجهة تلاميذه إثناء الشرح ويمكن الاستعاضة عن المؤشر بالقلم الرصاص أو الإصبع.	
2	يفضل عرض المعلومات بالتدريج باستخدام ورقة عادية لتغطية بقية المعلومات حتى يأتي وقت عرضها، و يفضل تحريك هذه الورقة إلى أسفل لإظهار المعلومات في تسلسل معين.	
3	يمكن استخدام وسيلة أخرى مع الجهاز مثل جهاز عرض الشرائح أو الأفلام باستخدام جهاز التحكم من بعد.	
4	باستخدام البولورويد (ظاهرة استقطاب الضوء)فعن طريق استخدام أفلام لاصقة تستقطب الضوء يتم لاصقها على أجزاء معينة على الشفافية و ذلك بعد قطعها حسب الحاجة و لإحداث الحركة نستخدم	

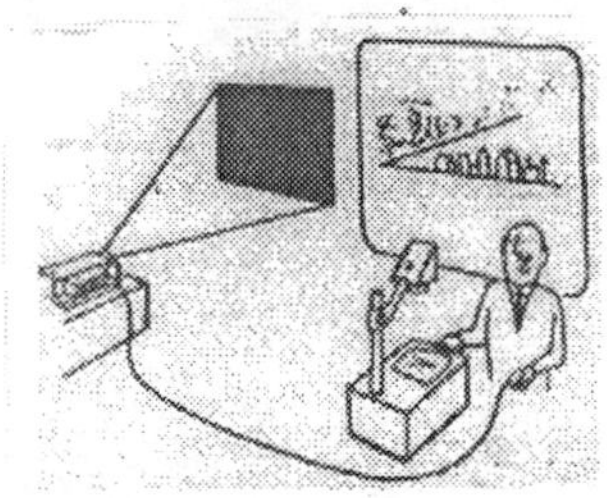

م	الملاحظات التي ينبغي مراعاتها	توضيح الملاحظات بالأشكال
	عجلة قابلة للدوران ويتم إدارتها إمام العدسة إما يدويا أو كهربيا فتظهر الحركة في المناطق التي تم تغطيتها بالأفلام اللاصقة. و يمكن التحكم في اتجاه الحركة وفى سرعتها حيث تظهر في شكل تردد منتظم.ويمكن أظهار الحركة على الشاشة.	
5	يمكن استخدام كتاب من الشفافيات وهذا يتطلب استخداما حاملا خاصا للكتاب.	
6	يمكن إظهار الإشكال ذات الثلاثة أوجه.	

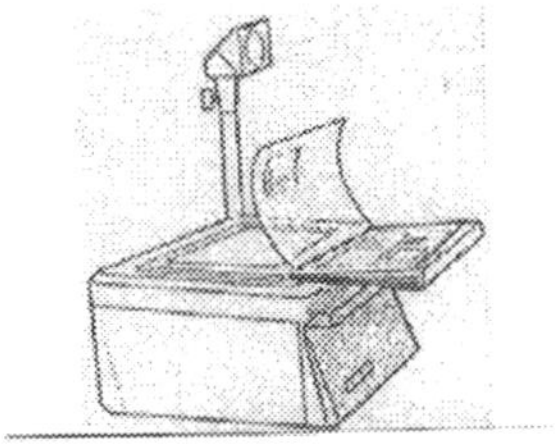

م	الملاحظات التي ينبغي مراعاتها	توضيح الملاحظات بالأشكال
7	يمكن عمل صور على الورق من الشفافية الأساسية وتوزيعها للتلاميذ لمتابعة الشرح على الشاشة.	
8	للتحكم في وضوح الصورة: قم تحريك بكرة التبأير (بكرة التحكم في مجموعة العدسات / بكرة ضبط الصورة)إلى اعلي و إلى أسفل حتى تتضح الصورة تماما.	
9	للتحكم في حجم الصورة: قم بإبعاد الجهاز عن الشاشة لتكبير الصورة أو تقريب الجهاز إلى الشاشة لتصغير الصورة.	
10	للتحكم في ارتفاع أو انخفاض الصورة: إذا كانت الصورة على الشاشة منخفضة و لا يستطيع التلاميذ رؤية كل الصورة: قم برفع المنضدة التي يوضع عليها رأس الجهاز (في بعض الأجهزة إلى اعلي أو أسفل)	

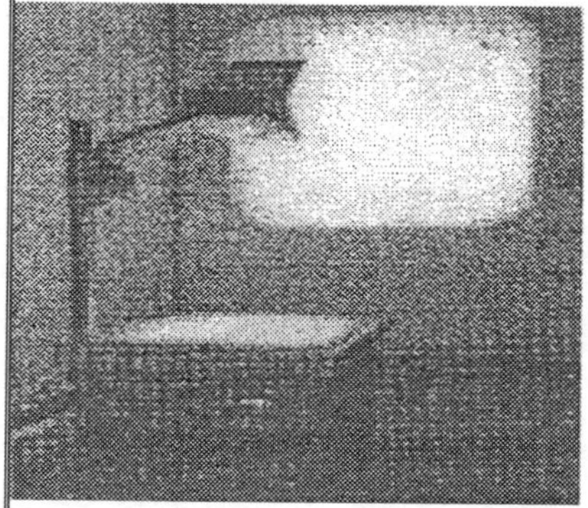

☐ **مجالات استخدام جهاز العرض فوق الرأس** :من أهم المجالات التي يستخدم فيها جهاز العرض فوق الرأس ما يلي :

جدول (19) مجالات استخدام جهاز العرض فوق الرأس

1	عرض الشفافيات	يستخدم في عرض الشفافيات الضوئية السابق إعدادها في موضوع الدرس.
2	عرض صور الفيديو	يستخدم في عرض صور الفيديو والتليفزيون المتحركة باستخدام جهاز العرض فوق الرأس المزود بلوحة العرض الإلكترونية.
3	تكبر الصور والرسومات	يستخدم في تكبير الصور والرسومات كالخرائط المأخوذة من كتاب مدرسي مثلاً .
4	عرض البيانات من الكمبيوتر	يستخدم في عرض البيانات الكمبيوترية مثل الرسوم ، والصور ، والنصوص المكتوبة ... وغير ذلك من خلال تزويد الجهاز بلوحة العرض الإلكترونية .

5.مزايا و عيوب جهاز العرض فوق الرسالة الرأس:يمكن تلخيص أهم مزايا و عيوب جهاز العرض فوق الرسالة الرأس في النقاط التالية:-(مندور عبد السلام فتح الله, 2005) و(ماهر إسماعيل صبري و فائزة محمد المغربي, 2005) الموضحة في الجدول (20)

جدول (20) مزايا و عيوب جهاز العرض فوق الرأس

م	مزايا جهاز العرض فوق الرأس	عيوب جهاز العرض فوق الرأس
1	وضع الجهاز أمام التلاميذ وعرض المادة علي الشاشة يزيد من تفاعلهم ويُمكن المعلم من مراقبتهم.	بعض الأجهزة ليس بها وحدة لعرض الشفافيات الكبيرة.
2	سهولة نقل الجهاز الرأس وتحريكه كما أن جهاز لا يحتاج إلي تعتيم الغرفة لاستخدامه	قد يتعرض اللوح الزجاجي للكسر- لأنه عبارة عن عدسة مجمعة للضوء لإرساله إلى عدسة الاستقبال الراسي , و يترتب على ذلك توقف عملية العرض.
3	سهولة إعداد المواد المستخدمة مع الجهاز لسهولة أنتاجها و إمكانية عرض الشفافيات ذات الحركة المستقطبة.	لا يصلح هذا الجهاز مع حالات التعليم الفردي ,حيث تم تصميمه لصلح للتعليم الجمعي مع المجموعات الكبيرة.

| 4 | توفر المواد التعليمية (الشفافيات) المستخدمة مع الجهاز ورخص ثمنها | حرق المصباح الكهربائي إثناء التشغيل نظرا لانتهاء العمر الافتراضي له. |
| 5 | توفير الوقت للمعلم بحيث يحضر المادة جاهزة علي شفافيات و يعرضها وهو بذلك يوفر الحصة إذا كان هناك رسم أو إيضاحات0 | توقف مروحة التبريد , فعند توقف مروحة التبريد يجب إيقاف الجهاز مباشرة حتى لا تسبب السخونة الناتجة عن المصباح الكهربي في كسر اللوح الزجاجي. |

ب. جهاز عرض الشرائح (Slides Projector). انتشر استخدام الشرائح الفوتوغرافية في العملية التعليمية كما تنوعت أجهزة استخدامها , وأصبحت لها مكانة في إثراء المواقف التعليمية نتيجة لسهولة تشغيلها و نقلها من مكان إلى آخر دون الحاجة إلى إجراء ترتيبات خاصة داخل حجرة الدراسة , كما إن إنتاج الشرائح الفوتوغرافية أصبح سهل المنال و بالتالي بات من الضروري إن نتعرف على أهمية استخدام الشرائح الفوتوغرافية في العملية التعليمية و كيفية الاستفادة منها في زيادة فاعلية العروض التعليمية.

1. **فكرة عمل الجهاز:** تقوم فكرة عمل جهاز عرض الشرائح على تسليط أشعة ضوئية صادرة عن مصباح هالوجيني قوى في اتجاه مجموعة من العدسات المجمعة التي تزيد من كثافة الضوء ومن ثم يمر هذا الضوء في اتجاه الشريحة المعروضة ليخرقها متجها إلى عدسات العرض التي توجه الأشعة إلى شاشة العرض مباشرة و يوضح الشكل (34) فكرة عمل الجهاز بصورة مبسطة (Spencer,1991)

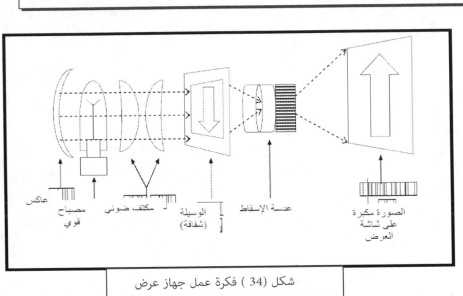

عاكس
مصباح قوي
مكثف ضوئي
الوسيلة (شفافة)
عدسة الإسقاط
الصورة مكبرة على شاشة العرض

شكل (34) فكرة عمل جهاز عرض

2.أنواع أجهزة عرض الشرائح الفوتوغرافية:توجد أنواع عديدة من جهاز عرض الشرائح الفوتوغرافية [1] كما بالشكل (35) منها:-

- أجهزة ذات حامل شرائح مستطيل الشكل (خزانة مستطيلة) تحتوى على عدد من (9) إلى (36) شريحة شفافة وهو الأكثر انتشارا.
- أجهزة ذات حامل شرائح دائري الشكل (صينية دائرية) تسع عدد من الشرائح يتراوح بين (80-140) شريحة شفافة.

(1) تتدرج أنواع جهاز عرض الشرائح الفوتوغرافية بين البساطة والتعقيد ومن أكثر تلك الأنواع شيوعاً : (الأجهزة اليدوية المزودة بعدسة مكبرة - الأجهزة اليدوية المزودة بشاشة عرض - أجهزة عرض الشرائح الآلية - أجهزة عرض الشرائح رفيقة الفيديو - أجهزة عرض الشرائح المزودة بنظام صوتي) إلا أن جميع هذه الأنواع لها نفس فكرة العمل وتتشابه إلى حد كبير في التركيب الداخلي والشكل الخارجي .

شكل (35) أنواع أجهزة عرض الشرائح الفوتوغرافية

2.تركيب جهاز عرض الشرائح الفوتوغرافية:يتركب جهاز الشرائح الفوتوغرافية من المكونات التالية

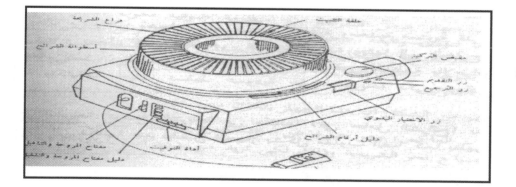

شكل (36) أجزاء جهاز عرض الشرائح

- مصباح تتراوح قوته بين (150-500) وات حسب نوع الجهاز.

- مرآة خلف المصباح لتعكس الضوء الصادر عن المصباح إلى الإمام.

- مروحة يتناسب حجمها وحجم الجهاز و تكفى لتخفيف الحرارة الناشئة عن المصباح.

- العدستان الثابتتان وهـما عدستان مستويتان محـدبتان, تحـدبهما إلى الـداخل و عملهـما
تكثيف ضوء المصباح, و توزيعه بالتساوي على إرجاء الشريحة.

- قطعة زجاجية سميكة لامتصاص الحرارة ومنعها من الوصول للشريحة و إتلافها, توضع بين العدستين الثابتتين.

- مكان الشريحة [2].

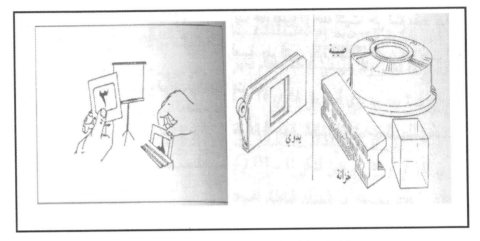

شكل (37) كيفية ترتيب الشرائح في جهاز عرض الشرائح.

- اسطوانة العدسات المتحركة, و فيها مجموعة من العدسات, و موقعها في مقدمة الجهاز حيث تسقط الصورة من خلالها على الشاشة, و يمكن توضيح الصورة بتحريك هذه الاسطوانة يميناً و يساراً.

- حامل الشرائح.

- مسجل للتعليق على الشرائح بتحكم الكترونيا في تغير الشريحة و يستعمل لذلك مجموعة واحدة مندمجة مكونة من مسجل للصوت و جهاز العرض.

4.طريقة تشغيل الجهاز:-

عند تشغيل هذا الجهاز تتبع الخطوات الآتية: -

---

[1] تيسير عملية تعبئة الشرائح في صينية الشرائح عليك وضع علامة في الركن الأيمن العلوي للشريحة وهي مقلوبة معكوسة ، هذه العلامة تحدد وضع الشريحة في حامل الشرائح، ويجب أن تظهر العلامة بعد وضع الشريحة في المكان المخصص لها دلالة على أنها وضعت بالطريقة الصحيحة .

- حدد موقع الجهاز في الغرفة, ومن ثم حدد مدى كفاية التوصيلة الكهربية الخاصة بالجهاز للوصول إلى مصدر التيار الكهربي بالحائط من عدمه, و في حالة عدم كفايتها, جهز وصلة إضافية بطول مناسب للاستخدام.
- جهز شاشة العرض المناسبة للاستخدام , و تأكد من وجود مصباح في الجهاز.
- ضع الجهاز على منضدة متحركة بعجلات بحيث تكون عدسات العرض في مواجهة الشاشة وتكون المساحات المجاورة لفتحات التهوية خالية من أية أجسام.
- نضع الشرائح في حاملها بشكل مقلوب جانبيا و رأسياً [3].
- نطفئ نور الغرفة و في الوقت نفسه نضيء لامية الجهاز التي غالبا ما تشتغل المروحة معها في كثير من الأجهزة باستثناء جهاز العرض المتزامن مع الصوت و الذي يعرض من خلال شاشة خاصة به , فإننا نحتاج إلى تعتم الغرفة.
- نبدأ بشرح الصورة المعروضة و التعليق عليها أو بفتح المسجل المتوافر في الجهاز نفسه.

5.مزايا و عيوب جهاز عرض الشرائح الفوتوغرافية: يمكن تلخيص أهم مزايا و عيوب جهاز عرض الشرائح الفوتوغرافية في النقاط التالية:- (احمد سالم, 2005) و (عبد الحافظ سلامة, 2000) الموضحة في الجدول (21)

جدول (21) مزايا و عيوب جهاز عرض الشرائح الفوتوغرافية

م	مزايا جهاز عرض الشرائح الفوتوغرافية	عيوب جهاز عرض الشرائح الفوتوغرافية
1	سهل التشغيل الجهاز, و إمكانية التحكم في زمن عرض الشريحة.	لا يعرض إلا نوع واحد فقط من الشرائح مساحتها (5×5) سم.
2	سهولة تعديل الشرائح في قرص الشرائح عندما يريد المعلم تغيير تتابع عرض الموضوع.	بعض الأجهزة لا توجد بها مراوح تبريد , فيؤدى ذلك إلى إيقاف الجهاز كل فترة وجيزة مما

(1) يفضل وضع شريحة معتمة في بداية ونهاية عرض أي مجموعة من الشرائح حيث إن مثل هذه الشرائح تعمل كفواصل تحول دون تعرض جمهور المشاهدين لوهج الإضاءة الشديدة الصادرة من مصباح الجهاز والمنعكسة على الشاشة اللامعة .

م	مزايا جهاز عرض الشرائح الفوتوغرافية	عيوب جهاز عرض الشرائح الفوتوغرافية
		يعطل عملية العرض.
3	لا يحتاج الجهاز إلى إظلام تام لمكان العرض.	تعرض الشريحة الشفافة للكسر داخل الجهاز.
4	سهولة تعديل الشرائح في القرص الشرائح عندما يريد المعلم تغيير تتابع عرض الموضوع.	بعض الأجهزة لا توجد بها وحدة عرض شرائح كبيرة (36)شريحة فقط مما يعتبر معوقا لعملية العرض.
5	سهل الحمل لان الجهاز يتميز بصغر الحجم مع وجود يد لحمل الجهاز مما يسهل نقله من فصل إلى أخر.	يوضع الجهاز خلف التلاميذ مما يعوق متابعة المعلم لسلوك تلاميذه.

ج.جهاز عرض المواد المعتمة : Opaque Projector يعتبر هذا الجهاز من الأجهزة الخالية من المشاكل عند الاستخدام فهو يعتبر من أسهل أجهزة العرض من حيث التشغيل ,ويعرف هذا الجهاز باسم(الفانوس السحري , أو الابيدياسكوب, أو الابيك بروجكتر, والابيسكوب)، وهو من الأجهزة الحديثة المخصصة[4] لعرض الصور المعتمة عن طريق المرآة العاكسة.

1.فكرة عمل الجهاز: تقوم الفكرة الأساسية لعمل الجهاز على انعكاس الضوء، فهو من أجهزة العرض المباشر، وعند تشغيله حيث تسلط أشعة ضوئية مكثفة على الموضوع أو الجسم المراد عرضه بزوايا معينة و ذلك بواسطة مصباح قوى, وتبعا لذلك تتكون صورة لهذا الموضوع أو الجسم في مرآة مستوية مائلة تتعرض طريق الأشعة الضوئية الصادرة عن هذا الجسم و تعكسها في الاتجاه و مجموعة من العدسات القوية التي تقوم بإسقاط الصورة المكبرة للمادة التعليمية على الشاشة العرض كما بالشكل(38).

(4) وهو جهاز واسع الانتشار في كثير من المدارس، ويعود ذلك إلى سهولة استعماله وما يؤديه من خدمات للمعلم والطالب في تكبير الرسومات والخرائط والصور المعتمة، أو في عرضها على الطلاب بمساحات كبيرة تسهل مشاهدتها من الجميع بشكل واضح، كما يستخدم أيضاً في عرض بعض الأجسام محدودة التجسيم كالعملات المعدنية أو أجزاء من النبات والنسيج.

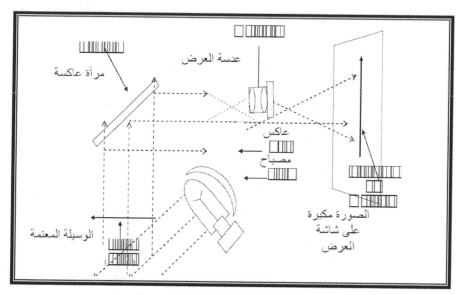

شكل (38) فكرة عمل جهاز عرض المواد المعتمة

2.تركيب جهاز عرض الصور المعتمة

يتكون هذا الجهاز المبين بالشكل من الأجزاء الرئيسة الآتية:-

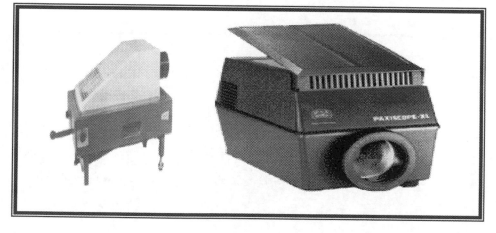

☐ **غرفة معتمة بداخلها: -**

• غرفة الضوء: عبارة عن مصباح قوة (1000) شمعة مثبت بشكل مائل حتى تسقط أشعتها على الصورة التي توضع في الجهاز وخافها عاكس مقعر (مرآة مقعرة) ليجمع و يعكس –ضوء المصباح على الصورة.

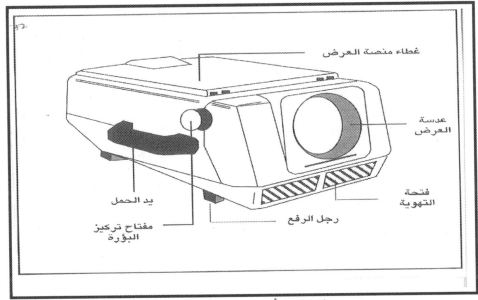

غطاء منصة العرض

عدسة العرض

فتحة التهوية

رجل الرفع

يد الحمل

مفتاح تركيز البؤرة

شكل (40) أجزاء جهاز عرض الصور المعتمة

• مروحة: يزود هذا النوع من الأجهزة بمروحة تكفى لتبريد الحرارة الناتجة عـن المصباح القوى, و انعكاساتها عن المرايا الموجودة في الجهاز.

• مجموعة من المرايا المستوية مائلة للداخل: تغلق صندوق الجهاز من الـداخل لتعمـل علـى عكس الضوء و تقويته لمزيد من وضوح الصورة.

☐ **الزجاج الضاغط للصورة:** وهى قطعة زجاج سمكية مثبتة في الجهـاز توضـع الصـورة تحتهـا لتضغط عليها هذه الزجاجة ووظيفتها هي: -

- تثبت ورقة الصورة حتى لا تتحرك من الهواء الناشئ من المروحة.
- عكس الشعاع الساقط من المصباح و المرايا على الصورة.

❑ **مرآة مستوية مائلة بزاوية (45 درجة) في أعلى الجهاز**، وذلك حتى تستقبل الضوء المنعكس من قطعة الزجاج, و تعكسه ثانية على شكل زاوية قائمة, ليمر من خلال مجموعة العدسات إلى الشاشة مكونا الصورة.

- مجموعة عدسات متحركة و قرص لضبطها.
- مفتاح كهرباء يعمل بدرجتين الأولى لتشغيل المروحة, و الثانية لإضاءة اللمبة.
- ذراع السهم، وذراع رفع جسم الجهاز أو خفضه, لوضع الصورة في الجهاز أو أخذها منه.

3.**تشغيل جهاز عرض الصور المعتمة**:لتشغيل جهاز عرض الصور المعتمة نتبع الخطوات التالية:-

- نضع الجهاز على طاولة من النوع القابل للتحريك بسهولة ذو العجلات(لان الجهاز ثقيل الوزن و يصعب تحريكه أو حمله و لذلك لابد إن يوضع على طاولة من هذا النوع بصورة تتناسب مع وضع المعلم) إمام الشاشة [5].
- يتم توصيل التيار الكهربائي - يرفع غطاء عدسة العرض الأمامية.
- تضع المادة المعروضة في مكانها المخصص , و تكون مقلوبة بحيث تكون الصورة في وضع عكسي- بالنسبة للشخص الواقف خلف الجهاز, يجب ضبط المسافة بين الجهاز والشاشة حتى تظهر الصورة كبيرة وواضحة و يتم ذلك مساعدة مفتاح ضبط الصورة.
- نضغط على مفتاح التشغيل لإدارة المروحة , ومن ثم نضغط علية مرة ثانية لإضاءة المصباح الضوئي.
- يتم إطفاء أنوار الغرفة (يجب ملاحظة أن هذا الجهاز يحتاج إعتاما كاملا للغرفة).
- تضبط الصورة على شاشة العرض.
- تحرك الرافعة إلى أعلى أو أسفل لضبط ارتفاع الصورة على شاشة العرض.
- يستخدم المؤشر الضوئي للإشارة إلى مواقع معينة في الصورة على شاشة العرض.
- عند عرض صورة في كتاب, تأكد من أن الكتاب مستوى حتى لا تنبعج الصورة.
- إذا أريد عرض أشياء ثلاثية الإبعاد يحرك الباب الزجاجي خلف الجهاز و يوضع الشيء المراد عرضة في الوضع المطلوب على الحامل الخاص بذلك و عند الانتهاء يقفل الباب بالضغط.
- عند الانتهاء من الدرس أو العرض يجب إطفاء المصدر الضوئي و الإبقاء على المروحة حتى

([1]) المسافة بين الجهاز وشاشة العرض فتناسب طرديا مع مساحة الصورة المسقطة .

يتم تبريد الجهاز إلى الدرجة العادية.

4.مزايا و عيوب جهاز عرض المواد المعتمة: يمكن تلخيص أهم مزايا و عيوب جهاز عرض المواد المعتمة في النقاط التالية الموضحة في الجدول (محمد محمود الحيلة, 2002) و(مهدي محمود سالم, 2002).

جدول(22) مزايا و عيوب جهاز عرض المواد المعتمة

م	مزايا جهاز عرض المواد المعتمة	عيوب جهاز عرض المواد المعتمة
1	تعرض الأشياء أو الصور كمادة من الكتاب المقرر دون إعداد مسبق لها.	ثقيل الوزن و كبير الحجم مما يصعب إحضاره إلى غرفة الصف , وبخاصة القديم منه.
2	يعرض الصور بنفس الألوان والمواصفات.	يتطلب العرض إعتام الغرفة , و مساحة الصورة المعروضة ليس بحجم كبير محدودة.
3	يمكن عرض مواد تعليمية متنوعة بسرعة في جميع التخصصات.	قلة الحركة في الصورة المعروضة, تفقد كمية الضوئية الصادرة منه و بالتالي تكون أحيانا الصور باهته.
4	يتيح الفرصة للمعلم في اختيارات كثيرة لما سوف يعرض.	يوضع في مؤخرة الصف لتحصل على صورة مكبرة وهذا يحتاج إلى جهد من المعلم للسيطرة على طلبته , خوفا من عبث الطلاب المجاورين بالجهاز في إثناء شرح المعلم , ووقوفه قرب الصورة المعروضة على الشاشة.
5	يخلق جو التفاعل و المشاركات الوصفية حول محتويات المقررات.	تتعرض المواد المعروضة أحيانا للتلف نتيجة عدم وجود مرشحات حرارية داخل الجهاز.

❑ **أجهزة العرض الالكترونية:** تعتمد أجهزة العرض الالكترونية في عرضها على الدوائر الالكترونية والتكنولوجيا الالكترونية، و سيقتصر الدراسة على الجهازين التاليين:-

أ. التلفزيون التعليمي: التلفزيون تقنية تزاوج بين البث المرئي والمسموع تخاطب العين والإذن في تزامن يناسب الإنسان وهو منهج تكنولوجي للتطبيق العملي المنظم

للاتصال المرئي المسموع على المستوى الجماهيري

1. أهمية التليفزيون في مجال التعليم:

- يساعد في عرض الأفلام التعليمية بسهولة دون الحاجة إلى إطفاء الأنوار كلياً.
- يساعد في تعلم اللغات والعادات الجديدة وغيرها من عوامل تغيير اتجاهات الأفراد.
- يفيد في تعليم المهارات عن طريق إعطاء التغذية الراجعة للتلميذ في الحال.
- يستخدم الحركات البطيئة لإجراء تحليل للحركات ولتعليم المهارات بواسطة التليفزيون.
- يساهم في تعلم الأطفال في المرحلة الابتدائية نظراً لتأثير البرامج التليفزيونية التعليمية.

2. أشكال تقديم البرامج التلفزيونية: يمكن تقديم البرامج التلفزيونية التعليمية من خلال عدة أشكال كما هو بالجدول (23) (فتح الباب عبد الحليم وآخرون, 2000)

جدول (23) أشكال تقديم البرامج التلفزيونية

م	إشكال التقديم	التعريف بأشكال التقديم
1	استقبال مباشر من استديو التلفزيون	يتم نقل البرامج التلفزيونية التعليمية مباشرة من خلال الاستديو التلفزيوني مباشرة على الهواء أو المسجلة خلال أشرطة تسجيل الفيديو إلى محطة الإرسال التي تقوم بإرسال إشارات البث التلفزيوني و تستقبلها مباشرة أجهزة التلفزيون داخل حجرات الدراسة أو المنازل عن طريق الهوائيات.
2	النقل التلفزيوني عبر الأقمار الصناعية	يتم نقل البرامج التعليمية إلى القمر الصناعي من الاستديو عبر محطة الإرسال الأرضية التي تقوم بإرسال إشارات البث التلفزيوني إلى القمر الصناعي ثم ترتد الإشارة من القمر الصناعي إلى العديد من محطات الاستقبال التلفزيوني الأرضية الموزعة على مناطق متفرقة بعيدة نسبيا .
3	عرض الفيديو داخل حجرة الدراسة	أتاح الفيديو كاسيت للمعلمين التحكم في أفلام الفيديو التعليمية الخاصة بمناهجهم الدراسية و الأوقات المناسبة لعرضه داخل الفصل الدراسي و قد أنتجت وزارة التربية و التعليم أشرطة فيديو عديدة خاصة بالمناهج الدراسية في مختلف المراحل التعليمية وقد أمدت المدارس بأجهزة الفيديو لاستخدامها في العرض داخل حجرات الدراسة.

4	مؤتمرات الفيديو	تستخدم مؤتمرات الفيديو في العملية التعليمية في كثير من المواقف, حيث يمكن استخدامها في تدريب المعلمين عن بعد وفى الاجتماعات و الاتصال بين الإدارات التعليمية المختلفة و تبادل المعلومات فيما بينها, كما يمكن استخدامها في عملية التعليم حيث يمكن نقل الصوت الخاص بالمعلم وكذلك صورته إلى الطلاب المتوحدين في أماكن بعيدة , ويمكن للطلاب إن يناقشوا أستاذهم فيما يشاهدونه ويحدث تفاعل مستمر بينه و بينهم كذلك فإن تكنولوجيا مؤتمرات الفيديو تقلل من الحاجة إلى السفر وتوفر الكثير من الجهد و الوقت ,المال .
5	الدوائر التلفزيونية المغلقة	يتميز هذا النظام بأن جميع مكوناته تتصل فيما بينها بتوصيلات سلكية ؛ ولذلك فهو يخدم مجتمع تعليمي محدد. ❑ أهم مكوناته: 1.كاميرا تصوير تلفزيونية, أو مجموعة متعددة الأنواع حسب الحاجة 2.وحدة إضاءة0 3.أجهزة فيديو0 4- جهاز استقبال تلفزيوني لاستقبال البث العام0 5- مجموعة أجهزة (مونيتر)

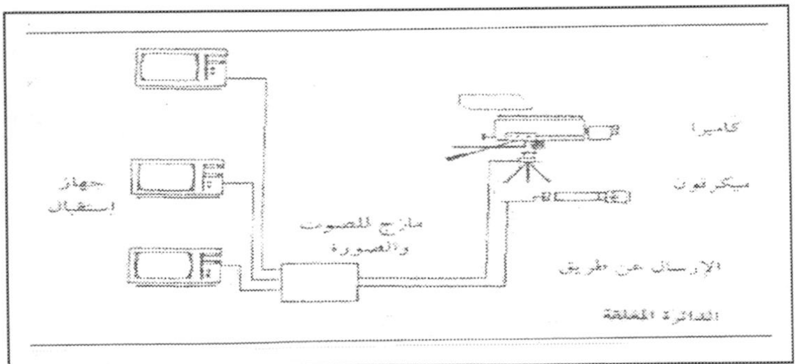

شكل (41) مكونات الدائرة التلفزيونية المغلقة

مبدأ عملها:- تتصل الكاميرا مباشر بأجهزة الاستقبال بواسطة كابلات خاصة, وبذلك فان الجهاز المرتبط بهذه الكاميرا أو جهاز الفيديو هو الذي يستقبل الإرسال التلفزيوني فقط , وقد سمي بنظام الدائرة المغلقة, لأن الجمهور العام لا يستطيع مثل هذا الإرسال ميزات التدريس بنظام الدائرة المغلقة:

☐ تساهم في حل مشكلة النقص في الكفاءات المتخصصة؛ ذلك أن مدرسا واحدا يستطيع تدريس آلاف الطلبة في آن معا, وفي هذا توفير في الجهد و المال (التكلفة) أيضا

☐ يساهم في حل مشكلة الاختلاط بين الطلاب و الطالبات خاصة في البلدان الإسلامية المحافظة مثل السعودية و غيرها, وتجربة المملكة العربية السعودية في هذا المجال رائدة وناجحة إلي حد بعيد

☐ تساعد في سرعة عرض الموضوعات الجديدة في المنهج0

☐ تساهم في تنفيذ برامج تدريب للمعلمين أثناء الخدمة, ووصولها إلي أماكن عملهم0

4.إجراءات استخدام التلفزيون التعليمي: عند استخدام البرامج التلفزيونية في المواقف التعليمية لابد من مراعاة الإجراءات التالية:- (فتح الباب عبد الحليم و آخرون, 2000)

☐ **مرحلة ما قبل العرض:** هذه العوامل ينبغي مراعاتها قبل عرض أي برنامج تلفزيوني:-

○ ينبغي إلا تقل سعة شاشة التلفزيون عن 21بوصة.

○ ينبغي إن يوضع جهاز الاستقبال بحيث لا يسقط على الشاشة ضوء مباشر.

○ تضبط أزرار و مفاتيح الجهاز بحيث يعطي أقصى درجة وضوح للصورة.

○ إن توضع شاشة الجهاز على ارتفاع مستوى يمين التلميذ الواقف و إن يجمع التلاميذ حول جهاز الاستقبال.

☐ **مرحلة العرض التلفزيوني:** مما يجب على المعلم مراعاته لإعداد مكان العرض إن تكون:-

○ الإضاءة مناسبة داخل الفصل.

○ مكان التلفزيون مناسبا و ارتفاعه مناسب لمشاهدة جميع التلاميذ.

○ المسافة بين أول مقعد للتلاميذ و شاشة التلفزيون مناسبة (لا تقل عن 2.5متر).

○ كما يجب على المعلم إثناء عرض البرنامج:-

○ تشجيع التلاميذ على تسجيل ملاحظاتهم و تساؤلاتهم إثناء عرض البرنامج من المحتوى وأن ينفذوا يطله منهم المعلم الأستوديو من أنشطة بعد العرض.

○ توجيه التلاميذ إلى ما يجب إن يلاحظوه من المحتوى العلمي في البرنامج.

○ التعليق على بعض الأجزاء الهامة بعد إيقاف العرض لتوضيحها و زيادة تفاعلهم مع البرنامج.

❑ **مرحلة ما بعد العرض التلفزيوني:** لا تنتهي الاستفادة من البرنامج التلفزيوني التعليمي بمجرد الانتهاء من عرض البرنامج إذ ينبغي إن يقوم المعلم مع التلاميذ بما يلي : -

○ تقويم البرنامج التلفزيوني: ويمكن إن تشمل تلك الخطوات الإجابة هـل عـدة أسـئلة منهـا و أهمها:هل تحقق الهدف أو تحققت الأهداف من البرنامج التلفزيوني أم لا ؟

○ تقويم التلاميذ أنفسهم ومن هنا يستطيع المعلم أن يقوم بمـا يلي:(اختيار التلاميـذ لمعرفـة مدى استفادتهم من الناحية التحصيلية-إجراء مناقشاتهم حول الموضوع الـذي شـاهدوه – تكليفهم بكتابة ملاحظاتهم عن البرنامج التلفزيوني).

❑ **أدوار المعلم في عرض برامج التلفزيونية:** يجب على المعلم مراعاته بعد عرض البرنامج: -

○ مناقشة التلاميذ في ملاحظاتهم و تساؤلاتهم التي تسجيلها إثناء عرض البرنامج.

○ مناقشة التلاميذ في أنشطتهم التي تم تنفيذها والتي طلبها منهم معلم الشاشة أثناء عـرض البرنامج.

○ تنفيـذ أسـلوب التقـويم الـذي حـدده مسبقا للتأكـد مـن تحقيـق الأهـداف

التعليمية.

○ مرحلة متابعة البرنامج التلفزيوني:

○ وهنا يوجه المعلم التلاميذ إلى مجموعة من النشاطات منها مثلا:-

○ إقامة ندوة يشرح فيها عن موضوع البرنامج التلفزيوني.

○ مشاهدة وسائل تعليمية أخرى يقوم المعلم بعرضها.

○ تقديم برنامج إذاعي أو غيره يشرح موضوع البرنامج التلفزيوني و يتحدث عنه.

○ قيام المعلم بكتابة تقرير عام البرنامج التلفزيوني يعتبر هذا التقرير مصدرا يرجع إليه كل من يريد أن يستخدم نفس البرنامج التلفزيوني مرة أخرى.

6. مزايا و عيوب جهاز التلفزيون التعليمي: يمكن تلخيص أهم مزايا و عيوب جهاز التلفزيون التعليمي في النقاط التالية الموضحة في الجدول: (مصطفى فلاته,2001)

جدول(24) مزايا و عيوب جهاز التلفزيون التعليمي

م	مزايا جهاز التلفزيون التعليمي	عيوب جهاز التلفزيون التعليمي
1	توفير عنصري التشويق و الإثارة نتيجة لتكامل عنصري الحركة و الصوت.	التلفزيون وسيلة ذات اتجاه واحد ففي حالة استخدام التلفزيون يفتقد الموقف التعليمي التفاعل الحقيقي المتبادل بين المعلم والتلاميذ.
2	يمكن استخدامه في أساليب التعليم المفرد والتعليم عن بعد.	البرامج التلفزيونية تذاع في وقت واحد لجميع التلاميذ الذين يتلقون هذا البرنامج
3	يتيح للتلاميذ مشاهدة العلماء و المتخصصين في المجال من خلال استضافتهم و التعرف عليهم.	صعوبة تكييف الجدول المدرسي ليناسب مواعيد الإرسال لهذه البرنامج.
4	يمكن استخدامه خارج وداخل فصول المدرسة.	تستخدما البرامج التلفزيونية بصورة مركزية نظرا لعدم تنوع المناهج فيها.
5	قدرة البرامج التعليمية التلفزيونية على خدمة جميع المقررات الدراسية في جميع المراحل التعليمية.	صعوبة إدارة الحوار مع التلميذ

ب. جهاز الفيديو كاسيت:يلعب الفيديو دورا كبيرا ومؤثرا في توجيه الإفراد في مختلف المجالات, خصوصا وأنه انتشر انتشارا واسعا في جميع إنحاء العالم, ويمتاز بسهولة تشغيله وإمكانية إعداد برامجه التعليمية بسرعة ودون حاجة لخبرة طويلة، وللتعامل مع هذه التقنية بصورة سليمة, فلابد من التعرف على بعض أساسياتها, فرغم اختلاف أجهزه الفيديو بأشكالها وأنواعها وقياسات أشرطتها وقياسات أشرطتها وإمكانية حملها, ألا إن طريقة عملها وأسماء بعض أجزائها قد تكون متوافقة إلى حد كبير.

1.فكرة عمل الجهاز: في مسجل الفيديو كاسيت يتم تسجيل الصوت و الصورة معا على شريط واحد يتحرك من بكرة التغذية إلى بكرة السحب بواسطة محرك كهربي خاص, وحيث يتكامل الجهاز مع الشريط , فإن مسجل الفيديو و شريط الفيديو يعدان وحدة متكاملة تعمل بطريقة ميكانيكية الكترونية للتسجيل أو المشاهدة , وينتج عن عمل هذه الوحدة المتكاملة تحويل الصوت والصورة إلى مجالات مغناطيسية في عملية المشاهدة.

2.خطوات تشغيل الفيديو: تتم عملية مشاهدة أفلام الفيديو, بخطوات متتابعة كما يلي:(محمد زياد حمدان,1987)

1. تحضير جهازي الفيديو و التلفزيون والفيلم الذي سيتم عرضه, وكبل التوصيل.
2. توصيل جهازي الفيديو و التلفزيون بواسطة الكبل ,وتوصيل جهازي الفيديو والتلفزيون بالكهرباء كما بالشكل (42)

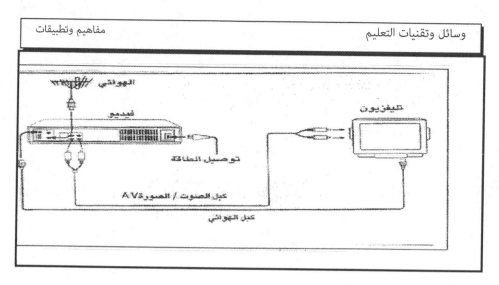

شكل (42) توصيل الفيديو و التلفزيون

3. ضغط مفتاح توصيل الكهرباء لجهاز الفيديو, وضغط مفتاح تشغيل الفيديو.

4. ضغط مفتاح توصيل الصورة للتلفزيون, وضغط مفتاح حامل الشـريط تمهيدا لوضع فيلم الفيديو و المطلوب عرضه.

5. وضع فيلم الفيديو في الحامل, وإعادة حامل الفيلم لموضعه في الجهاز تمهيدا للتشغيل.

6. ضغط مفتاح إشارة الاختيار تمهيدا لتوليف جهاز التلفزيون مع الفيديو, وضغط مفتاح تشغيل التلفزيون.

7. توليف جهاز التلفزيون للقناة المناسبة لعرض الفيديو (U H F), من خـلال إدارة مفتاح القنوات التلفزيونية لقناة(U H F).

8. مواصلة محاولة التوليف حتى ظهور إشارة الاختبار علي جهاز التلفزيون ثم قفـل بـاب علبـة التوليف التليفزيونية.

9. التحكم بدرجة صوت الفيلم بواسطة المفتاح الخاص به في التلفزيون.

10. ضغط مفتاح تشغيل الفيلم بجهاز الفيديو, أي مفتاح(play), وضغط مفتاح التوقف بجهـاز الفيديو ثم إخراج الفيلم لحفظه في عمليته الخاصة.

4.مزايـا وعيوب جهـاز الفيديو: يمكن تلخيص أهـم مزايـا و عيوب جهـاز الفيـديو في

النقاط التالية الموضحة في الجدول (25): (مصطفى عبد السميع , و آخرون, 2004)

جدول (25) مزايا و عيوب جهاز الفيديو

م	مزايا جهاز الفيديو	عيوب جهاز الفيديو
1	يحقق المشاهدة الفورية لما يتم تسجيله مما يساعد على تصحيح الأخطاء أو تطوير الإنتاج و تخفيض تكلفته.	لا يتيح الفيديو الفرصة للقيام بأي نشاط عملي أثناء عرضه إذ لابد للمشاهدين من أن يقتصروا معهم على ملاحظة البرنامج إما الممارسة والفعلية واستخدام الحواس الأخرى غير العين.
2	من الممكن التسجيل لمدة تصل إلى ثلاث ساعات, و ربما أكثر. و يتيح فرصة الاستمرار في التصوير بدون انقطاع , ولا يتطلب إضاءة معقدة	تجاهل الفيديو للفروق الفردية حيث يشاهد عدد كبير من الإفراد المختلفين في خلفيتهم العلمية و تركيبهم العقل و الاجتماعي و النفسي من ثم قد لا تناسبهم هذه البرامج.
3	يعطى جودة عالية في التصوير, وكذلك الصوت وإن كان يتطلب خبرة معقولة في التصوير والإنتاج.	الفيديو وسيلة ذات اتجاه واحد.

ج. **الفيديو التفاعلي:** ظهرت فكرة الفيديو التفاعلي بعد دخول الكمبيوتر مجال التعليم، ويعتبر من أحدث أدوات التعليم الفردي.

1. **فكرة عمل الفيديو التفاعلي**:تقوم فكرة الفيديو التفاعلي على الربط بين الكمبيوتر والفيديو عن طريق جهاز خاص، حيث يوفر الفيديو المعلومات السمعية البصرية التي تمثل الواقع بينما يوفر الكمبيوتر البيئة التفاعلية و التغذية الراجعة و تحكم المتعلم في البرنامج وفقا لسرعة المتعلم الذاتية وبذلك فهو يتمتع بالجمع بين مزايا كلاً منهما في آن واحد. حيث يُقدم من خلال الفيديو المحتوى التعليمي في صورة سمعية وبصرية، بينما يوفر الكمبيوتر بيئة تفاعلية تسمح للمتعلم التحكم في سير البرنامج وفقاً لتقدمه الذاتي.وهذا ما يميز الفيديو التفاعلي عن الفيديو الخطي, كما يوضح الشكل ( ). (مندور عبد السلام فتح الله ,2004).

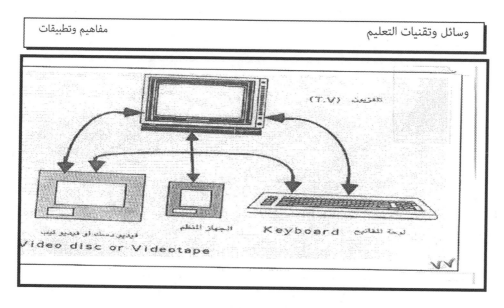

شكل (43) مكونات الفيديو التفاعلي

2.تعريف الفيديو التفاعلي:يرى شواير Schwier أن الفيديو التفاعلي يعتبر برنامج فيديو مقسـم إلى أجزاء صغيرة ومسارات فرعية , يشمل كل منها(تتابعات حركية و إطارات مرئية ثابتة و تعليمات صوتية و أسئلة و قوائم أنشطة يـتم عـرض أجـزاء و مسـارات هـذا البرنامج مـن خـلال اسـتجابات محددة للمتعلم ينفذها مـن خـلال جهـاز الكمبيوتر , وعـلى ضـوء تلـك الاسـتجابات يتحـدد شكل وطبيعة العرض.(محمد رضا البغدادي ,2000).مما سبق يتضح أن الفيديو التفاعلي:-

● يقدم المعلومات وفقا لاحتياجات المتعلمين.

● يسمح للمتعلم بالتحكم في عرض المعلومات بما يسمح بوجود تفاعل بـين المـتعلم والمـادة التعليمية المقدمة من خلال الكمبيوتر.

● يربط بين تتابعات الفيديو بصورة متفرعة.

3.مكونات الفيديو التفاعلي:يمكن تلخيص مكنات الفيديو التفاعلي في المكونات الثلاثة المبينـة بالشكل (44).

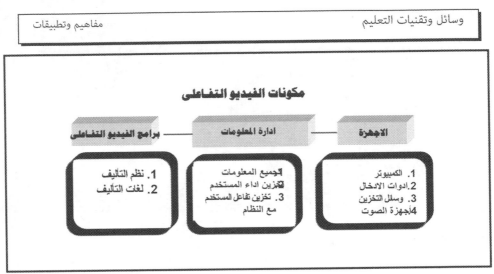

شكل (44) مكونات الفيديو التفاعلي

وفيما يلي التعريف بمكونات الفيديو التفاعلي:-

أ.الأجهزة: وتتمثل الأجهزة في:

- **الكمبيوتر:** يشكل قلب نظام الفيديو التفاعلي، حيث يقدم الذكاء والتفاعلية المطلوبة، وباستطاعته أن يأمر الفيديو كي يقدم الصوت و المعلومات التي تكون مختزنة على شريط الفيديو أو اسطوانة الفيديو، و ينتظر استجابة المتعلم و يتفرع إلى الملائمة في البرامج التعليمية تبعا لتلك الاستجابة.

- **أدوات الإدخال:** وهى الأدوات التي يستطيع المتعلم عن طريقها الاتصال بالبرنامج التعليمي الاستجابة للمثيرات السمعية البصرية أو اللفظية، وتتضمن أدوات و الاستجابة عدة عناصر مثل: لوحة المفاتيح، ولمس الشاشة، والقلم الضوئي و الفارة، وعصا الألعاب، ونظام التعرف الصوتي.

- **وسائل التخزين:** تتضمن شريط أو قرص فيديو، و اللذين يمكن التحكم فيهما عن طريق الكمبيوتر، والمعلومات في شريط أو قرص الفيديو تكون عبارة عن معلومات تناظرية، ولكن مع التقدم السريع في التكنولوجيا الحاسبات الرقمية وجدت وسائل التخزين الرقمية مثل: القرص الصلب Hard disc والأقراص البصرية التي تتضمن CD-ROM.

- **أجهزة الصوت:** مثل الميكروفون، والسماعات، وسماعات الإذن، ومكبرات الصوت.

ب. إدارة المعلومات: تقوم إدارة المعلومات في أنظمة الفيديو التفاعلي بتحديد، و تجميع و تخزين أداء المستخدم وتفاعله مع النظام، وعناصر الوسائل في هذه الفئة عبارة عن مؤشرات أو ملفات خاصة بسجل الأداء، والتي تستخدم في تفريغ المتعلم وفقا لاستجابته.

ج.**برامج الفيديو التفاعلي:**تتضمن البرامج التعليمية لإنتاج الفيديو التفاعلي أدوات تأليف متنوعة.

- نظم التأليف وهى سهلة الاستخدام و تتطلب قدرا ضئيلا من المعلومات عن البرمجة وبعضها لا يتطلب معلومات سابقة على الإطلاق.
- وهى لغة برمجة تتطلب نظاما و بناءا متتابعا لإصدار الأوامر بعكس نظم التأليف ومن أمثلة لغات التأليف HyperCard, Visual Basic

4.**خصائص الفيديو التفاعلي:**يمكن تلخيص أهم خصائص الفيديو التفاعلي في النقاط التالية:-

- **الجمع بين خصائص كل من الفيديو والكمبيوتر المساعد للتعليم:** حيث يرى المتعلم تتابعات الفيديو، ثم يسأل أسئلة بواسطة الكمبيوتر، وهنا يقوم الكمبيوتر بنفس عمله المعتاد؛ حيث يدخل استجابات المتعلم ويقيمها، ويقدم رجعا و تعزيزا و يحفظ استجابات المتعلم.
- **التفاعلية**: وهي قيام المتعلم بنوع من الاستجابة خلال عملية التعلم مما يؤدى إلى استمرارها، و هذا يعنى مشاركة و ايجابية و نشاط المتعلم، و من ثم يتم تصميم البرنامج بصورة تتلاءم مع مختلف أساليب التعلم و أنماط الاستجابات المختلفة خلال البرنامج.
- **نظام عرض المعلومات:** يتم عرض المعلومات في الفيديو التفاعلي بإتباع واحدة من ثلاث طرق لتنظيم المعلومات وهذه الطرق وهي:-

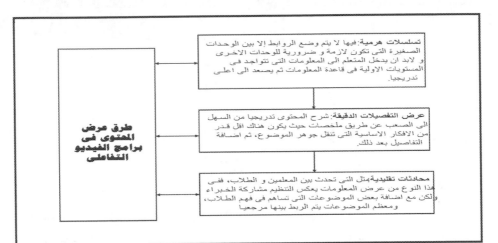

شكل (45) طرق عرض المحتوى في برامج الفيديو التفاعلي

5. أهمية استخدام الفيديو التفاعلي في التعليم : ترجع أهمية استخدام الفيديو التفاعلي في التعليم إلى الأسباب التالية:- (جمال الشرهان, 2001)

• يعد الفيديو التفاعلي وسيلة حيوية وفعالة في التعليم الفردي لأنها تراعي الفروق الفردية للمتعلم من حيث مستوى المعلومات و السرعة في عرضها.

• سهولة التعامل مع نظام الفيديو التفاعلي الذي لا يتطلب من الفرد سوى الإلمام بكيفية استعمال لوحة المفاتيح للتفاعل مع ما يعرضه البرنامج من معلومات.

• يشتمل الفيديو التفاعلي على عدة وسائل تعليمية منها النصوص المصحوبة بالصوت و الصورة الثابتة و المتحركة و هذه تثير حواس الفرد السمعية و البصرية, و ربما تزيد من اهتماماته لتعلم المزيد.

• تهيئ للمتعلم حرية الاختيار بما تتناسب مع ميوله و رغباته من بين قائمة المحتويات التي يتضمنها البرنامج , كما تهيئ له التنقل من برنامج إلى أخر حسب استجابته لهذه المعلومات.

• يراعى الفروق الفردية بين المتعلمين من حيث مستوى المعلومات و السرعة في عرضها, كما تثير برامجه من اهتمام الفرد و تشوقه في تعلم المزيد من المعلومات و

ذلك بالتنقل من فقرة إلى أخرى من خلال المعلومات المتوافرة في البرنامج التعليمي.

6.أنماط استخدام الفيديو التفاعلي: من أنماط استخدام الفيديو التفاعلي ما يلي:-

- **كنظام عرض:** يستخدم في إلقاء المحاضرات التقليدية أو التدريس لمجموعة صغيرة العدد، حيث يستفيد المعلم من التسهيلات الخاصة بالصورة الثابتة، و الحركة البطيئة و إعادة العرض بواسطة مفاتيح الريموت كنترول.
- **كوسيلة مساعدة في تعلم الطالب المستقبل:** حيث يمكن استخدامه من قبل الطلاب بصورة فردية أو في صورة مجموعات صغيرة بدون المعلم، وفى هذه الحالة تتطلب الأسئلة إجابات مباشرة ويتم الاحتفاظ بإجابات المتعلمين على اسطوانات خاصة بهم.
- **كمصدر للمعلومات أو كقاعدة بيانات متعددة الإبعاد:**فقد تكون صورا مجهريه ضوئية و الكترونية، وصور فوتوغرافية، وملفات سمعية، وبيانات ونصوصا مخزنة على اسطوانات فيديو و اسطوانات CD-ROM.
- **كنظام للمحاكاة:** حيث يقدم نماذج مماثلة للمواقف الحقيقية في الحياة و يتميز هذا النوع من البرامج التعليمية أنها تتيح الفرصة للمتعلم أن يتدرب دون مخاطرة أو تكاليف عالية.
- **كلغة حوار:** أي يحدث تفاعل بين المتعلم و الفيديو التفاعلي بواسطة اللغة الطبيعية، أي إن الطالب يمكنه طرح الأسئلة والإجابة منها بلغة طبيعية كلغة الكمبيوتر ويعتمد هذا النوع على الذكاء الاصطناعي.

6.مزايا و عيوب الفيديو التفاعلي: يمكن تلخيص مزايا، و سلبيات الفيديو التفاعلي الجدول (26)

جدول (26) مزايا و سلبيات الفيديو التفاعلي

مزايا الفيديو التفاعلي	عيوب الفيديو التفاعلي
- يوفر خاصية التفاعل بين المتعلم والبرنامج. - يجعل التعلم أكثر أمتاعاً حيث تُعرض المادة العلمية بصورة مشوقة وجذابة في عدة صور(نصوص	- الارتفاع النسبي لتكلفة استخدامه وان كان العائد ينظر إليه في ظل ما تقدمه هذه المستحدثات من فوائد عظيمة تعود بالنفع في عملية التعليم والتعلم والتي لا

منطوقة ومكتوبة، رسوم، صور، فيديو بما يعرف بالوسائط المتعددة). - يتيح الفيديو التفاعلي تقديم تغذية مرتدة وفورية للمتعلم. - يمكن تشغيل برامج الفيديو التفاعلي بطريقة بسيطة من خلال لوحة مفاتيح جهاز الكمبيوتر. - أثارة حواس المتعلم ، حيث توفر عناصر الوسائط المتعددة: نص مكتوب، صورة ثابتة و متحركة، رسوم متحركة.... الخ.	توفرها طرائق التدريس التقليدية. - ارتفاع تكلفة إنتاج البرامج الخاصة به.

❑ **أجهزة العرض الرقمية:**تعتمد أجهزة العرض الرقمية في طريقة عرضها على الدوائر الالكترونية و الرقمية، ومن أمثلة هذه الأجهزة ما يلي:-

أ. جهاز عرض البيانات، أو البروجيكتور الداتاشو (Data Projector) (D.P)

بدأ استخدام جهاز عرض البيانات حديثاً في المؤسسات التعليمية وزاد استخدامه عند إدخال الحاسوب في التعليم، ساعد على التوسع في استخدامه تناقص سعره، وزيادة كفاءة العرض، ومن مسميات هذا الجهاز: جهاز Data Show- جهاز عرض البيانات - الفيديو Video Projector - جهاز LCD

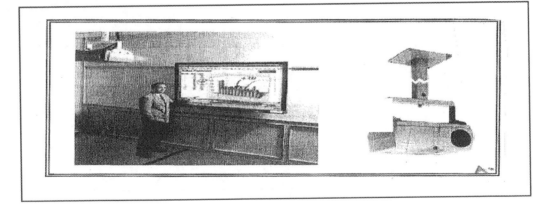

شكل (46) جهاز الفيديو بروجيكتور (الداتاشو)

1.فكرة عمل الجهاز: تقوم فكرة عمل جهاز الفيديو بروجيكتور **(الداتاشو)** على إسقاط الأشعة وفق المسار بالشكل (47) .

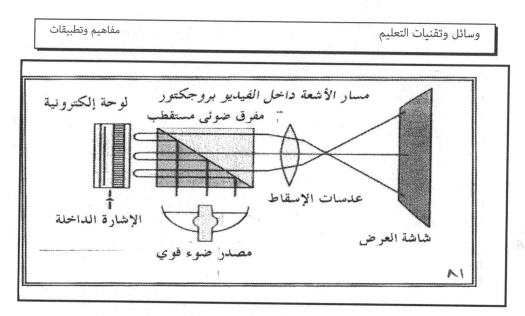

مسار الأشعة داخل الفيديو بروجكتور
مفرق ضوئى مستقطب
لوحة إلكترونية
الإشارة الداخلة
مصدر ضوء قوي
عدسات الإسقاط
شاشة العرض
٨١

شكل (47) مسار الأشعة داخل الفيديو بروجيكتور

2. استخدامات جهاز عرض البيانات: يمكن تلخيص أهم مزايا جهاز عرض البيانات في النقاط التالية:

- عرض البرمجيات التعليمية من خلال الحاسوب الشخصي والمحمول.
- عرض المعلومات المتاحة من شبكة الانترنت على المجموعات التعليمية الكبيرة.
- عرض البرمجية التي يصممها المعلم أمام متعلمين.
- عرض البيانات من خلال ربطه بالسبورة الذكية مع توفر خاصية التفاعل للمعلم من خلال اللمس.
- إمكانية ربطه بالأجهزة التالية: الفيديو، العارض البصري، بعض أجهزة الشرائح الشفافة.

3. مزايا وعيوب جهاز العرض البصري: يمكن تلخيص مزايا وعيوب جهاز عرض البيانات في النقاط التالية:

جدول (27) مزايا وعيوب جهاز العرض البصري

مزايا جهاز العرض البصري	عيوب جهاز العرض البصري
• يمكن وصله بأجهزة الحاسوب الشخصية والمحمولة. • يمكن وصله بجهاز الفيديو وجهاز الفيديو التفاعلي (CDI). • يمكن وصله بجهاز استقبال القنوات الفضائية. • يمكن وصله بجهاز العارض البصري Visualizer. • يمكن وصله بكاميرات التصوير الثابتة والمتحركة. • ينقل الصورة والبيانات بشكل مكبر إلى شاشة العرض. • يستخدم في تدريس المجموعات الكبيرة. • * يمكن المعلم من عرض الوسائط المتعددة.	• ارتفاع أسعار الجهاز من النوع الجيد. • ارتفاع أسعار و تكلفة استبدال اللمبات • الضجيج المصاحب لتشغيل الجهاز. • يحتاج إلى أجهزة أخرى لتنفيذ العرض منها على سبيل المثال شاشات العرض، وحاسوب. • * يحتاج إلى شدة إضاءة جيدة للمباته (كلما زادت درجة الإضاءة كان العرض أوضح).

ب. السبورة الإلكترونية Electronic Board: بدء الاعتماد يقل على استخدام السبورات التقليدية، من سبورات طباشيرية أو سبورات بيضاء مروراً بالسبورة الضوئية (جهاز العرض العلوي) إلى التوسع في استخدام السبورة الإلكترونية المتصلة بجهاز الحاسوب الشخصي أو المحمول.

1.تعريف السبورة الالكترونية: هي نوع خاص من اللوحات أو السبورات البيضاء الحساسة التفاعلية التي يتم التعامل معها باللمس، ويتم استخدامها لعرض ما على شاشة الكمبيوتر من تطبيقات متنوعة.

شكل (48) عناصر السبورة الذكية

4.طريقة تهيئة السبورة الذكية للتشغيل :

- وصل الكمبيوتر مع السبورة ، وعند أدخـل القـرص المـدمج المرفـق بجهـاز الكمبيـوتر وتحميـل برنامج السبورة الذكية على الكمبيوتر سوف تظهر لنـا أيقونتـان، أحـداهما سـتظهر عـلى سـطح المكتب والأخرى على شريط المهام في الأسفل ستجد على اليمين أيقونـة: "Smart board tools"
.

- انقر عليها وأختر وظيفة Orient والتي ستساعدك على ضبط أبعاد العرض على السـبورة الذكيـة
.

- يمكن طلب تهيئة العرض من الجهاز السبورة الذكيـة إلى مباشرة مـن خـلال الضـغط عـلى أزرار السـبورة معـاً ، وفي نفس الوقت حيث سيتم فتح برنامج التهيئة تلقائياً.

6. **مشتملات السبورة الذكية :** تشـتمل السبورة الذكيـة عـلى المكونـات التاليـة والموضحة في الشكل (49) .

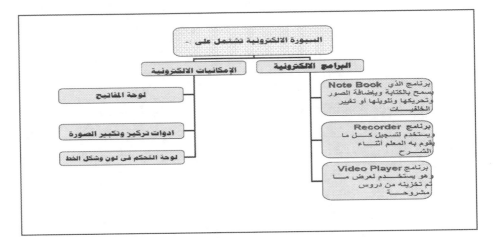

السبورة الالكترونية تشتمل على -
البرامج الالكترونية

شكل (49) مشتملات السبورة التفاعلية

6.مزايا و عيوب السبورة الالكترونية: يمكن تلخيص مزايا، وسلبيات السبورة الالكترونية الجدول (28)

جدول (28) مزايا و سلبيات السبورة الالكترونية

مزايا السبورة الإلكترونية	عيوب السبورة الإلكترونية
- تمكن من تفاعل جميع المتعلمين مع الوسيلة خلال عرضها ، مما يؤدي بالضرورة إلى تحسين نوعية التعلم ورفع الأداء عند الطلبة أو المتدربين. - استثارة اهتمام المتعلم وإشباع حاجته للتعلم لكونها تعرض المادة بأساليب مثيرة ومشوقة وجذابة، إضافة إلى إمكانية استخدام معظم برامج مايكروسوفت أوفيس. - إمكانية الإبحار في برامج الانترنت بكل حرية مما يسهم بشكل مباشر في إثراء المادة العلمية . - مما يساعد في توسيع خبرات المتعلم، وتيسير بناء المفاهيم . - تسمح للمستخدم بحفظ وتخزين، طباعة أو إرسال ما تم شرحه للآخرين عن طريق البريد	• ارتفاع ثمنها. • ارتفاع تكاليف الصيانة. • قلة مراكز الصيانة. • عدم تعريب برنامج السبورة الذكية " رغم الجهود المبذولة "، نظراً لارتفاع التكاليف.

الإلكتروني في حالة عدم تمكنهم من التواجد بالمحيط

- تستخدم في الصف الدراسي و في الاجتماعات والمؤتمرات
والندوات وورش العمل وفي التواصل من خلال الانترنت .

ج. جهاز العارض البصري (Visual Presenter):

وهو أحد الأجهزة الحديثة التي يمكن بواسطته عرض مواد متنوعة في آن واحد

1. مسميات الجهاز: جهاز عرض المواد المتعددة-و الكاميرا الوثائقية.- جهاز Visualizer. ومن مسميات هذا الجهاز (العارض البصري السحري – العارض البصري الرقمي – العارض البصري المحمول – العارض المرئي – الناقل البصري......) و يسمى هذا الجهاز تجاريا بالمكبر الذكي......

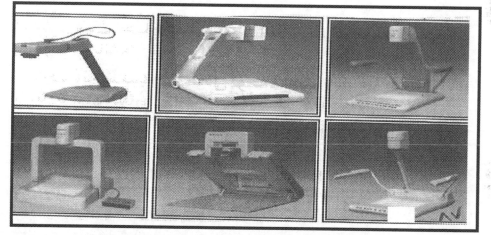

شكل (50) نماذج الجهاز العارض البصري الكاميرا الوثائقية

2. خصائص جهاز العارض البصري: يتميز جهاز العارض البصري بالخصائص التالية:-

● يمكنه عرض المواد الشفافة مثل شفافيات السبورة الضوئية أو الصور الشفافة (Slide)، أو الشريحة المجهرية.

● يستطيع عرض الأفلام المصورة بواسطة الأشعة السينية (أشعة X).

● يمكنه من تحويل الأفلام السالبة الفوتوغرافية إلى موجبة قبل عرضها.

● يمكنه عرض المواد المعتمة من مواد مطبوعة إضافة إلى عرضه للعينات

والمجسمات بأبعادها الثلاثية.

- يمكن وصل الجهاز بجهاز الحاسوب ونقل أو نسخ المعروضات الموجودة على سطحه إلى جهاز الحاسوب ثم عمل أو إضافة أو تعديل ما يلزم لها.

3.مزايا و عيوب جهاز العارض البصري: يمكن تلخيص أهم مزايا و عيوب جهاز العارض البصري في النقاط التالية:

جدول (29) مزايا وعيوب جهاز العارض البصري

عيوب جهاز العارض البصري	مزايا جهاز العارض البصري
* ارتفاع ثمنها. * ارتفاع تكاليف الصيانة. * قلة مراكز الصيانة	- عرض المواد الشفافة والمعتمة والمجسمة. - الحصول على صورة ثلاثية الأبعاد للأجسام المجسمة. - نقل أو نسخ ما يعرض على سطحه إلى جهاز الحاسوب. - إمكانية تحويل الأفلام السالبة إلى موجبة وعرضها. - سهولة ومرونة استخدام وظائف الكاميرا. - سرعة وسهولة نقل المعلومات المعروضة على الكاميرا إلى الأجهزة المتصلة بها. - وجود مصباحين للإضاءة لمزيد من الوضوح عند الحاجة. - إمكانية التحكم عن بعد في وظائف الكاميرا.

د. جهاز عرض برامج الوسائط المتعددة المتفاعلة CDI: يمكن التعرف على جهاز عرض برامج الوسائط المتعددة المتفاعلة من خلال ما يلي:

1. مسميات جهاز عرض برامج الوسائط المتعددة: يطلق على جهاز عرض برامج المتعددة اسم جهاز عرض الاسطوانات المدمجة التفاعلية (السمعية و البصرية).

2. التعريف بجهاز عرض برامج الوسائط المتعددة: نظام تعليمي لتشغيل البرامج التعليمية التي تتميز بتعددية الوسائط و التي تسمح للمتعلم بالتفاعل مع محتواها حيث يتحول المتعلم إلى مشارك و متحكم في عملية التشغيل و الاختيار و التوقف وفقا لسرعته الذاتية في التعلم و ابرز الوسائط المتعددة التي يمكن أن تحتويها هذه البرامج: (النصوص - الصوت و المؤثرات الصوتية - الصورة الثابتة - الصورة المتحركة -

الرسوم المتحركة...الخ).

3. **مكونات جهاز عرض برامج الوسائط المتعددة المتفاعلة:** يشتمل جهاز عرض برامج الوسائط المتعددة على:-

- جهاز عرض الأقراص الممغنطة التفاعليةCD.I.
- شاشة تليفزيونية للعرض على أن يكون مقاس الشاشة مناسب لعدد المشاهدين.
- مكان مناسب للعرض يكون ذو مواصفات خاصة.

4. **مزايا و عيوب جهاز عرض برامج الوسائط المتعددة:** يمكن تلخيص أهم مزايا و عيوب **جهاز عرض برامج الوسائط المتعددة** في النقاط التالية:

جدول (30) مزايا وعيوب جهاز عرض برامج الوسائط المتعددة

مزايا جهاز عرض برامج الوسائط المتعددة	عيوب جهاز عرض برامج الوسائط المتعددة
* أداة عرض فعالة وتقنية تعليمية متطورة و مكملة لدور المعلم الإرشادي. * أمكانية توظيفه في نمط التعليم الجماعي و الفردي وفى مجموعات تعاونية صغيرة. * توفر خاصية الاختيار و التحكم في عرض عناصر البرنامج التعليمي بشكل تفاعلي. * تسهم في تقليص زمن التعلم بنسبة قد تصل إلى 30 0/0 مقارنة بالنظم التقليدية. * تسهم في تقليل نسبة النسيان و زيادة القدرة على تذكر المعلومات واسترجاعها من الذاكرة البشرية بنسبة قد صل إلى 25 - 40%.	* ارتفاع ثمنها. * ارتفاع تكاليف الصيانة. * قلة مراكز الصيانة. * ارتفاع تكاليف إعداد البرامج.

الأنشطة التعليمية

عزيزي الطالب/ الطالبة أنت مدعو للمشاركة فا عمل هذه المجموعة من الأنشطة التعليمية الخاصة بموضوع (**نماذج من الأجهزة التعليمية**) بهدف تدريبك على كيفية فهم الأسئلة- الإجابة عن الأسئلة من مصادر متعددة(المحاضرة- الكتاب المقرر- مناقشاتك مع أستاذك و زملائك)-جمع المعلومات من مصادر متعددة بالاستعانة بمكتبة الكلية.

1- يعرف عن جهاز عرض الصور المعتمة أنه كبير في حجمه وإن الصورة التي ينتجها رديئة...الخ. كيف يتم التغلب على هذه المشكلة ؟...ناقش ذلك على ضوء ما درست في هذا الفصل.

2- كيف تتصرف في المواقف التالية: -

• إذا توقفت مروحة التبريد في جهاز عرض الشرائح إثناء العرض.

• إذا توقف المصباح الكهربائي في جهاز عرض الشفافيات إثناء العرض.

• إذا كانت الصورة غير واضحة مع استخدام جهاز عرض الشرائح الشفافة.

• إذا كانت الصورة منخفضة و لا يرى التلاميذ الجزء السفلى منها مع استخدام جهاز عرض الفيلم الثابت.

• إذا ظهرت الصورة مقلوبة مع استخدام جهاز عرض الشرائح الشفافة.

3- كيف يمكنك التحكم فى مقاس الصورة المعروضة على الشاشة, حاول أن تقوم بذلك فعلا داخل المعمل مستخدما جهاز عرض الشرائح الفوتوغرافية.

4- يشبه البعض عملية التعليم التقليدية في المدارس بالكاريكاتير (51):-

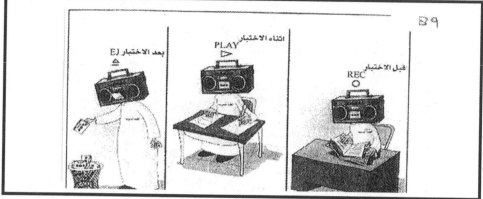

شكل (51) مادة صحفية عن التجهيز في التعليم

اكتب تعليقك عن هذا الكاريكاتير وكيف تقنع زميل لك غير مقتنع بأهمية استخدام الأجهزة التعليمية في التدريس بأهميتها في تفعيل عملية التدريس.

7. اجب عن أسئلة التقويم الذاتي الموجودة في نهاية موضوع نماذج من الأجهزة التعليمية.

التقويم الذاتي

الآن عزيزي الطالب/ الطالبة: اجب عن الأسئلة الآتية لمعرفة مدى تقدمك نحو تحقيق أهداف التعلم لموضوع نماذج من الأجهزة التعليمية

أولاً:- اختر الإجابة الصحيحة من بين الإجابات الأربعة التالية, وذلك علامة(√) إمام الفقرة التي تمثله, علماً بأن هناك إجابة صحيحة واحدة فقط لكل سؤال:-

1- يعتمد وضوح الصورة المعروضة من خلال جهاز عرض الشرائح على:-

أ-شدة التعتيم.   ب-ضبط العدسة.

ج-وضوح الأصل.   د-جميع ما سبق.

2- توضع الشرائح في جهاز عرض الشرائح مقلوبة حتى تكون لهل:-

أ-صورة معتدلة للمشاهد.   ب-صورة خيالية.

ج-صورة مكبرة.   د-صورة مصغرة.

3- من أساليب عرض الشفافيات: -

أ-الكشف التدرجي.   ب-العرض الجزئي.

ج-عرض الصور المعتمة.   د-جميع ما سبق.

4- السبورة الضوئية مصطلح يطلق على:

أ-جهاز العرض العلوي.   ب- جهاز عرض الصور المعتمة.

ج-جهاز عرض الشرائح.   د- جميع ما سبق.

5- الجهاز الذي لا يحتاج إلى تعتيم عند استخدامه هو:-

أ-جهاز عرض الشفافيات.   ب-جهاز عرض الصور المعتمة.

ج-جهاز عرض الشرائح.   د- جميع ما سبق.

6- جهاز عرض الشرائح الشفافة مقاس (2×2) بوصة ذو الشاشة الذاتية يمكن استخدامه في:

أ-التعليم الفردي.   ب-تعليم المجموعات الصغيرة.

ج- تعليم المجموعات الكبيرة.   د- جميع ما سبق.

7- أي من الأجهزة التالية يمكن تسميته بالسبورة المضيئة:-

أ- جهاز عرض الشرائح الشفافة.   ب- جهاز عرض الصور المعتمة.

ج- الابيدياسكوب.   د- جهاز العرض فوق الرأس.

8- أي من الأجهزة التالية يوضع في مقدمة حجرة الدراسة عند الاستخدام:

أ- جهاز عرض الأفلام الثابتة.   ب- جهاز العرض فوق الرأس.

ج- جهاز عرض الشرائح الشفافة.   د- جميع ما سبق.

9- الجهاز الذي يستخدم لعرض دمى الظل هو:-

أ- جهاز عرض الشفافيات.   ب- جهاز عرض الصور المعتمة.

ج- جهاز عرض الشرائح.   د- جميع ما سبق.

10- الجهاز الذي لا تعد المرآة المستوية من مكوناته هو:-

أ- جهاز العرض فوق الرأس.   ب- جهاز عرض الصور المعتمة.

ج- جهاز عرض الشرائح.   د- جميع ما سبق.

11- الجهاز الذي يحوى مروحة لتبريد المصباح هو: -

أ- جهاز العرض العلوي.   ب- جهاز عرض الصورة المعتمة.

ج- جهاز عرض الشرائح.   د- جميع ما سبق.

12- الخطوات الآتية جميعها ضرورية لتشغيل جهاز عرض الصور المعتمة ما عدا:-

أ- رفع غطاء العدسة.   ب- خفض منصة العرض.

ج- الضغط على مفتاح الاختبار.   د- وضع المادة المراد عرضها.

13- العدسة التي تقوم بتنظيم الضوء و تكثيفه و توزيعه على الشفافة هى:-

أ- العدسة المحدبة.   ب- عدسة فرزنل.

ج- العدسة المقعرة.   د- جميع ما سبق.

14- خصائص التلفاز التعليمي:-

أ- إحضار أشخاص إلي غرفة الصف ليس باستطاعتنا إحضارهم إليها بأي طريقة أخرى.

ب- إحضار أماكن إلي غرفة الصف ليس باستطاعة الطلبة الوصول إليها.

ج- الكشف عن أشياء ليس باستطاعة الطلبة الوصول إليها.

د- جميع ما ذكر.

15- من أهم مصادر الحصول علي برامج الفيديو:

أ- البرنامج التلفازي, و البرنامج العام. ب- نقل التسجيل عن أفلام تعليمية.

ج- تسجيل برامج محلية خاصة بالمتدربين ومدرسييهم. د- جميع ما ذكر.

16- من مميزات استخدام الفيديو في التعليم:-

أ- توقيف الشريط في الوقت المناسب. ب- يغني عن المعلم في عملية التدريس.

ج- يغني عن المعلم في عملية التدريس. د- جميع ما ذكر.

17- قبل إنتاج برنامج تعليمي يفضل من المنتج أن:-

أ- يكتب النص. ب- يشاهد المنتج عددا من البرامج.

ج- توفير البيئة المادية. د- يحدد الأهداف التعليمية.

18- أي من العبارات الآتية صحيح:-

أ- هناك شرائط فيديو للتسجيل الملون وشرائط للتسجيل الغير ملون.

ب- يمكن التسجيل علي الشرائط السمعية باستخدام الوجهين.

ج- الكروت السمعية لا يمكن التسجيل عليها.

د- حجم الثقوب الموجودة علي الفيلم 8مم السوبر أصغر 50% من الموجودة علي الفيلم 8 مم العادي.

19- يسمى الحبر المستخدم في أقلام السبورة الالكترونية باسم الحبر:-

أ- الجاف. ب- الرقمي.

ج- السائل. د- الملون.

20- يعرض جهاز العارض البصري معظم المواد التعليمية ما عدا:-

أ- الأفلام الثابتة. ب- الشرائح الشفافة.

ج- الأفلام المتحركة. د- الشفافيات.

21.وظيفة القطعة الزجاجية الموضوعة بين العدستين المكثفتين في جهاز عرض الشرائح هي:

أ. توضيح الصورة. ب. تكثيف الضوء.

ج. امتصاص الحرارة. د. جميع ما سبق.

22 . يتميز جهاز العارض البصري عن جهاز العرض فوق الرأس بما يلي:-

أ.عرض المواد المعتمة ب.عرض الشفافيات

ج. عرض المواد المجسمة د.ا،ج معا.

ثانياً: -ضع علامة (√)إمام العبارة الصحيحة وعلامة (×)إمام العبارة الخطأ مع تصحيح الخطأ:-

1- توجد أجهزة عرض شرائح ذات شاشة ذاتية.

2- يصعب تعديل الشرائح الشفافة إثناء عملية العرض.

3- يمكن التحكم في زمن عرض الشريحة الشفافة.

4- الاسطوانة الدائرية ذات سعة واحدة للشرائح تصل إلى 80 شريحة.

5- الشريحة الشفافة توضع مقلوبة داخل الجهاز.

6- لرفع أو خفض الصورة على الشاشة يدار كل من المقبضين أسفل الجهاز.

7- يصعب إحداث التزامن بين الصوت و الصورة في جهاز عرض الشرائح الفوتوغرافية.

8- يمكن تسمية جهاز عرض الشرائح الفوتوغرافية بالسبورة الضوئية.

9- يؤثر تحريك جهاز عرض الشرائح الفوتوغرافية إثناء العرض على لمبات الجهاز.

10- يحتاج استخدام جهاز عرض الشرائح الفوتوغرافية إلى إظلام تام للحجرة إثناء العرض.

11- يمكن تسمية جهاز عرض الشرائح الفوتوغرافية بالسبورة الضوئية.

12- السبورة الضوئية مصطلح يطلق على جهاز العرض العلوي.

13- تعد الشرائح اقل تكلفة من الأفلام الثابتة.

14- جهاز عرض الصورة المتعمة لا يستخدم لعرض الأجسام (و الصورة) الشفافة.

15- مجموعة العدسات المتحركة في جهاز عرض الشرائح هي التي تكون صور حقيقية و مكبرة للشريحة.

16- الفيلم الذي تصنع منه الشرائح هو فيلم سلبي 35ملم..

17- ليس من الضروى إطفاء جهاز عرض الشرائح عندما يتوقف المعلم عن شرح موضوع ما باستخدام الجهاز.

18- الجهاز الذي يحتاج إلى تعتم عند استخدامه هو جهاز عرض الصور المعتمة.

19- يمكن لجهاز عرض الشفافيات عرض إشكال هندسية و صور الظل.

20- يفضل تسجيل البرامج التعليمية التلفزيونية حتى يستطيع المعلم استخدامها في الوقت المناسب.

21- من مزايا التعليم بواسطة الفيديو أمكانية تطبيق طرائق تدريسية محددة.

22- العنصر الأساسي في السيناريو التلفزيوني هو الصوت ويليه الصورة.

المراجع

1- انشراح عبد العزيز إبراهيم (1995) **الصورة التعليمية**. القاهرة: دار النهضة العربية.

2- أحمد سالم (2005) **وسائل و تكنولوجيا التعليم**. الرياض: مكتبة الرشد

3- براون ولويس (1999) إنتاج و استخدام التقنيات التربوية بطريقة التعلم الذاتي – كتاب التطبيقات العملية **ترجمة** و تحرير مصباح الحاج عيسى و آخرون. الكويت: مكتبة الفلاح.

4- -بشير عبد الرحيم الكلوب (1988) **التكنولوجيا في عملية التعليم والتعلم**. عمان: دار الشروق.

5- **بشير عبد الرحيم الكلوب (1999) الوسائل التعليمية التعليمة إعدادها وطرق استخدامها**. بيروت دار إحياء العلوم.

6- بشير عبد الرحيم الكلوب (1996) **استخدام الأجهزة في عملية التعليم والتعلم**. بيروت: دار إحياء.

7- بشير الكلوب و سعود الجلاد (1988) **لوح الطباشير السبورة**. بيروت: دار إحياء العلوم.

8- حسين حمدي الطوبجى (1990) **وسائل الاتصال والتكنولوجيا في التعليم**. الكويت: دار القلم.

9- حسين حمدي الطوبجى(1986) **تقنيات التعليم والاتصال**. الكويت: دار القلم.

10- حسين حمدي الطوبجى(1988) **التكنولوجيا و التربية**. الكويت: دار القلم

11- زاهر احمد (2002) **تكنولوجيا التعليم و التدريس الفعال**. القاهرة: وزارة التربية والتعليم.

12- فتح الباب عبدا لحليم و إبراهيم حفظ الله(1990) **وسائل التعليم و الإعلام**. القاهرة:عالم الكتب.

13- **فتح الباب عبد الحليم و آخرون (2000) برنامج تدريب المعلمين من بعد على استخدام التكنولوجيا في الفصل**.القاهرة: وزارة التربية التعليم.

14- فتح الباب عبد الحليم و آخرون (1989) **الوسائل وتكنولوجيا التعليم**. القـاهرة: وزارة التربية و التعليم.

15- فرد بيرسفال و هنري الينجتون (1997) المرشد في التقنيات التربوية. **ترجمـة** عبد العزيز محمد العقيلي. الرياض: النشر العلمي جامعة الملك سعود.

16- علي محمد عبد المنعم (1990) **تكنولوجيا التعليم الأجهزة و المواد التعليمية**. الإسكندرية: مطبعة فلمنج.

17- عبد العزيز محمد العقيلي (1993) **تقنيات التعليم و الاتصال**. الرياض: مكتبـة دار القلـم والكتاب.

18- عبـد الـرحمن الشـاعر و إمـام محمـد إمـام (2000) **مفاهيم أساسية لإنتاج و استخدام الوسائل التعليمية**. الرياض:دار الجسر للطباعة و النشر.

19- عبد الحافظ سلامة (2000) **الوسائل التعليمية والمنهج**. عمان: دار الفكر.

20- عبد الحافظ سلامة (1998) **وسائل الاتصال و التكنولوجيا في التعليم**. عمان: دار الفكر.

21- عبد الحافظ محمد سلامة(2002) أثر استخدام جهاز عرض البيانات (Data show) في تحصيل طالبات كلية الملكة علياء في مادة ثقافة اللغة العربية، **مجلة كليات المعلمين** م2ع 2 ص ص 140- 174

22- عبد المحسـن عبـد العزيـز (1992) **الوسائـل التعليميـة و مكانتها في العمليـة التعليميـة**. الرياض: مطابع التقنية للاوفست.

23- ماهر صبري و فائزة المغربي (2005) **تكنولوجيا عـرض و إنتـاج المـواد التعليميـة**. الريـاض: مكتبة الرشد.

24- محمد محمود الحيلـة (2000) **التكنولوجيا التعليم بين النظريـة والتطبيـق**. عمـان: دار المسيرة للنشر و التوزيع و الطباعة.

25- محمد محمـود الحيلـة (2001) **التكنولوجيا التعليميـة و المعلوماتيـة**. العـين: دار الكتـاب الجامعي.

26- محمد المشيقح (2000) **تقنيات الرسوم التعليمية**. الرياض: تربية الغد.

27- محمد طيفور (1990). أثر استخدام جهازي العارض الرأسي، والفيديوتب في اكتساب طلبة الصف العاشر لمهارة قراءة الخرائط، رسالة ماجستير **غير منشورة**، جامعة اليرموك، إربد، الأردن.

28- محمد يوسف الديب (1990) **إنتاج الوسائل التعليمية البصرية للمعلمين**. القاهرة: دار المعارف.

29- محمد يوسف الديب (1998) **ورشة الوسائل التعليمية**. القاهرة: مكتبة النهضة المصرية.

30- محمد رضا البغدادي (2000) **تكنولوجيا التعليم والتعلم**. القاهرة: دار الفكر العربي.

31- محمد علي السيد (1999) **الوسائل التعليمية وتكنولوجيا التعليم**. عمان: دار الشروق.

32- مصباح الحاج عيسى ـ و آخرون (1992) **تقنيـات إنتـاج المـواد السمعيـة البصريـة واستخدامها**. بيروت: دار الفكر المعاصر.

33- مصطفى محمد عيسى فلاتة (2001) **المدخل إلى التقنيـات الحديثـة في الاتصـال والتعليم**. الرياض: مكتبة: العبيكان.

34- مصطفى حسن عبد الرحمن (1996) **دليل استخدام الأجهزة التعليمية**. المدينة المنورة: مكتبة الحلبي.

35- مصطفى بدران و آخرون (1996) **الوسائل التعليمية**. القاهرة: مكتبة الأنجلو.

36- مهدي سالم (2002) **تقنيات ووسائل التعليم**. القاهرة: دار الفكر العربي.

37- مندور عبد السلام فتح الله (2005) **وسائل وتقنيات التعليم**. الرياض: مكتبة الرشد.

38- منـدور عبـد السـلام فـتح اللـه (2006) **أساسيات إنتاج و استخدام وسائل وتكنولوجيا التعليم**. الرياض: دار الصميعي.

39- هنري الينجتون (2001) إنتاج المواد التعليمية (دليل للمعلمـين و المتـدربين) **ترجمة عبـد العزيز العقيلي**. الرياض: النشر العلمي لجامعة الملك سعود.

40- يس قنديل (2005) **الوسائل والتعليمية و تكنولوجيا التعليم**. الرياض: دار النشر الدولي.

41-Adams, D&Hamm, Mary **(2000)** Literacy, Learning, and

Media. Techno

Quarterly for Education and Technology 9 (4)

42-McInerney, V., McInerney, D. and Sinclair, K., D. (1994). Student Teachers, Computer Anxiety and Computer Experience. Journal of Educational Computing Research, 11 (1), 27-50

43-Richy, R.C. (1986). Theoretical and conceptual bases of Instructional design. London: Koganpage.

44-Robler,M.et.al(1997).Integrating Instructional technology into teaching. Pretice.hale,Inc. N.J.

مواقع تم الرجوع إليها:-

http://www.arabency.com/index.php?module=pnEncyclopedia &func=display_term&id=3305 &vid

-http://www.afkaronline.org/arabic/archives/avr-mai2004/hemden.html:

http://www.invisionboard.com :

الفصل السادس

تطبيقات تكنولوجيا التعليم

في وحدات المنهج التعليمية

* مقدمة

* الأهداف التعليمية

أولا: تطبيقات الحاسب الالى في التعليم

أ- العاب الحاسوب التعليمية

ب- الجداول الالكترونية

ثانيا: مجال مصادر المعلومات

أ- الكتب الالكترونية

ب- أدوات البحث في الويب

ثالثا: مجال المجتمع المعلوماتي:-

أ- التعليم من خلال مواقع تعليمية تم تصميمها على الانترنت

ب- توظيف تكنولوجيا الاتصالات المعلومات لتحسين التعلم

* الأنشطة التعليمية

* التقويم الذاتي

* المراجع

تطبيقات تكنولوجيا التعليم في وحدات المنهج التعليمية

مقدمة: ينظر بعض التربويين إلى الحواسيب على أنها تستطيع حل جميع مشاكلنا التربوية، في الوقت نفسه يؤكد البعض الآخر من التربويين أن الحاسوب لا يزيد عن موضة سوف لا تؤثر في التربية أكثر مما فعلت أي تقنية أخرى، حيث لا يمكن أن يحل جميع المشاكل التربوية، كمالا يمكن أن يحل محل المعلم.

ولما كانت وزارة التربية والتعليم حرصت على استخدام الحاسوب في المدارس، وتوسيع نطاق هذا الاستخدام، والمتمثل في الاستفادة القصوى من الخدمات التي يقدمها الحاسوب في سبيل تيسير الوصول للمعلومات، والتي من أهمها: توظيف تقنيات الحاسوب لتطوير عمليات التدريس، ومساندة التعليم، وهو ما يطلق عليه عالمياً بـ « تقنية المعلومات عبر المناهج الدراسية » « Across the curriculum information technology » فمن خلال هذه الوحدة سيتم عرض بعض الأمثلة عن التطبيقات التربوية للحاسوب وأهميته وأثره في العملية التربوية.

الأهداف التعليمية :

بعد الانتهاء من دراسة هذه الوحدة التعليمية والقيام بالأنشطة التعليمية المصاحبة لها، فانه من المتوقع أن تكون قادرا على أن:-

١. يحدد خطوات خمس من معايير العاب الحاسوب التعليمية.
٢. يكتب ثلاثة من مزايا الجداول الإلكترونية في دروس اليومية.
٣. يبحث باستخدام البحث المتقدم بجميع اللغات عن مفهوم تكنولوجيا التعليم.
٤. يكتب خطوات تصميم الكتب الالكترونية.
٥. يحدد مواصفات التي ينبغي توافرها في المواقع الالكتروني
٦. يحدد متطلبات استخدام تكنولوجيا المعلومات والاتصالات داخل الفصل.
٧. يقارن بين مزايا وعيوب استخدام الانترنت في التعليم.

أولا:تطبيقات الحاسب الآلي في التعليم:-

شهد استخدام الحاسب الآلي تطورا نوعيا في خدمة العملية التعليمية، سواء باستخدام نمط التعليم المعان بالحاسب الآلي، أو باستخدام نمط التعليم المدار بالحاسب الآلي، الأمر الذي أدى إلى تزايد انتشار برامج الحاسب الآلي التعليمية في الحقبة الأخيرة.ومع تسابق الشركات المتخصصة في تصنيع البرمجيات التعليمية وتوزيعها، فقد أكد الكثير من الباحثين أهمية استخدام الحاسوب وإمكانياته في تحسين العملية التعليمية.

وبعد حصول المدارس على أجهزة الحاسوب وبرمجياته التعليمية فان الحاجة أصبحت ملحة في التعريف بطرق للاستفادة من برامج الحاسوب في التعليم.ومن هذه التطبيقات ما يلي:-

أ. العاب الحاسوب التعليمية [1] **: Instructional Computer Games** : تعد الألعاب التعليمية من أكثر البرمجيات إثارة لدافعية المتعلم وأكثرها شيوعا وانتشارا

(١) بدأت برامج الألعاب تغزو المنازل سواء بشكل أقراص مدمجة CD أو من خلال الانترنت وتتميز هذه البرامج بواجهة تطبيق تفاعلية جداً Interactive كما تشمل وسائط إعلامية متعددة كالأصوات والموسيقى والمؤثرات الحركية والصور والفيديو.من مواقع برامج الألعاب على الانترنت:
العاب ياهو: http://www.games.yahoo.com
ألاف الألعاب: http://www.games.com

ومناسبة لتعليم الطلاب، وخاصة في المرحة الأساسية.(Ellington & Adinall 1992)

- **مفهوم العاب الحاسوب التعليمية** : تدور فكرة ألعاب الحاسب الآلي حول تعلم التلميذ لموضوع معين، وإثارة تفكيره خلال التدريب على بناء الإستراتيجيات والخطط.

ويقصد بالألعاب التعليمية المحوسبة: نشاطا منظما يتضمن مجموعة من القواعد، يتفاعل فيها المتعلم للوصول إلى أهداف تعليمية محددة قد تتطلب من المتعلم أن يحل مشكلة معينة أو قد تتناول جانبا معينا من اللعبة يكون الفوز فيها ربما بمحض الصدفة و ليس نتيجة مهارة تعلمها المتعلم.(جمال الشرهان،٢٠٠٢).

- **خصائص الألعاب التعليمية** :تتميز الألعاب التعليمية بالخصائص التأثير :

١.إشارة تفكير المتعلم من خلال التدريب على بقاء الإستراتيجيات والخطط للوصول إلى الفوز .

٢.وضوح الهدف : حيث يساعد وضوح الهدف في معرفة المشاركين أدوارهم والقيام بها .

٣.إشارة حماس المتعلم على العمل أطول فترة ممكنة وذلك من خلال الرسوم المتحركة واستخدام الألوان كأساس لعناصر اللعبة .

٤.استخدام المعلومات والإرشادات في الوصول إلى نتائج تساهم في تحقيق التعلم

- **أهداف العاب الحاسوب التعليمية:** تهدف العاب الحاسوب التعليمية إلى تحقيق ما يلي:- (توفيق مرعي ومحمد محمود الحيلة، ٢٠٠٢) .

١. إكساب المتعلم مهارات وخبرات واتجاهات وقيم ومبادئ معينة وذلك من خلال اللعب.

٢. إيجاد مناخ تعليمي يمتزج فيه التحصيل الدراسي مع التسلية لغرض توليد الإثارة والتشويق التي قد تحسن اتجاه التلاميذ نحو التعلم

٣. تقديم موقفاً يتنافس فيه طالب أو أكثر، ويحدد البرنامج النقاط التي يأخذها كل منهم وبالتالي الفائز.

☐ **المعايير الواجب توافرها في العاب الحاسوب التعليمية:**حدد المتخصصون قائمة معايير العاب الحاسوب التعليمية وقد اشتملت على عشرة معايير هي: (Brown ,et al (1990)(عبد الله الموسى،٢٠٠٢).

١. أن تحقق اللعبة هدفا أو أكثر، ولذا يجب تحديد هدف كل لعبة.

٢. أن تكون تعليمات تنفيذها مختصرة وواضحة ومحددة يسهل ممارسة الطلاب لها ويتحقق أهدافها .

٣. أن تبنى على أسس تمثل وتعكس بدقة المفهوم أو المهارة المطلوب تدريسها.

٤. أن يكون المتعلم على علم بالمهارات والمفاهيم التي يجب أن يتقنها.

٥. أن يتخلل اللعبة مهارات وعمليات تدريبية وظيفية لخفض تأثير المشكلات التي تعوق تحصيل المتعلم لمفاهيم الوحدة .

٦. أن يتحقق المعلم من أن المتعلم يتقن قواعد اللعبة ويعرف أهدافها.

٧. أن تناسب مستوى المتعلم وإمكاناته لاسيما تعليماتها المكتوبة .

٨. أن يسهل ممارستها لها في ضوء الإمكانات المتاحة .

٩. أن تشتمل على عناصر التشويق والتعزيز اللازمة لاستمرارية تعلم أن تتيح فرصة استخدام المتعلم لها بنفسه وفقا لسرعته الذاتية .

١٠. أن تتكامل خبراتها مع الألعاب الأخرى لتنمية تحصيل التلميذ لمفاهيم الوحدة .

١١. أن تتضمن مستويات متدرجة من الصعوبة تناسب مستويات الطلاب.

☐ **مزايا العاب الحاسوب التعليمية:** تتلخص مميزات برمجيات الألعاب التعليمية المحوسبة فيما يلي: (إبراهيم الفار، ١٩٩٩)

١. تراعي الفروق الفردية بين المتعلمين وذلك لما يتمتع به الحاسوب من قدرات فنية هائلة ومتكاملة تمكن من إنتاج برمجيات تعليمية مصممة بنمط الألعاب التربوية.

٢. تلعب الألعاب التعليمية المحوسبة دوراً مهماً في الاكتشاف العلمي وحل المشكلات، وذلك من خلال إثارة المتعلم بشكل يدفعه للمشاركة في الدرس (Betz , 1996).

٣.   تساعد الألعاب التعليمية المحوسبة في تقديم العديد من المشكلات التي تتطلب من المتعلمين عمل تمثيل ومعالجة عقلية للأشياء والعناصر التي تعرض عليهم.

٤.   تساهم في تحسين مهارات تفكير المتعلم كما تساعد المتعلم على التغلب على الملل.

٥.   إشارتها لمتعلم بشكل يدفعه للمشاركة الفعالة في الدرس ، وحفز طاقاته من أجل مواصلة العمل مع البرنامج .

٦.   تزود المتعلم ذو المستويات العقلية العليا بالحيوية والنشاط من خلال بالمرئيات (الصور) المفعمة بالحيوية والأصوات والمؤثرات الصوتية ، وتساعد في تكوين اتجاه إيجابي نحو الحاسوب .

* عيوب العاب الحاسوب التعليمية: تتلخص عيوب برمجيات الألعاب التعليمية المحوسبة فيما يلي(Amory, Naicker, Uincent, & adams,1999).(عبد الله الموسى، ٢٠٠٨) .

١.   تقدم الصور والمؤثرات الصوتية والتي تظهر أحيانا عند حدوث استجابة خاطئة مما يعد تعزيزا ايجابيا غير مباشر لاستجابة المتعلم.

٢.   تنمى قدرا صغيرا من المهارات في وقت كبير.

٣.   تحتاج إلى وقت كبير في الإعداد والبرمجة.

٤.   يقدم هذا البرنامج صور ومؤثرات صوتية تظهر أحياناً عند حدوث استجابة خاطئة مما يعد تعزيزاً لاستجابة المتعلم .

٥.   تنمي هذه الألعاب جزءاً صغيراً أو قدراً قليلاً من المهارات في وقت كبير نسبياً ومن خلال العديد من الإجراءات .

٦.   تحتاج إلى وقت كبير في الإعداد والبرمجة وهي مناسبة في بعض المراحل وخاصة المراحل الأولى من التعليم العام .

ب . الجـداول الإلكترونيـة Spreadsheets [٢]: برنـامج الجـداول الإلكترونيـة يحـول شاشة الحاسوب إلى ورقة عمل ولوحة المفاتيح إلى قلم وجهاز الحاسوب إلى آلة حاسبة.

☐ **ماهية الجداول الإلكترونية** spreadsheets : يقوم هذا البرنامج بأداء جميع الأعمال التي تؤدى بواسطة الورقة والقلم والآلة الحاسبة من خلال ورقة إلكترونية تسمي ورقة العمل work sheet، مضيفا إلى ذلك خصائص وتسهيلات أخرى مثل النسخ والقص واللصق والحذف وغيرها من الخصائص والتسهيلات المهمة مثل قدرته على إنشاء الصيغ والرسوم البيانية وقواعد البيانات.

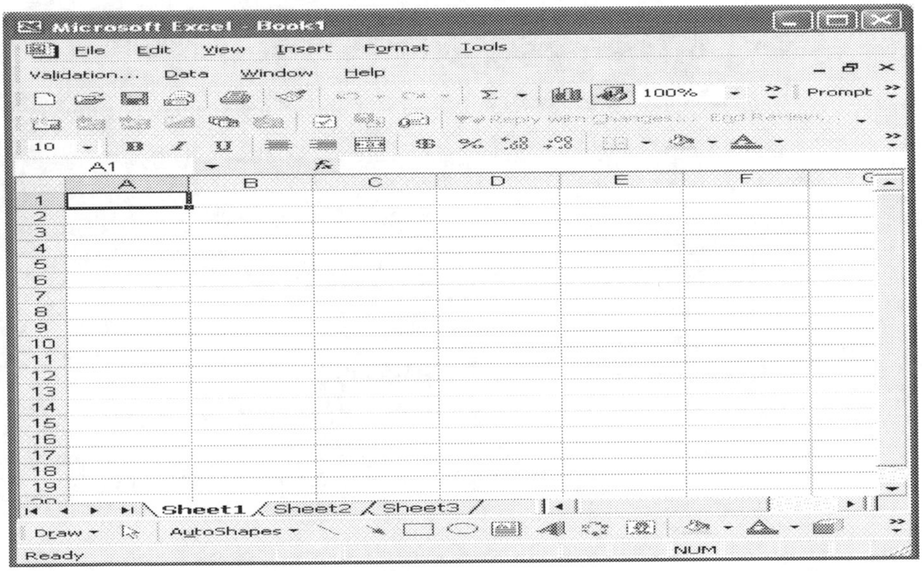

شكل (٥٢) شاشة الجداول الالكترونية

☐ **الوظائف التي تقوم بها برامج الجداول الالكترونية:** فيما يلي بعض الوظائف التي تقوم بها برامج الجداول الالكترونية:

---

[١] يعتبر برنامج ميكروسوفت اكسل Microsoft Excel الذي يقع ضمن حزمة برامج أوفيس Microsoft Office من أكثر البرامج استخداماً في مجال الجداول الحسابية.

١. إدخال البيانات في ورقة عمل تشبه الجداول وإجراء العمليات الحسابية على البيانات.

٢. تغيير عرض الأعمدة وارتفاع السطور.

٣. تحديد نوع وحجم الخط المستخدم في إدخال البيانات وإمكانية نسخ ولصق البيانات.

٤. استخدام الدوال الرياضية والهندسية والإحصائية و طباعة ورقة العمل والرسم البياني في صفحة واحدة.

٥. تمثيل البيانات باستخدام الرسم البياني وبعده أشكال (أعمدة - دوائر - نقاط...) واستخدام ورقة العمل كقاعدة بيانات.

❑ **كيفية استخدام برنامج إكسيل عملياً :** يمكنك إدخال البيانات وتحريرها في ورقة العمل لبرنامج إكسل وفقا لما يلي : (ماهر إسماعيل صبري ، ٢٠٠٩) .

١.كتابة الأرقام أو النص :

- أنقر نقراً مزدوجاً فوق الخلية التي تريد إدخال البيانات بها .
- إذا تضمنت الخلية بيانات من قبل أنقر حيث تريد الكتابة .
- اكتب الرقم أو النص واضغط مفتاح الإدخال Enter .

٢.التنقل في نطاق خلايا ورقة العمل :

- اكتب الرقم أو النص في الخلية المحددة الأولى .
- اضغط مفتاح الإدخال Enter للتنقل ضمن نطاق محدد من الأعلى إلى الأسفل أو Shift + Enter للانتقال من الأسفل إلى الأعلى . أو Shift + Tab اليسار إلى اليمين .
- للوصول إلى أول السطر اضغط Home واضغط Home + Ctrl للوصول إلى بداية المستند وإلى نهاية المستند اضغط End + Ctrl و End تنقلك إلى نهاية سطر الكتابة .
- يمكنك أيضاً استخدام مؤشر الماوس في التنقل والنقر فوق الخلية الذي تريد إدخال البيانات فيها .

جدول (٣١) إدخال بيانات في جدول إكسيل

	A	B	C	D	E
1	درجات الحرارة في محافظات الجمهورية				
2					
3	المحافظة	العظمى	الصغرى		
4	صنعاء	22	11		
5	عدن	31	24		
6	تعز	25	15		
7	لحج	30	22		
8	ابين	30	23		
9					

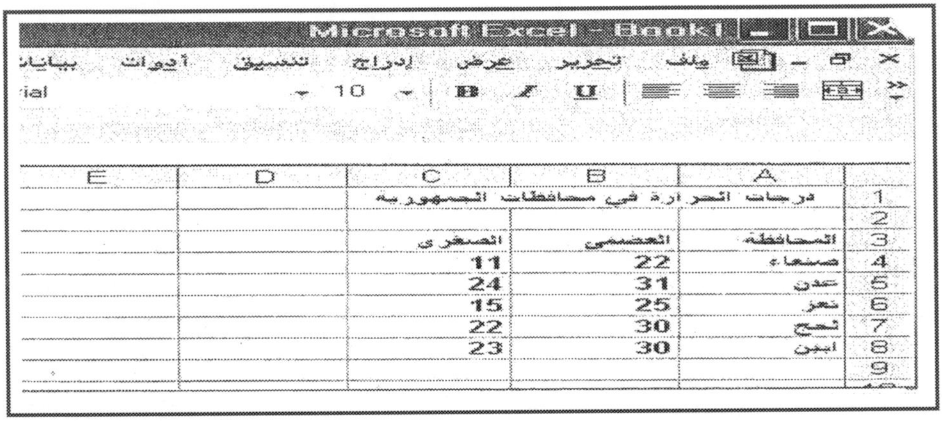

❑ **التخطيطات البيانية :**يتيح برنامج إكسل تحويل البيانات المتاحة إلى رسوم وتخطيطات بيانية بأكثر من شكل . وهناك طريقتان لإنشاء التخطيطات بواسطة معالج التخطيطات Chart Wizard:

- إنشاء التخطيط على نفس ورقة العمل .
- إنشاء التخطيط على ورقة عمل أخرى .

وهناك عدة أنواع من التخطيطات منها الشريطي (Bar Chart) والدائري (Pie Chart) والمساحي (Area Chart) والخطي وغيرها ، وعليك أن نختار النوع المناسب .

شكل (٥٣) معالجة التخطيطات بيانياً

١. بالدقة والسرعة والسهولة، وذلك عبر استخدام الصيغ formulas والدوال functions وخاصية الحساب التلقائي auto calculate التي يوفرها برنامج الجداول الإلكترونية.

٢. يوفر الكثير من الوقت والجهد وذلك لأن استخدام الصيغ والدوال.

٣. يمكن المستخدم من تصميم قوالب لإجراء الحسابات وكتابة التقارير، بحيث يمكن إعادة استخدامها. فإذا ما تم تصميم قالب معين فإنه بإمكان أي تلميذ إدخال قيم البيانات التي يحصل عليها من نتائج التجارب العملية التي يقوم بإجرائها، على هيئة جداول أو رسوم بيانية.

ثانيا: مجال مصادر المعلومات:إن استخدام ما تتيحه الثورة المعلوماتية من إمكانات هائلة، سيؤدي إلى تعزيز قدرات المتعلمين ورفع مستوى معارفهم ،بما توفره من ثروة معرفية متنامية في جميع الجوانب الحياتية المختلفة، ولخصائصها المتمثلة في السرعة الفائقة في استدعاء البيانات واستخراجها بشكل ملائم. فيما يلي بعض التطبيقات الخاصة باستخدام مصادر المعلومات التي يوفرها الحاسوب من خلال الاتصال بشبكة المعلومات الدولية (الانترنت) :-

أ- أدوات البحث في الويب :تعتمد فكرة البحث على وجود قواعد بيانات ضخمة ضمن أنظمة البحث، حيث أنه عند إنشاء موقع جديد يقوم أصحاب هذا الموقع بتسجيله في قاعدة البيانات الخاص بنظام من هذه الأنظمة أو في أكثر من نظام، وتتم عملية التسجيل إما من خلال استمارة يتم فيها تسجيل اسم الموقع ومحتوياته، أو من خلال استخدام برامج خاصة تقوم بتشغيلها أنظمة البحث يطلق عليها المستكشفات (Spider Programs) (محمد عارف، وحسن السريحي، ٢٠٠٦) .

❑ **أدوات البحث في الويب** [٣] : هي عبارة عن أنظمة ضمن مواقع على شبكة الإنترنت

---

(١) www :هي خدمة من خدمات الانترنت تتضمن صفحات الإنترنت.

- موقع ويب Web site : هو أي مكان على الإنترنت يمكن زيارته.
- URL : هو العنوان الخاص بموقع الويب ويتبع تنسيق خاص كما يلي: http://www.website.XXX.

تساعد على جمع وبناء وفهرسة وبحث واسترجاع المعلومات، وتـزود المستخدم بمكان نـشر المعلومات حيث أنها تعمل كوسيط بينه وبين ناشر المعلومات. (عبد الله سالم المناعي ، ٢٠٠٧)
.

■ **أنواع أدوات البحث عبر الإنترنت:** تنقسم أدوات البحث عبر الإنترنت إلى أربعة فئات رئيسة هـي: أدلـة البحـث (Search Directories) - محركـات البحـث (Search Engines) - محركات البحث البينية (Meta Search Engines) المكتبات الافتراضية أو الرقمية Virtual (or Digital libraries).

ب.الكتب الإلكترونية E-books : الكتاب الإلكتروني ليس بالأمر الجديد فهو موجود مـن حولنا منذ فترة ليست بقصيرة، حيث عُقد أول مؤتمر دولي حول الكتب الإلكترونيـة عـام ١٩٩٣،هناك كتب كثيرة ومتنوعة موجودة على صفحات الوب بشكل إلكتروني تعرف باسم Online Book أو E-books، وبإمكان المستخدم قراءة هذه الكتب أو إنزالها عـلى الحاسوب وقراءتها لاحقاً وعادة ما تأخذ هيئة HTML أي يمكن تصفحها من خلال المتصفح، Web Browser أو يتم قراءتها من خلال برنامج أكروبات Acrobat Reader.

- Home page: هي أول صفحة تواجهك عندما تقوم بزيارة موقع ما.
- الارتباط Hyperlink: مساحة على صفحة ويب تنقلك إلى صفحة أخرى عندما تنقر عليها.

شكل (٥٤) شاشة كتاب الإلكتروني

□ **مفهوم الكتاب الإلكتروني:** يقصد بالكتاب الإلكتروني هو جميع الأنشطة والمواد التعليمية التي يعتمد إنتاجها وتقديمها على جهاز الكمبيوتر، ويعرفه (خالد طوقان، ٢٠٠٤) بأنه عملية نقل مناهج وزارة التربية من مواد كتابية ورقية إلى الكترونية عصرية متطورة تستخدم تقنية الحاسوب، ووسائل متعددة الوسائط، بحيث تواكب هذه المناهج المتطورة عصر المعلوماتية والإنترنت.

ويعرف إجرائياً بأنه: صيغة إلكترونية باستخدام الوسائط المتعددة ومختلف تقنيات شبكة الإنترنت لمحتوى المناهج الدراسية بحيث تلبي حاجات المتعلمين، وتراعي الفروق الفردية بينهم.

□ **تصنيف الكتب الالكترونية:** يمكن تصنيف الكتب الالكترونية إلى : (عبد العزيز طلبة، ٢٠٠٨)

كتب الالكترونية: يتم الاعتماد عليها بشكل كلى في تقديم المادة التعليمية، وكتب الالكترونية مساندة للمحتوى التعليمي التقليدي بالكتاب المدرسي .	كتب الالكترونية: يتم نشرها مجانا على شبكة الإنترنت وأخرى تحتاج لرسوم واشتراكات خاصة للحصول على خدمات هذه المقررات.
كتب الالكترونية: يتم تقديمها على جهاز الكمبيوتر باستخدام برمجيات الوسائط المتعددة ولا يشترط أن يكون هناك اتصال بشبكة الإنترنت ، ومقررات يتم نشرها على شبكة الإنترنت وتعتمد على مهارات استخدام الإنترنت في دراسة المقرر .	كتب الالكترونية: يتم تجهيزها من قبل المعلم باستخدام برمجيات خاصة كبرامج التأليف والوسائط المتعددة والعروض التقديمية لتحقيق الاحتياجات الخاصة للمتعلمين في الفصل ، ومقررات تأتى جاهزة من قبل شركات وهيئات خاصة بتأليف البرمجيات .

وبصفة عامة فإن الكتب الالكترونية تأخذ أحد شكلين هما :

الأول : كتاب إلكتروني يحمل على أقراص مدمجة CD ليسهل نقله وتحميله على أجهزة متنوعة ويطلق عليها الكتاب الإلكتروني .

الثاني : كتاب إلكتروني منشور على شبكة الإنترنت ، وهو مصمم بصورة أكثر تعقيدا لتمكن المتعلم من التواصل مع زملائه وأساتذته والمشاركة والبحث عن المعلومات من مصادر مختلفة .

وأيا كان شكل الكتاب الإلكتروني فإن للكتاب الالكتروني دوره في تطوير عمليتي التعليم والتعلم .

☐ **أهمية الكتاب الإلكتروني بالنسبة للمتعلم :**

١. يستطيع المتعلم أن يختار ما يحتاجه من معلومات وخبرات في الوقت وبالسرعة التي تناسبه فلا يرتبط بمواعيد حصص أو جداول دراسية .

٢. يستطيع التلميذ أن يتعلم في جو من الخصوصية بمعزل عن الآخرين فيعيد ويكرر التعلم بالقدر الذي يحتاجه دون شعور بالخوف والحرج .

٣. يستطيع المتعلم تخطى بعض الموضوعات والمراحل التي قد يراها غير مناسبة .

٤. يوفر قدر هائل من المعلومات دون الحاجة إلى التردد على المكتبات .

٥. تنمية مهارات استخدام الكمبيوتر والإنترنت من خلال التعامل مع محتويات المقرر الإلكتروني .

٦. تساعد إمكانيات الكتاب الالكتروني التفاعلية تنميه قدراته المتعلم الذاتية من خلال المهارات التالية

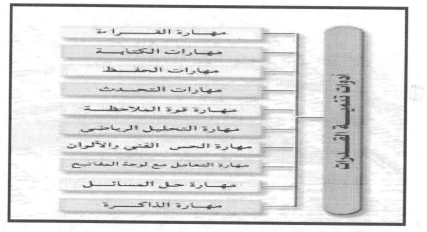

شكل (٥٥) أدوات تنمية القدرات من خلال الكتاب الإلكترونية

□ **أهمية الكتاب الإلكتروني بالنسبة للمعلم :**

١. لا يضطر المعلم لتكرار الشرح عدة مرات بل يوفر وقته وجهده للتوجيه والإرشاد وإعداد الأنشطة الطلابية .(وفاء نمر عقاب مهنا، ٢٠٠٧).

٢. التركيز على المهارات التي يحتاجها المتعلمون فعليا .

٣. التركيز على التغذية المرتدة للمتعلم لتوجيهه للمسار الصحيح للتعلم .

٤. توفير أشكال متنوعة من التفاعل بين المعلم والمتعلم .

□ **أهمية الكتاب الإلكتروني بالنسبة للمؤسسة التعليمية :**

١. توفير تكاليف الورق والطباعة والتجليد والتخزين وغيرها ، وانخفاض تكاليف النشر بالمقارنة بالنشر التقليدي .

٢. سرعة تحديث المادة التعليمية وتزويد المتعلمين بها في نفس اللحظة.

٣. سرعة توزيع الكتاب الإلكتروني بمجرد إعداده وبرمجته وتوصيله للمتعلمين في أي مكان .

٤. سهولة تصحيح الأخطاء لحظة اكتشافها .

٥. تجنب مساوئ استعمال الكتب التقليدية والتي يسئ الطلاب استخدامها ليحل محلها الكتب الإلكترونية.

- **إجراءات تصميم المقررات الالكترونية:** هناك العديد من النماذج [٤] المختلفة لكيفية تطبيق التصميم التعليمي ID ولكنها في مجملها تنبثق من نموذج « آدي ADDIE » وهو اختصار لخمس مسميات للمراحل الخمسة كما هو موضح بالشكل(٥٦) التحليل Analysis، التصميم Design، التطوير Development، التنفيذ Implementation، التقييم Evaluation. لكل مرحلة المخرج الخاص بها والذي يعتبر مدخل للمرحلة اللاحقة.(احمد السعيد طلبة ،٢٠٠٧).

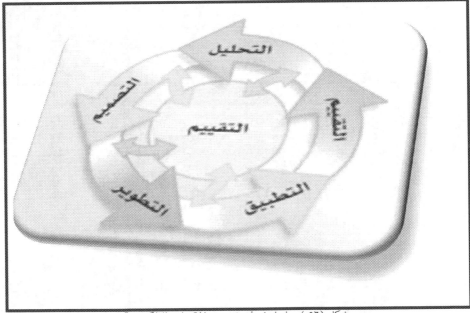

شكل (٥٦) مراحل نموذج تصميم المقررات الالكترونية

---

(٤) اعتمد المؤلف في كتابة هذا الجزء على: دورة تنمية مهارات أعضاء هيئة التدريس في مجال التعليم الالكتروني: **نظام إدارة التعليم الالكتروني**moodle: لمركز التعليم و التدريب الالكتروني لجامعة الملك خالد. متوافر على الموقع : http://www.elearinng.kku.edu.sa/ax

فيما يلي توضيح للكل مرحلة من مراحل هذا النموذج:-

المرحلة الأولى التحليل Analysis: في هذه المرحلة يتم إجراء استقصاء للحصول على إجابات تحدد مسار العمل في المراحل اللاحقة، كل مشروع قد يتطلب نوع خاص من الاستبيانات ولكن يمكن سرد الأسئلة العامة التالية:

- من هو جمهور المتعلمين ، ما هي صفاتهم العامة والخاصة ؟
- ما الأهداف التعليمية المطلوب تحقيقها ؟
- ما الوسائل التعليمية التي يمكن استخدامها لتحقيق كل هدف تعلمين ؟
- ما وسائل عرض المنهج الإلكترونية المتاحة ؟
- ما الأنشطة الإلكترونية المصاحبة ؟
- ما أفضل وسيلة لتنفيذ عملية التقييم الإلكترونية ؟
- ما أفضل لقياس نتائج الطلبة ومدى تحقق الهدف التعليمي ؟

المرحلة الثانية التصميم Design:في هذه المرحلة يتم وضع استراتيجية التعليم Instructional Strategy المتفقة مع نتائج مرحلة التحليل وتحديد العناصر التعليمية Learning Objects التي يتم تجميعها في نسق واحد وكيفية تسلسلها حيث من الطبيعي أن يكون هناك أكثر من عنصر تعليمي واحد يحققون نفس الهدف ومنها : (- محتوى نصي بسيط - محتوى متوسط الشراء وهو نصي مطعم وسيلة أيضاً (صورة – صوت – فيديو – جدول – خريطة ... إلخ) - محتوى على الشراء ويعرف بالتفاعل - ألعاب التعليمية).

المرحلة الثالثة التطوير Development: وفى هذه المرحلة يستكمل فريق العمل تنفيذ جميع العناصر التعليمية المكونة للمنهج الإلكتروني آخذين في الاعتبار جميع الملاحظات الواردة في وثيقة مراجعة النموذج الأولي، ويقوم مدقق الجودة بمراجعة المنتج النهائي والكشف عن أي أخطاء فنية أو تقنية، وفي هذه المرحلة يتم بناء جدول المحتويات للمقرر الدراسي.

المرحلة الرابعة التنفيذ Implementation :بعد إجازة المنهج الإلكتروني من

معلم/خبير المادة يقوم مدير المشروع بتكليف مهندس الدعم الفني ومدير الأنظمة بالقيام بعملية التهيئة الفنية Technical Setup والتي يمكن أن تأخذ أكثر من شكل حسب طبيعة المشروع- إنشاء ملف بيانات التوصيف الخاص بالمنهج Metadata طبقا للنسق المطلوبة مثل SCORM و AICC.

ثالثا: مجال المجتمع المعلوماتى: يطلق على العصر الحالي عصر المعلومات والانفجار المعلوماتى المتراكم، والناتج من سرعة إنتاج المعرفة من خلال تكنولوجيا الاتصالات وتكنولوجيا المعلومات الجديدة والمتنوعة التي تتجاوز الحدود الجغرافية لتنشر المعرفة ،ومع تحقق مجتمع المعلومات وظهور مفهوم الفجوة الرقمية أو المعلوماتية [٥] فإنه يجب إعادة النظر في السياسات التعليمية والاقتصادية بحيث تتجاوز أساليب التعليم التقليدية،و ذلك بإنتاج مواد تعليمية تتماشى مع التنافس في إنتاج المعلومات، وتعليم المعلومات، ومن هذه الأساليب ما يلي:-

أ.التعليم من خلال مواقع التعليمية تم تصميمه على الانترنت: فتحت الانترنت المجال أمام تطبيقات عديدة ومتنوعة من بينها التعلم التعاوني والفصول الدراسية التعليمية عبر المكاتب الرقمية والتدريب المستمر في الميادين المختلفة لضمان التعليم المستمر (أحمد منصور ، ٢٠٠١).

- **مبررات استخدام شبكة الانترنت في المجال التعليم:** هناك العديد من الأسباب التي تؤكد على أهمية استخدام الانترنت في التعليم, منها: (محمد خليفة محمد العمري، ٢٠٠٣)

١. الإنترنت مثال واقعي للقدرة على الحصول على المعلومات من مختلف أنحاء العالم.

٢. التزويد بمعلومات حديثة في كافة المجالات بدقة عالية وفي أقل وقت بدون عناء وإضاعة الوقت .

٣. تحسين فرص العمل المستقبلية بتهيئة المتعلمين لعالم يتمحور حول التكنولوجيات المتقدمة.

---

(٥) الفرق بين الأفراد القادرين على الوصول إلى تقنية المعلومات والاستفادة منها و تفعيلها في حياتهم العملية و/أو اليومية، وأولئك الذين لا يستطيعون الوصول إلى هذه التقنية والاستفادة منها . (مجمل المالكي ، ٢٠٠١).

٤. سرعة تطوير البرامج موازنة بأنظمة الفيديو والأقراص المدمجة (CD-ROM) .

٥.إعطاء التدريب الصبغة العالمية والخروج من الإطار المحلي .

□ **دواعي تصميم المواقع التعليمية على الانترنت :**

١.التطورات التكنولوجية في انتشر التعليم القائم على الويب Learning Based Web.(سعيد عسيري ،٢٠٠٦) .

٢. تزايد مستمر في استخدام مواقع الانترنت التعليمية على مستوى العالم نتيجة الانخفاض المستمر لأسعار أجهزة الكمبيوتر والذي ساهم في زيادة المبيعات و بالتالي زيادة كم الاتصالات بشبكة المعلومات الدولية، و نتيجة أيضا لتطور الشبكة و زيادة سرعة الاتصال بها. (تغريد عمران ،٢٠٠٧) .

٣- المحاولات متنامية في جامعات الوطن العربي لوضع مواقع تعليمية أو دورا تقدم خدمات للتعريف بالجامعات و الكليات Home Pages أو صفحات دليليه .

٤- عرض المحتوى التعليمي لبعض المقررات و الأنشطة التعليمية الخاص بالمقررات بما يتلاءم و حاجات كل متعلم، و توفير التعلم التفاعلي، و تحسين التعلم .

٥- تساعدني زيادة التحصيل تبقيه فترات أطول و تنمى مستويات التفكير العليا، و مهارات التعلم الفردي، كما تنمى الميول و الاتجاهات(محمد عطية خميس ،٢٠٠٣).

□ **تعريف الموقع التعليمي:** هي خليط بين الفن والمتعة بالإضافة إلى المهارة التقنية والعمل الجاد، وتختلف المواقع حسب أهدافها والميزانيات المرصودة لها ، و يمكن **تعريف الموقع التعليمي على انه: مجموعة من صفحات الويب تابعة لموقع كبير على الانترنت** [٦] ، تشتمل على صفحة رئيسية وعدة صفحات تم ربطها معا من

---

[١] اختيار اسم الموقع و تسجيله : لا بد لكل موقع من اسم ويتكون الاسم عادة من عدة مقاطع،و يجب التأكد من عدم حجز الاسم من قبل آخرين.

خلال النصوص الفائقة لتقديم محتوى تعليمي قد يتعدى تعليم المعلومات إلى تقديم بيئة تعليمية متكاملة، بما فيها من أنشطة وتفاعل، مما يدعم الاستفادة من هذا المحتوى. (حمدي شعبان ، ٢٠٠٦).

- **تصميم مواقع الانترنت التعليمية:**تتوفر العديد من البرامج التي تساعد في تصميم المواقع من أشهرها برنامج فرونت من شركة FrontPage بيج مايكروسوفت. تساعد هذه البرامج على تصميم المواقع وتحديثها.وعند تصميم صفحات الويب الخاصة ببرنامج تعليمي يجب الالتزام بما يلي : (تغريد عبد الله عمران،و فاطمة كمال على،٢٠٠٧) (أشرف جلال حسن،٢٠٠٦)

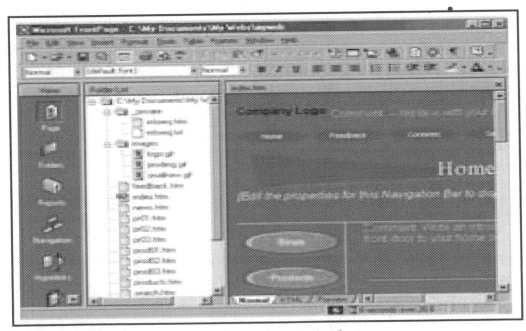

شكل (٥٧) شاشة لموقع الإلكتروني

١.توافر قاعدة وافية من البيانات الخاصة للبرنامج والمتمثلة فيما يلي : (رقم البرنامج وأسمه - جهة النشر وتاريخ النشر- اسم القائمين بدور المرشد والموجة

لعمليات التعليم أو التدريب (المعلم ، المدرب) وبريدهم الالكتروني - تاريخ بدء البرنامج - أسلوب تخزين المعلومات).

٢. توافر تعليمات حول كيفية استخدام البرنامج ، و كيفية استخدام أدوات الانتقال والتحرك بين الصفحات ، بصورة واضحة ومبسطة ومفهومة بالنسبة للفئة المستهدفة .

٣.احتواء واجهة البرنامج على توضيح عام (موجز غير مخل) بمحتويات البرنامج التعليمي أو التدريبي على نحو يتسق واحتياجات الفئة المستهدفة .

٤. إعداد مادة التعلم المقدمة خلال البرنامج وفق نسق واضح ومناسب لكل من مادة التعلم والفئة المستهدفة، ويعد النسق البنائي الأكثر قبولا وفاعلية في عمليات التعليم والتعلم وذلك لكونه يتيح فرصة للمتعلم لان :(يختار نقطة البدء المناسبة له كي يتعلم - يسترجع معرفته السابقة حول موضوع التعلم المقدم له - يبنى معرفته بنفسه من خلال عمليات تعلم نشط تقوم على مهارات : الملاحظة ، والاستدلال ، والاكتشاف ....الخ – يتدرب ويمارس التعلم الجديد في مواقف جديدة من خلال أنشطه تصمم لهذا الغرض - يقيم تعلمه ويتحقق من مستويات إنجازه بنفسه من خلال أنشطه تعد لهذا الغرض وتقدم بطرق مختلفة .

٥.عرض مادة التعلم بشكل جذاب استنادا لتقنيات الجرافيك الجذابة المحفزة للتعلم، وللعروض التوضيحية والرسوم البيانية ، والصور ، وما إلى غير ذلك من أدوات جذب .

٦. استخدام الرسوم المتحركة والفيديو كليب والمؤثرات الصوتية على نحو يجعل المحتوى أكثر إثارة ومتعة وتشويق .

٧. إتاحة الفرص لتقديم أنشطة متنوعة تسمح بالتعلم من خلال الأنماط المتنوعة للتعلم (السمعي ، البصري ، المفكر ، ....).

٨. إتاحة الفرص لتبادل الأفكار والمعلومات والمناقشات الجماعية، ومجموعات البحث التعاونية ، وغيرها من أنشطة مثل غرف التفكير ، وقوائم العصف الذهني ، وذلك من خلال أنشطة تصمم في البرنامج لتسمح باستخدام كافة أنواع التفاعل الممكنة عبر البريد الالكتروني أو chatting.

٩. تيسير الروابط [٧] (links) لتسهيل عمليات الانتقال بين الأقسام والصفحات المختلفة.

١٠. تصميم الصفحة بحيث تكون قصيرة على نحو مناسب ييسر عملية تحميلها بسهولة وسرعة ، مع مراعاة إن تكون صور الجرافيك قصيرة خفيفة الحجم ، ويمكن حذف العناصر غير المؤثرة بالصورة لتخفيف وزنها ، ويفضل استخدام الرابط لمشاهدة الفيديو كليب عن تضمينه في الصفحة ، ويعد الاختبار الجيد قبل العرض محك هام قبل طرح البرنامج للاستخدام .

☐ **المعايير التي ينبغي توافرها عند بناء موقع إنترنت تعليمي:** ينبغي توافر أربعة معايير أساسية عند بناء موقع إنترنت تعليمي: الاستعمال، المضمون، القيمة التربوية، وحيوية الموقع. هذه المعايير الأساسية تحوي بداخلها معايير ثانوية لا تقل أهمية عنه. فيما يلي وصف للمعايير الأربعة وللمعايير الثانوية التابعة لها:- (زينا جايس، الكسندر هولمز ،٢٠٠٤)، و(نمر يباعة وهنادى شحادة،٢٠٠٧).

● **معيار الاستعمال:** يختص هذا المعيار بسهولة استعمال المستخدم للموقع، فترة تواجده فيه، ومدى انجذابه إليه، ويضم ستة معايير ثانوية:

جدول (٣٢) معايير الاستعمال لموقع إنترنت تعليمي

١	الهدف من الموقع	ذكر أهداف الموقع بصورة واضحة لجمهور المستخدمين المستهدَف
٢	صفحة البيت	احتواء صفحة البيت على جدول لمحتويات الموقع مصنف بصورة جيدة وواضحة. يجب الانتباه إلى أهمية صفحة البيت، لأنها تُعطي الانطباع الأول لدى المستخدم عن الموقع
٣	الإبحار	سهولة ووضوح طريقة التنقل بين صفحات الموقع
٤	تصميم الصفحات	تناسق وجمالية تصميم صفحات الموقع، أي مدى الانسجام بين خلفية الصفحة، الألوان، ونوعية الخطوط.
٥	المتعة	استعمال وسائط متعددة كالصوت، والصورة، ولقطات الأفلام. ولكن يجب عدم الإثقال في هذا الاستخدام، كي لا نُعيق عرض صفحات الموقع، كذلك علينا الانتباه لاستعمال وسائط مناسبة

---

[٧]   **الاستضافة المجانية:**تقدم العديد من المواقع استضافة مجانية،وفيما يلي بعض الأمثلة :- www.Ayna.com:
www.freeservers.com - www.8k.com- www.4t.com - www.8m.com-www.geocities.com

		للموضوع، تساهم في فهم الفكرة المطروحة نصياً
٦	القراءة	استخدام خطوط واضحة، ومناسبة، وسهلة القراءة في النصوص المكتوبة في الموقع

- **معيار المضمون:** يختص هذا المعيار بقيمة المضمون والمعلومات المعروضة في الموقع، ويشمل خمسة معايير ثانوية:

جدول (٣٣) معايير المضمون لموقع إنترنت تعليمي

١	**مرجعية**	ارتكاز المعلومات في الموقع على مراجع مُعتمَدة، ومنظمات موثوق فيها، وجهات مسئولة وصاحبة مرجعية في مجال المعلومات المعروضة.
٢	**الدقة**	استخدام معلومات صحيحة ودقيقة تعتمد على حقائق، و استخلاصات علمية مهنية محترفة.
٣	**صلة بالموضوع**	وجود علاقة مباشرة بين المعلومات المعروضة والموضوع المركزي للموقع.
٤	**الكفاية**	توفير كمية معلومات كافية لنقل جوهر الفكرة، بحيث تتعدى حد النقصان ولا تصل إلى حد الإفراط.
٥	**الملائمة**	استخدام طريقة عرض للمعلومات مناسبة للجمهور المستهدَف. كذلك الحفاظ على مستوى تعقيد وتركيب للمعلومات مناسب للمستخدمين، بحيث لا يكون بسيط للغاية أو معقد بالنسبة لمستوى وقدرة جمهور الموقع

- **معيار القيمة التربوية:** يختص هذا المعيار بنجاح الفعاليات التعليمية الموجودة في الموقع والناتج النهائي الذي سيقوم ببنائه المتعلم، ويضم سبعة معايير ثانوية:

جدول (٣٤) معايير القيمة التربوية

١	فعاليات	تزويد فعاليات تعليمية هادفة تفتح أمام المتعلم آفاق ومعلومات جديدة في المجال المراد تدريسه، وتُمكّن المتعلم من استعمال المعلومات الجديدة التي تعلمها من أجل الحصول على إنتاجات هامة ومفيدة.
٢	خطة الفعالية	كل فعالية تعليمية يجب أن ترافقها خطة للفعالية واضحة ومناسبة لموضوع الفعالية. على الخطة أن تضم أربعة عناصر أساسية: موضوع الفعالية، الهدف من وراء استخدام الفعالية، مميزات الجمهور المستهدف من الفعالية، مراحل تنفيذ الفعالية وطرق العمل.
٣	مصادر تعليمية	على الفعاليات أن تضم معلومات جاهزة وبطرق متنوعة، كما وعليها توجيه المستخدم لمعلومات إضافية في مصادر تعليمية متنوعة. يمكن تجهيز مصادر تخص موضوع الفعالية من قبل مسئول الفعالية أو توجيه المستخدمين للبحث عن مصادر أخرى بأنفسهم. تكمن أهمية استخدام المصادر التعليمية بأنها تمنح المستخدم فرصة الإبحار والتعمق أكثر في

		موضوع الفعالية.
٤	اتصال	فتح المجال أمام المستخدم للتواصل مع المسئول عن الفعالية، خبير في موضوع الفعالية، وزملاء له في التعلّم. هذا التواصل ضروري لجعل العملية التعليمية أكثر نجاحا، إثارة وفاعلية. أهم وسائل الاتصال المستخدمة: البريد الإلكتروني، المنتديات، والدردشة .
٥	تغذية مرتدة	متابعة مشاركة المستخدمين للفعالية وتقييم طرق عملهم وإنتاجاتهم التي تنشأ خلال تنفيذ الفعاليات. لهذا التقييم هدفان مهمان؛ الأول، فحص مدى فهم المستخدم لمضامين الفعالية، والثاني، إشعار المستخدم بأن إنجازه جدير بالأهمية ويستحق المعالجة والتقييم.
٦	جدول موجّه لتقييم الفعالية	إرفاق جدول موجّه لتقييم تنفيذ كل فعالية. على الجدول الموجّه أن يكون سهلاً وواضحاً لكي يحث المعلمين والتلاميذ على استخدامه. هذا الموجّه يوضح للمستخدمين أدنى وأعلى مستوى متوقع لتنفيذ الفعالية
٧	وسائل مساعدة	توفير وسائل مختلفة تساعد المستخدم على حل مشاكل تقنية، كتابية، وتعليمية يواجها خلال تنفيذ الفعاليات.

- **معيار الحيوية:** يختص هذا المعيار بمدى حيوية وديناميكية الموقع. موقع حيوي يعني أنه قادر على التنفس والحياة، فبكل شهيق تدخل معلومات جديدة وآنية وبكل زفير تخرج معلومات لم تعد ذات أهمية لمستخدمي الموقع. يضم هذا المعيار معيارين ثانويين:

جدول (٣٥) معايير الحيوية للموقع الإنترنت

١	ارتباطات	توجيه المستخدمين إلى صفحات إضافية داخل الموقع ذاته أو إلى مواقع أخرى، وإلغاء ارتباطات لم تعد ضرورية أو فعالة.
٢	تطوير وتحديث	إدراج تجديدات، وإجراء تحديثات وتعديلات على معلومات ومضامين الموقع بصورة دائمة. بالطبع، يجب مسح المعلومات والمضامين التي لم تعد مناسبة للموقع.

❑ **مزايا و عيوب التعليم باستخدام الانترنت:**(مؤنس محمد ، ٢٠٠٤).

جدول (٣٦) مزايا وعيوب التعليم بالإنترنت

مزايا التعليم باستخدام الانترنت	عيوب التعليم باستخدام الانترنت
التحرر من قيود المكان والزمان: فالعملية التعليمية يمكن أن تتم في أي وقت ومكان يوجد فيه المتعلمين.	**التكلفة المادية:** المطلوبة لتوفير خدمة الانترنت أحد الأسباب الرئيسة في عدم استخدام الانترنت
مراعاة الفروق الفردية بين المتعلمين والسماح للمتعلم بالخطو الذاتي.	**المشكلات الفنية:** التي تواجه مستخدمي الشبكة كثرة الانقطاع أثناء البحث والتصفح لسبب فني أو غيره
اختصار وقت التعليم: ويقدر التوفير في الوقت بأنه يتراوح بين ٢٠% و ٨٠% ويفسر ذلك بأن المتعلم يتحكم في تدفق المادة حيث يمكنه تخطي الأجزاء غير الضرورية والتركيز على الأقسام التي يحتاجها.	**الوقت:** من المعلوم أن الوقت المحتاج للحصول على الصوت أو الصورة أو الملفات الكبيرة هو أضعاف الوقت المحتاج للحصول على نص كتابي.
تقدم أدوات التعليم المتزامن وأدوات التعليم غير المتزامن	**عدم المصداقية** في تقييم المتعلمين عبر الانترنت
يساعد على **نقل الجو والبيئة من داخل أسوار المؤسسة التعليمية** إلى المنزل، مما يجنب المتعلمين الشعور بالخجل عند إلقاء أسئلتهم أو التعبير عن آرائهم.	**اتجاهات المدربين نحو استخدام التقنية:** بالرغم من أن تطبيقات الانترنت في المصانع والغرف التجارية والأعمال الإدارية يزداد توسعا إلا أن استخدامها في التعليم والتدريب أقل من المتوقع ويسير ببطء شديد عند المقارنة بما ينبغي أن يكون.

ب- توظيف تكنولوجيا الاتصالات المعلومات لتحسين التعلم : اتسمت السنوات العشر الأخيرة بالتطور الهائل في تكنولوجيا المعلومات والاتصالات (ICT) Information Communication Technology نتيجة للتقدم المتسارع في علوم الكمبيوتر وشبكات المعلومات والتكنولوجيا الرقمية، وسرعة انتشار استخدامات شبكة الإنترنت والمؤتمرات التفاعلية Video conference حتى أصبحت تكنولوجيا المعلومات والاتصالات - التي يُشار إليها بالاختصار "ICT" - وسيطًا مهمًا لإحداث

تغيرات جوهرية في العملية التعليمية، لكونها أداة مثيرة وفعالة في التعليم .

وكان من توصيات مؤتمر المعلوماتية وتطوير التعليم ضرورة التوسع في تدريب المعلمين على مهارات استخدام وتوظيف تكنولوجيا المعلومات والاتصالات وألا يقتصر ذلك على معلمي الكمبيوتر فقط حيث أن امتلاك المعلمين لهذه المهارات سيعود بالفائدة على المتعلمين وكذلك سيؤدي إلى تغيير شكل الفصول وتحسين العملية التعليمية. (مجلة العلوم التربوية،٢٠٠٤).

(Leask and Meadows , 2004)

- مفهـوم تكنولوجيـا المعلومـات والاتـصالات : Information Communication Technology

يعرف أسامة محمد عبد السلام (٢٠٠٥) تكنولوجيا الاتصالات والمعلومات على أنها « التقنيات المختلفة المستخدمة في جمع المعلومات وتخزينها ونقلها وبثها واسترجاعها عن طريق الكمبيوتر بصورة مفردة أو من خلال شبكات » .

ويعرف منصور الشهري (٢٠٠٧) تكنولوجيا المعلومات والاتصالات: على أنها جميع الأجهزة والبرامج التي يمكن استخدامها في عملية التدريس من قبل عضو هيئة التدريس.

ويمكن تعريفها على أنها: فنيات استخدام الأجهزة والبرامج المرتبطة بجمع وتخزين واسترجاع ونقل المعلومات والبيانات عن طريق الحاسوب واستخدامها في عملية التدريس داخل الموقف التعليمي بالمؤسسة التعليمية.

- متطلبـات التدريـس علـى اسـتخدام تكنولوجيا الاتـصالات و المعلومات في الفصـل المدرسي:لكي يتحقق التدريس باستخدام تكنولوجيا الاتصالات و المعلومات يجب توفير ما يلي:-

١. تدريب الطلاب على استخدام الحاسوب قبل هذه الدروس.

٢. تدريس الطلاب درساً تمهيدياً باستعمال تطبيق بسيط مثل (بينت برش) Paintbrush سوف يساعدهم على اكتساب مهارات تكنولوجيا الاتصال والمعلومات الأساسية.

٣. وإذا لم تستطيع تقديم درساً تمهيدياً لجميع الطلاب فقم بتدريس عـدد قليـل

منهم بحيث يمكنهم أن يصبحوا قادة مجموعات لاحقاً ويستطيعون مساعدة الآخرين في مجموعات عملهم. واستفد من خبرات الطلاب الذين لديهم مهارات في استخدام الحاسوب. وخذ هذا الأمر بعين الاعتبار عند تشكيل مجموعات العمل.

- **الكفايات التعليمية التي توفرها تكنولوجيا المعلومات والاتصالات للمتعلم داخل فصله وخارجه:** يساعد استخدام تكنولوجيا المعلومات و الاتصالات في تنمية قدرات المتعلم على تحقيق الكفايات التعليمية التالية والموضحة بالشكل (٥٨) .

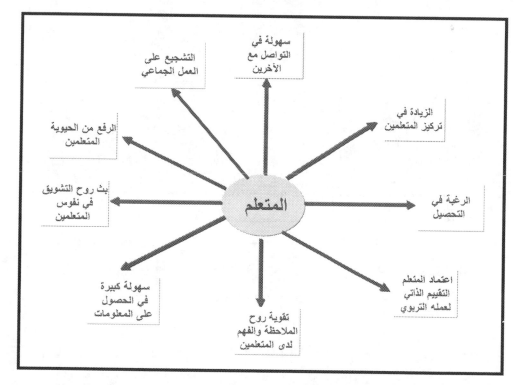

شكل (٥٨) الكفايات التعليمية الناتجة عن استخدام تكنولوجيا المعلومات والاتصالات للمتعلم

- **كيفية تنظيم الدرس:** يمكن للمعلم تنفيذ الدرس من خلال أتباع الإجراءات التالية عند تنظيم الدرس:-

١. تشجيع الطلاب على العمل معاً في مجموعات ويوصى بأن تتكون المجموعة من

طالبين أو ثلاثة مختلفي القدرات.

٢. توضيح للطلاب بأن عليهم مساعدة بعضهم بعضاً وأن عليهم استخدام الكمبيوتر بالتناوب وأن لا يتدخل الواحد منهم عندما يكون الدور بالعمل لغيره، ويوضح الشكل (٥٩) كيفية تنظيم الفصول التي تستخدم تكنولوجيا الاتصالات والمعلومات

شكل (٥٩) شكل تنظيم فصول عند استخدام تكنولوجيا الاتصالات والمعلومات

١. التأكيد على أن تنظيم غرفة الصف سيختلف حسب عدد أجهزة الحاسوب وحسب عدد الطلاب وتقوم هذه الدروس على فرضية أنه يتم استخدام مختبر لغات وأنه يوجد عدد كاف من أجهزة الحاسوب لجميع الطلاب في مجموعات العمل ليستخدموها جميعهم في أن واحد.

٢. للتقليل من الضجيج، يمكنك استعمال مجموعة واحدة من السماعات أثناء عرض الدروس وتزويد الطلاب بسماعات أذن عندما يعملون على أجهزة الحاسوب.

٣. يمكنك توفير الوقت بتحميل برنامج التطبيق تفتح ملف الموضوع قل أن يبدأ الدرس.

٤. جهز نشاطات بديلة تحسباً لتعطيل جهاز الحاسوب, مثل : التسجيلات على الأشرطة.

٥. استخدام البطاقات أوراق عمل إضافية أشياء أو أشكال أو صور ليتم مطابقتها وتصنيفها أو عدها أو غيرها العرض باستخدام السبورة .

❑ **خطة درسيه الصف الثالث الأساسي: فيما يلي نموذج لخطة درس في مادة الرياضيات** باستخدام تكنولوجيا المعلومات والاتصال.

المادة: الرياضيات **الصف:** .... **اليوم:** ....

الموضوع: الأشكال الهندسية: المثلث والمربع والمستطيل **التاريخ:** ....

الأهداف	الزمن	النشاطات	التقويم	مصادر التعلم	التغذية الراجعة
أن يتعرف التلاميذ على شكل المثلث والمربع والمستطيل .	١٥ دقيقة	**النشاط رقم (١):** (جميع الطلاب أمام شاشة جهاز كمبيوتر واحد للعرض). بالإضافة لاستعمال الكمبيوتر, اعرض الرسم الأتي لربط تعلم التلاميذ وخبراتهم السابقة بالدرس الجديد ومن خلال الأسئلة الآتية : **- ما هذا الشكل؟** **- أين ترى الأشكال الآتية؟** باستخدام الحاسوب, أعرض على التلاميذ المثلث والمربع والدائرة التي تتحدث عن نفسها بحيث يعرض كل شكل بالصورة والصوت ثم أسألهم عن الأشكال التي يتم عرضها.	صل الكلمة بالشكل الهندسي المناسب: المستطيل المربع الدائرة المثلث	جهاز حاسوب وبرمجية الرياضيات	
أن يميز التلاميذ المثلث والمربع والدائرة والمستطيل من خلال تلوين	١٢ دقيقة	**النشاط رقم (٢):** تمرين تكنولوجيا اتصال ومعلومات (ICT) عمل زوجي أو بمجموعات صغيرة : جهاز حاسوب واحد لكل مجموعة). اطلب من التلاميذ تلوين الثلث باللون الأحمر والمربع باللون	هل تستطيع وضع اللون المطلوب لكل شكل من الأشكال الهندسية	أجهزة حاسوب وبرمجية **الرياضيات**	

كل شكل باللون المطلوب		والمستطيل باللون الأخضر .	الآتية:.		
أن يصنف التلاميذ الأشكال الهندسية تصنيفاً صحيحاً.	١٨ دقيقة	**النشاط رقم(٢):** تمرين (ICT) تمرين رقم(٢) ورقم (٣) ورقم (٤), (عمل زوجي أو مجموعات صغيرة, جهاز حاسوب لكل مجموعة). حسب قدرات التلاميذ: يمكن للمعلم أن يوجه التلاميذ في كل تمرين على حدة أو أن يطلب منهم العمل على التمرين بأنفسهم. التمرين رقم (٢): (السلاحف): على التلاميذ التعرف على الأشكال الموجودة على كل سلحفاة ووضع كل واحدة منها داخل المكان المناسب. التمرين رقم (٣): (المثلث والمربع والمستطيل), يُطلب من التلاميذ وضع الاسم الصحيح داخل الشكل. التمرين رقم (٤): (مصفوفة) : يُطلب من التلاميذ تصنيف الأشكال حسب الشكل وللون. النشاط رقم (٤): نشاطات لا حاسوبية (قسم التلاميذ إلى مجموعات غير متجانسة من حيث قدرات الطلاب) وزع عليهم أوراق العمل والمواد الخاصة بنشاطات الأشكال, ثم يطلب من التلاميذ	- ارسم الأشكال وأكتب أسماءها. - تعرف على الأشكال وسمها. ميز بين الأشكال	مجموعة منتقاة من الأشكال الهندسية والأشياء (مثل السلال) لتساعد في نشاطات التعرف على الأشكال (مثل الألواح والحلقات المطاطية), أوراق العمل	

				تصنيف الأشكال الهندسية وتشكيلها.		

الأنشطة التعليمية

عزيزي الطالب المعلم / الطالبة المعلمة أنت مدعو للمشاركة فاعمل هذه المجموعة من الأنشطة التعليمية الخاصة بموضوع (تطبيقات تكنولوجيا التعليم في وحدات المنهج التعليمية) بهدف تدريبك على كيفية فهم الأسئلة- الإجابة عن الأسئلة من مصادر متعددة(المحاضرة- الكتاب المقرر- مناقشاتك مع أستاذك و زملائك)-جمع المعلومات من مصادر متعددة بالاستعانة بمكتبة الكلية.

١. عزيزي الطالب / الطالبة اقرأ ما يلي من معلومات وحاول كتابة ما الفرق بين الانترنت و كل من الانترانت و الاكسترانت؟

جدول (٣٧) التعريف بكل من الاكسترانت والانترانت

الاكسترانت	الانترانت
- تستخدم الإنترنت للربط بين شبكات الإنترانت التي تربطها شراكة من نوع ما (**تعليم، تجارة، تسويق** ..) والمحافظة على خصوصية كل منهم مع منح أحقية الشراكة على بعض الخدمات والملفات فيما بينها.	- يطلق على استخدام تقنيات الإنترنت والويب في الشبكة الداخلية الشركة (أو الجامعة) -الانترانت تعمل على رفع كفاءة العمل الإداري وتشارك الموارد والمعلومات تقديم خدمة الدخول على الإنترنت مع منع العكس (إلا بتصريح). - تقليص التكاليف وتوفير الوقت تقديم جميع الخدمات التي تقدمها الإنترنت .E-Mail, News, Video Conferencing

٢.ما درجة استخدام المعلمين الذين يقومون بتدريسك في هذه المرحلة لتكنولوجيا المعلومات والاتصالات وتطبيقاتها و ماهى أسباب هذه النتائج من وجهة نظرك؟

٣. بماذا تنصح زميل لك كل ما يعرفه عن الانترنت هو المخاطر الناتجة عن استخدام شبكة الانترنت كمصدر للمعلومات المبينة اكتب ما تنصحه به في خمس سطور.

٤. اجب عن أسئلة التقويم الذاتي الموجودة في نهاية :موضوع تطبيقات تكنولوجيا التعليم في وحدات المنهج التعليمية.

التقويم الذاتي

الآن عزيزي الطالب/ الطالبة: اجب عن الأسئلة الآتية لمعرفة مدى تقدمك نحو تحقيق أهداف التعلم لموضوع تطبيقات تكنولوجيا التعليم في وحدات المنهج التعليمية.

أولا:-اختر الإجابة الصحيحة من بين الإجابات الأربعة التالية, وذلك علامة(/) إمام الفقرة التي تمثله, علما بان هناك إجابة صحيحة واحدة فقط لكل سؤال:-

١.   عند تصميم مواقع الانترنت التعليمية يستخدم برنامج:-

أ. فرونت من إنتاج ميكروسوفت   ب. الجداول الالكترونية

ج.بيج من إنتاج شركة ميكروسوفت   د. جميع ما سبق

٢. يقصد بحيوية الموقع التعليمي على الانترنت:-

أ. ثبات معلومات الموقع   ب. ديناميكية الموقع التعليمي.

ج.تنوع المعلومات على الموقع   د. لا شيء مما سبق

٣.روابط الموقع الالكتروني تساهم فيما يلي:-

أ. تسهيل التعلم   ب. الانتقال بين الصفحات

ج. التقويم المبدئي   د. تخطيط الموقع.

٤.تؤكد معايير الموقع التعليمي بالانترنت على :-

أ. الاستعمال   ب. المضمون

ج. القيمة التربوية   د. جميع ما سبق

٥.جميع ما يلي من مبررات استخدام الانترنت في التعليم ماعدا:-

أ.قلة التكلفة   ب. توافر الواقعية

ج. سرعة تطور البرامج   د.ندرة المواد المكتوبة

٦.يهتم القائمون على المكتبات الافتراضية باى من المعلومات التالية:-

أ. الأدلة الموضوعية   ب. الإعمال المرجعية

ج. قواعد المعلومات   د. جميع ما سبق.

٧. عند البحث عن اى من الكلمتين (تكنولوجيا التعليم) يتم استخدام :-

أ. or ب.not.

ج.and د.(+)

٨. برامج خاصة يهدف مطوروها إلى تنمية قدرات الطلاب من خلال مواقف مسلية:-

أ. الألعاب . ب. قواعد البيانات .

ج.الجداول الإلكترونية . د. فيروسات الحاسب

٩. يحول شاشة الحاسوب إلى ورقة عمل ولوحة المفاتيح إلى قلم وجهاز الحاسوب إلى آلة حاسبة:

أ. الاتصالات . ب. الجداول الإلكترونية .

ج.قواعد البيانات . د. الرسم بالحاسب

١٠. الألعاب التي تتطلب التفكير العميق و الطويل هي :

أ. الألعاب التعليمية . ب. الألعاب الترفيهية .

ج. ألعاب المحاكاة . د.ألعاب المهارات العقلية.

١١. الكتاب الالكتروني يعد من :-

أ. مصادر المعلومات ب.أساليب الاتصال المتزامن.

ج.أساليب الاتصال غير المتزامن د.لا شيء مما سبق

١٢. عند استخدام المقرر الإلكتروني لأول مرة ينبغي مراعاة ما يلي ما عدا:

أ. تحديد مستوى مهارة الطلاب في استخدام الحاسب

ب. الاستمرار في تقويم مهارات الطلاب .

ج.توفير الأجهزة و المعدات اللازمة لتعلم

د. تزويد الطلاب بالدعم مادي فوري .

١٣ .متطلبات استخدام المقرر الالكتروني هي:-

أ. الأجهزة و المعدات ب. البرامج التعليمية.

ج.الإلمام بمهارات التعامل   د. جميع ما سبق.

١٤. المقررات الإلكترونية:-

أ- تعتمد علي الانترنت   ب-لا تعتمد علي الانترنت

ج- تعتمد علي الفيديو   د- أ , ج معا

١٥. جميع ما يلي من أنشطة التعليم الالكتروني ما عدا:-

أ. التراسل عبر الانترنت   ب. الاستضافة الالكترونية

ج. الاتصال بالخبراء والمجربين   د. إمداد التلاميذ بالأدوات المعلوماتية

١٦. من الأسباب وراء استخدام نظام العرض مع الكمبيوتر في التعليم:-

أ. محدودية معامل الكمبيوتر

ب. وجود برامج تحتاج لمناقشة جماعية

ج. وجود برامج تحتاج إلي المناقشة من المعلم

د. جميع ما سبق

١٧. جميع ما يلي من أسباب استخدام الانترنت في التعليم ما عدا:-

أ. لقدرتها في الحصول علي المعلومات

ب. تساعد علي التعلم التعاوني الجماعي

ج. توفر أكثر من طريقة في التدريس

د. لبطئها في الحصول علي المعلومات وارتفاع تكلفتها.

١٨. يتطلب التدريس الخاص من الكمبيوتر

أ. تدريس جزء من الدرس   ب. تدريس الدرس كله

ج. التدريب علي جزء من الدرس   د. لا شيء مما سبق

١٩. قبل وضع أي مقرر على الإنترنت ينبغي مراعاة ما يلي:

أ- تحديد حاجات الطلاب   ب - التوفيق بين استراتيجيات التدريس

ج- تحديد حاجات المعلمين   د- جميع ما سبق.

٢٠. المهارات التي ينبغي على الطالب الإلمام بها لاستخدام المقرر الالكتروني:-

أ- القدرة على استخدام أوامر (Windows)

ب- القدرة على استخدام (Word) .

ج- القدرة على تحميل البرامج من الإنترنت   د- جميع ما سبق.

٢١.اى من البرامج يمكن استخدامها في تصميم دروس ومقررات خاصة بمادة معينة:-

أ- برنامج Author Plus   ب-برنامج Hot potatoes

ج- برنامج PowerPoint   د- جميع ما سبق.

ثانيا :-ضع علامة (√)إمام العبارة الصحيحة وعلامة (x)إمام العبارة الخطأ مع تصحيح الخطأ:-

١.توفر شبكة الانترنت فرصة كبيرة للتعليم والتعلّم عن بعد.

٢. حيث يمكن المعلم عن بعد استخدام شبكة الانترنت لتصميم الدروس.

٣.شبكة الويب تقوم بربط الطالب بقائمة من قوائم النقاشات أو قوائم التوزيع.

٤.يجب الاعتماد على برنامج معالج النصوص Microsoft Word في تصميم الدروس.

٥. عدم الإفراط في الاستعمال لرسومات بيانية كبيرة الحجم غير ملائمة للعرض.

٦.الصفحات التي يحتاج تنزيلها إلى وقت طويل تؤدي إلى ملل الطلاب والتراجع.

٧. الحرص على زيادة أو تغيير المعلومات حسب الحاجة، والتأكد بشكل دوري من استمرارية الموقع.

٨.يجب عرض معلومات الدرس الالكتروني، كأهداف الدرس والمراجع الممكنة والمكملة.

٩. ضرورة توفير بريد إلكتروني لاستعماله للتبليغ عن وجود مشاكل أو التزود بمعلومات حول الدرس.

١٠.يستحسن تكوين مجموعة نقاش من بعد ليتمكن الطلاب من الاتصال لتبادل المعلومات.

١١. من الضروري مطالبة المتعلم بالقيام بواجبات ووظائف منزلية وإرسالها

إلكترونياً.

١٢. يمكن للمعلم عرض حلول قصيرة للتوجيه والمساعدة على الحل.

١٣. ساعدت تكنولوجيا التعليم الحديثة على التعليم وجها لوجه.

١٤.تقدم الانترنت خدمة الويب و التخاطب.

١٥.توفر الوسائل الحديثة تأهيل المعلمين

المراجع

١. احمد السعيد طلبة (٢٠٠٧) الجوانب التربوية و التقنية لتوصيف وتقييم المقررات الالكترونية طبقا لمعايير الجودة. متوافر على الموقع:

http://www.amnsvu.maans.edu.eg/el/Course-Assessment.pdf

٢. أحمد منصور (٢٠٠١) **تكنولوجيا التعليم** ، القاهرة ، دار الكتب المصرية.

٣. - أسامة محمد عبد السلام (٢٠٠٥) فاعلية برنامج تـدريبي بواسطة الوسـائط المتعددة لتنمية مهارات المعلوماتية والاتصالات والاتجاه نحو التعلم الذاتي لدي المعلمين . رسالة دكتوراه **غير منشورة** معهد الدراسات التربوية، جامعة القاهرة

٤. أشرف جلال حسن(٢٠٠٦) فاعليـة استخدام الإنترنت في مجـال التـدريس. **ورقـة عمـل** مقدمة ضمن فعاليات أسبوع التجمع التربوي الثاني بكلية التربية جامعـة قطر تحت شعار (نحو تدريس متميز)الفترة من ٢٥-٣٠ مارس ٢٠٠٦

٥. أماني محمود عبد الكريم و آخرون (٢٠٠٦) **توظيف ICT في التعليم**. فلسطين: وزارة التربية و التعليم العالي و المجلس الثقافي البريطاني.

٦. السيد محمـود الربيعـي وآخرون (٢٠٠٨) **المعجم الشامل لمصطلحات الحاسـب الآلي والإنترنت** . الرياض : مكتبة العبيكان .

٧. توفيق مرعي ومحمد محمود الحيلة(٢٠٠٢) **تفريد التعليم** . عمان: دار الفكر .

٨. تغريد عبد اللـه عمـران،و فاطمـة كمـال عـلى (٢٠٠٧) برنامج تـدريبي لتنميـة بعض مهارات إدارة المشروعات الصغيرة لدى طلاب وطالبات المدرسـة الثانويـة الصناعية باستخدام الإنترنت **المؤتمر الدولي السادس للتعليم والتدريب بالإنترنت** (نحو مجتمـع المعرفة) في الفترة من   ٢-٤ /٩/ ٢٠٠٧.

٩. تغريـد عمـران (٢٠٠٧) معايير التعلم الألكـترونى وتطوير واقـع التعليم والتـدريب بالإنترنت" دراسة تحليلية مقارنة في ضوء الاتجاهات العالمية المعاصرة ، بحث تحت النشر في **المـؤتمر الـدولي السـادس للتعلـيم والتـدريب بالإنترنت** (نحـو مجتمـع المعرفة) في

الفترة من ٢-٤ /٩/ ٢٠٠٧.

١٠. جمال الشرهان(٢٠٠٢) **الوسائل التعليمية ومستجدات تكنولوجيا التعليم** . الرياض: المؤلف.

١١. جمال الشرهان (٢٠٠٢) دراسة آراء أعضاء هيئة التدريس بكلية التربية بجامعة الملك سعود في شبكة الإنترنت **مجلة جامعة الملك سعود للعلوم التربوية** العدد(٢) صص٥٥١-٥٧٢.

١٢. حمدي إسماعيل شبعان (٢٠٠٦) فاعلية موقع لتعليم مقرر تكنولوجيا التعليم عن بعد على تحصيل وأداء طالبات كلية التربية بعبري و اتجاهاتهن نحو هذا الموقع. **مؤتمر المعلوماتية و منظومة التعليم** . تحرير مصطفى عبد السميع .القاهرة. يومي ٥-٦ يوليو٢٠٠٦ صص٢١٩-٢٥٤

١٣. خالد طوقان (٢٠٠٤) **حوسبة منهج الرياضيات من الصف الأول الابتدائي حتى الصف الثاني الثانوي مع بداية الفصل الدراسي القادم.** متوافر على الموقع: http: //ammannet URL : /news/Jan 2004/18 edu.htm . تم زيارته في مارس ٢٠٠٥.

١٤.ريما سعد الجرف(٢٠٠٣) مهارات استخدام قواعد المعلومات الإلكترونية . **الرياض**: مركز البحوث، مركز الدراسات الجامعية للبنات، جامعة الملك سعود (كتيب منفصل)

١٥. زينا جايس، الكسندرا هولمز (٢٠٠٤) **منهج أكاديمية سيسكو للشبكات- أساسيات تصميم مواقع الوب -الدليل المتمم**، ترجمة: مركز التعريب والبرمجة، بيروت: الدار العربية للعلوم، ط١، ص ٧.

١٦. سعيد أحمد عسيري (٢٠٠٦) موقع مادة هندسية على الانترنت كمثال على جدوى استخدام التقنية الحديثة في التعليم الجامعي. **مجلة جامعة الملك عبد العزيز العلوم الهندسية** م١٦،ع٢ ص ص ٣-٢٥.

١٧. علي بن محمد جميل دويدي(٢٠٠٤) أثر استخدام ألعاب الحاسب الآلي وبرامجه التعليمية في التحصيل ونمو التفكير الإبداعي لدى تلاميذ الصف الأول

الابتدائي في مقرر القراءة والكتابة بالمدينة المنورة **رسالة الخليج العربي** العدد (٩٣)

١٨. عايد حمدان الهرش و آخرون (٢٠٠٦) أثر استخدام برمجيّتين تعليميّتين مختلفتين في تحصيل تلميذات الصف الأوّل الأساسي في الرياضيات. **مجلة جامعة تشرين للدراسات و البحوث العلمية** _ سلسلة الآداب والعلوم الإنسانية المجلد (٢٨) العدد (١)ص ص ٥٥-٦٦.

١٩. عبد الله سالم المناعي (٢٠٠٧) الإنترنت متوفر على الموقع التالي :

http://www.Teachers.net.e.yeazhg/myworks/Documents/20%. ppt.

٢٠. عبد الله الموسى (٢٠٠٢) استخدام تقنية المعلومات و الحاسوب في التعليم الاساسى. الرياض: المكتب التربية العربي لدول الخليج.

٢١. عبد الله الموسى (٢٠٠٨) استخدام الحاسب الالى في التعليم. الرياض:المؤلف.

٢٢. عبد العزيز طلبة (٢٠٠٨) نظم ومصادر التعلم الإلكتروني المنصورة: مركز التعليم الإلكتروني - جامعة المنصورة .

٢٣. عبد الحافظ محمد جابر سلامة(٢٠٠٧) نموذج تقني مقترح لتطوير أعضاء هيئة التدريس في مجال مستحدثات تكنولوجيا المعلومات والتعليم في كليات المعلمين بالمملكة العربية السعودية-كلية الرياض نموذجا- في ضوء الواقع ونتائج بعض الدراسات. متوافر على الموقع:

ttp://docs.ksu.edu.sa./Doc/Artides15/Artide150798.de

٢٤. قسم تكنولوجيا المعلومات والاتصال في مجال التربية والعلم والثقافة(٢٠٠٧) **معايير اليونسكو بشأن كفاءة المعلمين في مجال تكنولوجيا المعلومات والاتصال**.باريس: اليونسكو

٢٥. ماهر إسماعيل صبري (٢٠٠٩) **من الوسائل التعليمية إلى تكنولوجيا التعليم (الجزء الثاني)** . الرياض : مكتبة الرشد .

٢٦. ماهر

٢٧. مجلة العلوم التربوية(٢٠٠٤) : **توصيات مؤتمر المعلوماتية وتطوير التعليم،**

العدد الرابع، ص٢٥٥-٢٥٨.

٢٨. مجبل لازم المالكي (٢٠٠١) مجتمع المعلومات المعاصر أحوال المفرخة العدد (٢٢) صرصر ٦٢-٦٥ .

٢٩. .محمود السيد علي(١٩٩١). تصميم برنامج لألعاب الكمبيوتر الرياضية كأسلوب لتنمية الابتكار الرياضي لتلاميذ الحلقة الأولى في التعليم الأساسي. رسالة دكتوراه **غير منشورة**، جامعة عين شمس.

٣٠. محمد خليفة محمد. (٢٠٠٣). "واقع استخدام الإنترنت لدى أعضاء هيئة التدريس وطلبة جامعة العلوم والتكنولوجيا الأردنية". **مجلة اتحاد الجامعات العربية**, ع ٤٠ , ص ص ٣٥ – ٧٠.

٣١. محمد جعفر عارف،وحسن عواد السريحي(٢٠٠٦). **الإنترنت والبحث العلمي**. جدة: دار الخلود.

٣٢.محمد عطية خميس (٢٠٠٣)**منتوجات تكنولوجيا التعليم** . القاهرة : مكتبة دار الحكمة.

٣٣. مصطفي عبد السميع محمد(٢٠٠٥) **تكنولوجيا التربية .. تكنولوجيا التعليم -الكل والجزء**، تكنولوجيا التربية- دراسات وبحوث، الجمعية العربية لتكنولوجيا التربية.

٣٤. مؤنس محمد . (٢٠٠٤) التعلم الالكتروني على الانترنت . **مجلة العلوم والتقنية** , ع (٦٥) . ص ص ٤٨ – ٥٢ .

٣٥. منصور الشهري (٢٠٠٧) استخدام أعضاء هيئة التدريس في جامعة الملك سعود لتقنيات المعلومات والاتصالات في العملية التعليمية **مجلة جامعة الملك سعود** .

٣٦. نبيل علي (١٩٩٤) العرب وعصر المعلومات **سلسلة عالم المعرفة**، الكويت،العدد (١٤٨).

٣٧. نبيل علي (٢٠٠١) **الثقافة العربية وعصر المعلومات: رؤية لمستقبل الخطاب الثقافي العربي** الكويت، سلسلة **عالم المعرفة**، العدد ٢٦٥.

٣٨. نمر يباعة و هنادى شحاده(٢٠٠٧) تقييم موقع انترنت تعليمي. متوافر على الموقع:

http://www.arabcomp.net/FileLib/Rubrica.Doc

٣٩. وفاء نمر عقاب مهنا(٢٠٠٧) تقويم منهج الرياضيات المحوسب على الشبكة بالأردن.المؤتمر العلمي السادس لتكنولوجيا المعلومات القاهرة الفترة من ٤-٥ سبتمبر ٢٠٠٧.

36-Amory, A; Naicker, K; Vinvent, J,& Adams(1999) The use of games as an educational tool: identification of appropriate game types and games elements. British Journal of Educational Technology, Vol. 30, NO 4. pp311-321

37- Betz, J .A(1996)Computer Games: Increase Learning in an Interactive Multidisciplinary Environment. Journal of Educational Technology Systems; Vol. 2,4 N.2, . PP. 195-205

38-Brown , A. et al .(1990) : Instruction technology -media & methods , New York , Mc Graw-Hill

39- Doolttle, J. H(1995). Using Riddles and Interactive Computer Games to Teach Problem- Solving Skills. Teaching of Psychology, Vol. 22 N.1,PP.33- 36

40- Ellington ,H. &Adinall , E.; A(1992) Handbook of Game Design , London: Kogan Page.

- Leask , M and Meadows . J (2004) Teaching and learning with ICT I am the primary school London : prentic – hall .

41- Pillay , H.- Brownlee, H& Wills, L(1999).Cognition and Recreational Computer Games: Implications for Educational Technology. Journal of Research on Computing Education. Vol.. 32 N. 1, ,PP.203-216